吳鎮烽　編著

商周青銅器銘文暨圖像集成

第二卷

三編

高明題

上海古籍出版社

第二卷　目　録

04. 簋

0491. 臧簋 …………………………… 3
0492. 格仲簋甲（霸仲簋）………… 4
0493. 格仲簋乙（霸仲簋）………… 7
0494. 曾季簋 …………………………… 10
0495. 應姚簋 …………………………… 12
0496. 伯喜父簋 ………………………… 14
0497. 霸伯簋（霸伯方簋）………… 16
0498. 大師小子斈簋（太師小子
　　　　斈簋）……………………… 17
0499. 生殷君厲州慶簋蓋 …………… 19
0500. 函皇父簋（函皇父簋）……… 21
0501. 吕伯簋甲 ………………………… 24
0502. 吕伯簋乙 ………………………… 27
0503. 鄧子德簋 ………………………… 30
0504. 康簋 ……………………………… 31
0505. 子孔宜簋蓋 …………………… 35
0506. 憲簋 ……………………………… 37
0507. 叔鼒簋 …………………………… 39
0508. 聖簋 ……………………………… 41
0509. 曾伯克父簋 …………………… 42
0510. 霸伯簋 …………………………… 46
0511. 霸伯山簋 ………………………… 49
0512. 應侯視工簋丙 ………………… 52
0513. 應侯視工簋丁 ………………… 55
0514. 卲簋甲 …………………………… 57
0515. 卲簋乙 …………………………… 62
0516. 卲簋丙（免簋）………………… 66
0517. 閉簋甲 …………………………… 69

0518. 閉簋乙 …………………………… 72
0519. 矜簋 ……………………………… 75
0520. 獄簋（三式）…………………… 78
0521. 獄簋（二式）…………………… 80
0522. 晉簋（智簋）…………………… 82
0523. 申仲獸簋（鱺仲獸簋）……… 84
0524. 衛簋丁 …………………………… 87

05. 盨

0525. 内史盨 …………………………… 91
0526. 弭叔盨蓋 ………………………… 93
0527. 奔盨 ……………………………… 94
0528. 應侯盨 …………………………… 95
0529. 鄭邢伯大父盨甲（奠井伯
　　　　大父盨）…………………… 97
0530. 鄭邢伯大父盨乙（奠井伯
　　　　大父盨）…………………… 99
0531. 趞盘父盨（遣盘父盨）……… 101
0532. 尹仲盨甲 ………………………… 103
0533. 尹仲盨乙 ………………………… 104
0534. 燕子盨（匽子盨）……………… 105
0535. 叔鼎父盨丁 …………………… 106
0536. 鄭義羌父盨 …………………… 107
0537. 晉侯對盨殘蓋（晉侯靮盨）… 108
0538. 曾伯克父盨甲 ………………… 109
0539. 曾伯克父盨乙 ………………… 111
0540. 申仲父盨（連仲父盨）……… 113
0541. 倗伯爯盨甲 …………………… 114
0542. 倗伯爯盨乙 …………………… 116
0543. 召皇父盨（醤皇父盨）……… 118

0544. 乘盨 ………………………… 121

0545. 大師盧盨（太師盧盨）……… 123

06. 簠

0546. 癸簠 ……………………… 127

0547. 競綵簠（景綵簠）…………… 130

0548. 曾伯霥簠 …………………… 132

0549. 曾子牆簠 …………………… 133

0550. 鄭叔原父簠（鄭叔遼父簠）… 136

0551. 楚王孫漁簠 ………………… 137

0552. 鄂姜簠（噩姜簠）…………… 139

0553. 牧臣簠甲 …………………… 140

0554. 牧臣簠乙（曾公鵝鬳簠）…… 142

0555. 楚子迣湯簠 ………………… 145

0556. 加媥簠（芈加簠）…………… 146

0557. 巫簠 ………………………… 147

0558. 毛百父簠 …………………… 148

0559. 曾太保尞簠 ………………… 149

0560. 秧譖簠（秧簪簠）…………… 151

0561. 魯伯愈父簠（魯伯脎父簠、
魯伯俞父簠）………………… 154

0562. 晉侯邦父簠 ………………… 155

0563. 商丘叔簠 …………………… 157

0564. 夆子選簠（夆子迎臣、逢子
選簠）………………………… 159

0565. 襄簠甲 ……………………… 161

0566. 襄簠乙 ……………………… 164

0567. 番君召簠 …………………… 165

0568. 石氏簠甲 …………………… 166

0569. 石氏簠乙 …………………… 168

0570. 郜公簠（莕公簠）…………… 170

0571. 邾季昭鼛簠甲 ……………… 173

0572. 邾季昭鼛簠乙 ……………… 176

0573. 邾叔彪簠（龜叔彪簠）……… 178

0574. 鄬子楚躬簠甲（薳子楚
躬簠）………………………… 180

0575. 鄬子楚躬簠乙（薳子楚
躬簠）………………………… 182

0576. 鄬子楚躬簠 A（薳子楚
躬簠）………………………… 183

0577. 黃君子叕簠 ………………… 185

0578. 宋子簠 ……………………… 186

0579. 徐螯尹瑟簠甲（郐賓尹
瑟簠）………………………… 188

0580. 徐螯尹瑟簠乙（郐賓尹
瑟簠）………………………… 191

0581. 徐螯尹瑟簠丙（郐賓尹
瑟簠）………………………… 194

0582. 蔡侯簠（楚仲姬炏簠）……… 197

0583. 孟芈克母簠 ………………… 199

0584. 羸子漁氏大叔簠甲
（申子漁氏大叔簠）… 202

0585. 羸子漁氏大叔簠乙
（申子漁氏大叔簠）… 204

0586. 侯孫老簠 …………………… 205

0587. 侯孫老簠 …………………… 208

0588. 陳侯簠 ……………………… 210

0589. 黃子季庚臣簠 ……………… 211

0590. 弭仲簠 ……………………… 212

0591. 陳逆簠 ……………………… 214

0592. 陳逆簠 ……………………… 215

07. 敦

0593. 叔皇之孫鈴敦（叔生之孫
鈴盞）………………………… 219

0594. 膚公之孫賃丘子敦 ………… 220

0595. 檠可忌敦 …………………… 222

08. 豆、鋪

0596. 凡父鋪 ……………………… 227

0597. 王季姜鋪甲 ………………… 228

0598. 王季姜鋪乙 ………………… 229

0599. 鄬子奭豆（薳子奭豆）……… 230

0600. 曾公得豆 …… 231
0601. 霸伯豆甲 …… 232
0602. 霸伯豆乙 …… 233
0603. 霸伯豆丙 …… 234
0604. 申比父豆（邨比父豆）…… 235
0605. 孟兔旁豆 …… 236
0606. 黄君孟豆 …… 237
0607. 史𥁰父豆 …… 238
0608. 黄子豆（黄夫人豆）…… 239
0609. 𣂏子豆 …… 241
0610. 𣂏子豆 …… 244
0611. 林大叔弇鋪 …… 245
0612. 宋公䦅鋪（宋公固鋪）…… 246

09. 盂

0613. 子盂 …… 251
0614. △盂 …… 252

10. 盆

0615. 二𣪩盆（二壴盆）…… 255
0616. 倗伯盆甲 …… 256
0617. 倗伯盆乙 …… 257
0618. 妝盉 …… 258
0619. 仲阪父盆 …… 259
0620. 叔無毁盆 …… 261
0621. 嬰同盆 …… 262
0622. 作文考盆 …… 264
0623. 兌盆 …… 265
0624. 九月既望盆 …… 267

11. 匕、俎

0625. 鹿禾匕 …… 273
0626. 楚王酓忎俎 …… 274
0627. 無毁俎（無忌俎）…… 276

12. 爵

0628. 弜爵 …… 281
0629. 堯爵（剸爵）…… 282
0630. 堯爵（剸爵）…… 283
0631. 正爵（𡆥爵）…… 284
0632. 正爵（𧬛爵）…… 285
0633. 弓爵 …… 286
0634. 𥷚爵（葡爵）…… 287
0635. 爻爵 …… 288
0636. 貯爵 …… 289
0637. 夆爵（𨞚爵）…… 290
0638. 子爵 …… 290
0639. 文爵 …… 291
0640. 獸爵 …… 292
0641. 狄爵 …… 293
0642. 鬥爵 …… 293
0643. 息爵 …… 294
0644. 需爵 …… 294
0645. 需爵 …… 295
0646. 取爵 …… 296
0647. 先爵 …… 297
0648. 先爵 …… 298
0649. 戈爵 …… 299
0650. 眉爵 …… 300
0651. 卯爵 …… 301
0652. 耳爵 …… 302
0653. 弔爵（叔爵）…… 303
0654. 戉爵 …… 304
0655. 啓爵 …… 305
0656. 啓爵 …… 306
0657. 鄉爵 …… 307
0658. 執爵 …… 308
0659. 旅爵（斻爵）…… 309
0660. 旅爵（斻爵）…… 310
0661. 𡥉爵 …… 311
0662. 𤔲爵 …… 312
0663. 𤔲爵 …… 313
0664. □爵 …… 314
0665. 卯爵（𦥑爵）…… 315

0666. 文爵 …………………………… 316
0667. 𠂤爵 …………………………… 317
0668. 朿爵 …………………………… 318
0669. 庚爵 …………………………… 319
0670. 冉爵 …………………………… 320
0671. 木爵 …………………………… 321
0672. 戈爵 …………………………… 322
0673. 子爵 …………………………… 323
0674. 子爵 …………………………… 324
0675. 若爵 …………………………… 325
0676. 史爵 …………………………… 326
0677. 聑爵甲 ………………………… 327
0678. 聑爵乙 ………………………… 328
0679. 簾爵 …………………………… 329
0680. 己爵 …………………………… 330
0681. 𠂉爵 …………………………… 331
0682. 亞盉爵 ………………………… 332
0683. 弔黽爵 ………………………… 333
0684. 倗舟爵 ………………………… 334
0685. 参乙爵(乙参爵)……………… 335
0686. 克永爵 ………………………… 336
0687. 卒葡爵(卒箙爵)……………… 337
0688. 子𣁐爵 ………………………… 338
0689. 㣙父爵(剢父爵)……………… 339
0690. 刍父爵 ………………………… 340
0691. 亞芈爵(亞禽爵、芈亞爵)… 341
0692. 亞眀爵(眀亞爵)……………… 342
0693. 內止爵(丙止爵)……………… 343
0694. 册止爵 ………………………… 344
0695. 耳竹爵 ………………………… 345
0696. 祖癸爵 ………………………… 345
0697. 祖己爵 ………………………… 346
0698. 戈𠂤爵 ………………………… 347
0699. 甲木爵 ………………………… 348
0700. 仐口爵 ………………………… 349

0701. 𠂤父爵 ………………………… 350
0702. 口干爵 ………………………… 351
0703. 子口爵 ………………………… 352
0704. 𥫽乙爵(乙𥫽爵)……………… 353
0705. 戈己爵(己戈爵)……………… 354
0706. 父乙爵 ………………………… 355
0707. 父丁爵 ………………………… 356
0708. 父丁爵 ………………………… 356
0709. 父辛爵 ………………………… 357
0710. 父癸爵 ………………………… 358
0711. 母癸爵 ………………………… 359
0712. 朱口爵 ………………………… 360
0713. 𣥂口爵 ………………………… 361
0714. 齒乙爵 ………………………… 362
0715. 亞盉爵 ………………………… 363
0716. 天黽爵 ………………………… 364
0717. 囙鬼爵 ………………………… 365
0718. 邊册爵 ………………………… 366
0719. 祖丙爵 ………………………… 367
0720. 祖丙爵 ………………………… 368
0721. 祖丁爵 ………………………… 369
0722. 父乙爵 ………………………… 370
0723. 父戊爵 ………………………… 371
0724. 父辛爵 ………………………… 372
0725. 父辛爵 ………………………… 373
0726. 父辛爵 ………………………… 374
0727. 父癸爵(癸父爵)……………… 375
0728. 叓父爵 ………………………… 376
0729. 仲父爵 ………………………… 377
0730. 魯侯爵 ………………………… 378
0731. 母己爵 ………………………… 379
0732. 亞口爵 ………………………… 380
0733. 口丁爵 ………………………… 381
0734. 口鄧爵 ………………………… 382
0735. 亞禽示爵(亞芈示爵、

示亞苹爵）⋯⋯⋯⋯⋯⋯ 383

0736. 亞𠂤屮爵 ⋯⋯⋯⋯⋯⋯ 384

0737. 天黽獻爵甲 ⋯⋯⋯⋯⋯ 385

0738. 天黽獻爵乙 ⋯⋯⋯⋯⋯ 386

0739. 子刀不爵 ⋯⋯⋯⋯⋯⋯ 387

0740. ◇單行爵 ⋯⋯⋯⋯⋯⋯ 388

0741. ♠祖己爵 ⋯⋯⋯⋯⋯⋯ 389

0742. □父乙爵 ⋯⋯⋯⋯⋯⋯ 390

0743. 𠂤父丁爵 ⋯⋯⋯⋯⋯⋯ 391

0744. 癸父丁爵 ⋯⋯⋯⋯⋯⋯ 392

0745. 戈父己爵 ⋯⋯⋯⋯⋯⋯ 393

0746. 戈父己爵 ⋯⋯⋯⋯⋯⋯ 394

0747. 丙父辛爵（𠁁父辛爵）⋯⋯ 395

0748. 木父癸爵 ⋯⋯⋯⋯⋯⋯ 396

0749. 宕臣乙爵 ⋯⋯⋯⋯⋯⋯ 396

0750. 秉干己爵 ⋯⋯⋯⋯⋯⋯ 397

0751. 冉祖丁爵（𠊧祖丁爵）⋯⋯ 397

0752. 旅祖乙爵 ⋯⋯⋯⋯⋯⋯ 398

0753. 𠂤祖乙爵 ⋯⋯⋯⋯⋯⋯ 399

0754. 卩祖丁爵 ⋯⋯⋯⋯⋯⋯ 400

0755. 史祖戊爵 ⋯⋯⋯⋯⋯⋯ 401

0756. 冉祖辛爵 ⋯⋯⋯⋯⋯⋯ 402

0757. 枚父乙爵 ⋯⋯⋯⋯⋯⋯ 403

0758. 戈父乙爵 ⋯⋯⋯⋯⋯⋯ 404

0759. 弔父丙爵（叔父丙爵）⋯⋯ 405

0760. 中父丁爵 ⋯⋯⋯⋯⋯⋯ 406

0761. 庚父丁爵（𤉯父丁爵）⋯⋯ 407

0762. 史父丁爵 ⋯⋯⋯⋯⋯⋯ 408

0763. 子父丁爵 ⋯⋯⋯⋯⋯⋯ 409

0764. 貝父戊爵 ⋯⋯⋯⋯⋯⋯ 410

0765. 戈父己爵 ⋯⋯⋯⋯⋯⋯ 411

0766. 面父己爵 ⋯⋯⋯⋯⋯⋯ 412

0767. 倗父辛爵 ⋯⋯⋯⋯⋯⋯ 413

0768. 冉父辛爵（𠊧父辛爵）⋯⋯ 414

0769. 何父辛爵 ⋯⋯⋯⋯⋯⋯ 415

0770. 吹爵 ⋯⋯⋯⋯⋯⋯⋯⋯ 416

0771. 亞矢父乙爵 ⋯⋯⋯⋯⋯ 417

0772. 亞盂父丁爵 ⋯⋯⋯⋯⋯ 418

0773. 父己爵 ⋯⋯⋯⋯⋯⋯⋯ 419

0774. 夒鼻父癸爵（父癸夒鼻爵）⋯ 420

0775. 亥爵甲 ⋯⋯⋯⋯⋯⋯⋯ 421

0776. 亥爵乙 ⋯⋯⋯⋯⋯⋯⋯ 422

0777. □作父辛爵 ⋯⋯⋯⋯⋯ 423

0778. 𠂤◇父乙爵 ⋯⋯⋯⋯⋯ 424

0779. 由父辛爵 ⋯⋯⋯⋯⋯⋯ 426

0780. 亞天父癸爵 ⋯⋯⋯⋯⋯ 427

0781. 作寶尊彝爵 ⋯⋯⋯⋯⋯ 428

0782. 亞禽示父乙爵（亞苹示父

乙爵）⋯⋯⋯⋯⋯⋯ 429

0783. 舲爵 ⋯⋯⋯⋯⋯⋯⋯⋯ 430

0784. 祖辛爵 ⋯⋯⋯⋯⋯⋯⋯ 431

0785. 牵父己爵 ⋯⋯⋯⋯⋯⋯ 433

0786. 亞吳父乙爵（亞疑父乙爵、

吳亞父乙爵）⋯⋯⋯ 434

0787. 敢侯爵 ⋯⋯⋯⋯⋯⋯⋯ 435

0788. 作父己爵 ⋯⋯⋯⋯⋯⋯ 436

0789. 虢仲爵 ⋯⋯⋯⋯⋯⋯⋯ 436

0790. 昔雞爵甲 ⋯⋯⋯⋯⋯⋯ 437

0791. 昔雞爵乙 ⋯⋯⋯⋯⋯⋯ 438

0792. 尚爵 ⋯⋯⋯⋯⋯⋯⋯⋯ 439

0793. 曾伯爵（原稱西宮爵）⋯⋯ 440

0794. 何父爵 ⋯⋯⋯⋯⋯⋯⋯ 441

13. 角

0795. 黽角 ⋯⋯⋯⋯⋯⋯⋯⋯ 445

0796. 萬角 ⋯⋯⋯⋯⋯⋯⋯⋯ 446

0797. 子司角（原稱子父角）⋯⋯ 447

0798. 子蟲角 ⋯⋯⋯⋯⋯⋯⋯ 448

0799. 寢🐍角（帚🐍角）⋯⋯⋯ 449

0800. 父丁角（原稱父乙角）⋯⋯ 450

0801. 天黽獻角（獻天黽角）⋯⋯ 451

0802. 天黽獻角（獻天黽角）……… 452
0803. 天黽獻角（獻天黽角）……… 453
0804. 爻父乙角 ……………………… 454
0805. 宍父戊角 ……………………… 455
0806. 亞吳父乙角（亞疑父乙角）… 456
0807. 母寢日辛角甲 ………………… 457
0808. 母寢日辛角乙 ………………… 458
0809. 母寢日辛角丙 ………………… 459

14. 觚

0810. 先觚 …………………………… 463
0811. 先觚 …………………………… 464
0812. 先觚 …………………………… 465
0813. 先觚 …………………………… 466
0814. 先觚 …………………………… 467
0815. 㪍觚（弇觚） ………………… 468
0816. 子觚 …………………………… 469
0817. 史觚 …………………………… 470
0818. 令觚 …………………………… 471
0819. 禹觚 …………………………… 472
0820. 堯觚（剞觚） ………………… 473
0821. 堯觚（剞觚、夨觚） ………… 474
0822. 舌觚 …………………………… 475
0823. 帚觚（帚觚） ………………… 476
0824. 帚觚（帚觚） ………………… 477
0825. 冉觚（夨觚） ………………… 478
0826. ▮觚 …………………………… 479
0827. 合觚 …………………………… 480
0828. 𦥑觚 …………………………… 481
0829. 沚觚 …………………………… 482
0830. □觚 …………………………… 483
0831. 何觚（𢦏觚） ………………… 484
0832. 合觚 …………………………… 485
0833. 韋册觚甲 ……………………… 486
0834. 韋册觚乙 ……………………… 487
0835. 韋册觚丙 ……………………… 488

0836. 鳥册觚 ………………………… 489
0837. 珥竹觚 ………………………… 490
0838. 婦妶觚 ………………………… 491
0839. 齒古觚 ………………………… 492
0840. 亞羋觚（亞禽觚） …………… 493
0841. 亞□觚 ………………………… 494
0842. 西單觚 ………………………… 495
0843. 亞驚觚（亞監觚） …………… 496
0844. 象己觚（己象觚） …………… 497
0845. 芎己觚 ………………………… 498
0846. 夲己觚（鏃己觚） …………… 499
0847. □癸觚 ………………………… 500
0848. 子匜觚 ………………………… 501
0849. 子匜觚 ………………………… 502
0850. 籧酋觚（葡酋觚） …………… 503
0851. 弔𢇮觚 ………………………… 504
0852. 戈▽觚 ………………………… 505
0853. 虎車觚 ………………………… 506
0854. 亞獲觚（亞隻觚） …………… 507
0855. 亞疑觚（亞吳觚） …………… 508
0856. 合中觚 ………………………… 508
0857. 父乙觚 ………………………… 509
0858. 父辛觚 ………………………… 510
0859. 作彝觚 ………………………… 511
0860. 齊京母觚 ……………………… 512
0861. 孟父乙觚（父乙孟觚） ……… 513
0862. 丙父乙觚（丙父乙觚） ……… 514
0863. 豕父丁觚 ……………………… 515
0864. 亞禽示觚（亞羋示觚） ……… 515
0865. 𢆶父丁觚 ……………………… 516
0866. 子刀不觚 ……………………… 517
0867. 牛觚 …………………………… 518
0868. 父乙觚 ………………………… 519
0869. 戈父己觚 ……………………… 520
0870. 堯父庚觚（嚳父庚觚） ……… 521

0871. 史父癸觚 …………………… 522

0872. 隹父癸觚（父癸隹觚）……… 523

0873. 六六六觚 ………………… 524

0874. 冉父乙觚（用父乙觚）……… 525

0875. 子龏父己觚 ……………… 526

0876. 亞𧊒天黽獻觚 …………… 527

0877. 亞𧊒天黽獻觚 …………… 528

0878. 亞𧊒天黽獻觚 …………… 529

0879. 亞𧊒天黽獻觚 …………… 530

0880. 亞𧊒天黽獻觚 …………… 531

0881. 作父乙觚 ………………… 532

0882. 服觚 ……………………… 533

0883. 鼍觚 ……………………… 534

0884. 龏姒觚（龏姤觚）………… 535

15. 觶

0885. ☖觶 ……………………… 539

0886. 兴觶 ……………………… 540

0887. 兴觶 ……………………… 541

0888. ∧觶 ……………………… 542

0889. ☖觶 ……………………… 543

0890. 亞盉觶 …………………… 544

0891. 戈▽觶 …………………… 545

0892. 父辛觶 …………………… 546

0893. 父辛觶 …………………… 547

0894. 父辛觶 …………………… 548

0895. 父戊觶 …………………… 549

0896. 作師觶 …………………… 550

0897. ▼段庚觶（▼殺庚觶、

　　▼𢓅庚觶）…………… 551

0898. 太保觶（大保觶）………… 552

0899. 𣂪父丁觶 ………………… 553

0900. 戈父己觶 ………………… 554

0901. 亞父己觶 ………………… 555

0902. 臤父辛觶（父辛臤觶）…… 556

0903. 天父辛觶 ………………… 557

0904. 史父辛觶 ………………… 558

0905. 屾父辛觶 ………………… 559

0906. 卩父癸觶 ………………… 560

0907. 木子丁觶 ………………… 561

0908. 軸伯不觶 ………………… 562

0909. 母寢日辛觶 ……………… 563

0910. 子婦父己觶 ……………… 564

0911. 伯觶 ……………………… 565

0912. 析父丁觶 ………………… 566

0913. 女子丁觶（汝子丁觶）…… 568

0914. 犬〓册父乙觶（犬〓册父

　　丁觶）…………………… 569

0915. 亞㠱疑父甲觶（亞㠱矣父

　　甲觶）…………………… 570

0916. 东觶 ……………………… 571

0917. 昔雞觶 …………………… 572

0918. 册觶 ……………………… 573

0919. 臼觶 ……………………… 574

16. 斝

0920. 需斝 ……………………… 577

0921. 簸斝 ……………………… 578

0922. 史斝 ……………………… 579

0923. 妥斝 ……………………… 580

0924. 丙斝（丙斝）……………… 581

0925. 龠斝 ……………………… 582

0926. 𤳳斝 ……………………… 583

0927. □斝 ……………………… 583

0928. 𩁹斝甲 …………………… 584

0929. 𩁹斝乙 …………………… 585

0930. 𦥯斝（舉斝）……………… 586

0931. 亞醜斝（或稱亞醜方斝）…… 587

0932. 父己斝（父己方斝）……… 588

0933. 子匚斝 …………………… 589

0934. 天黽獻斝 ………………… 590

0935. 冉父丁斝（用父丁斝）…… 591

0936. 史父丁斝 …………………… 592

0937. 戈父己斝 …………………… 593

0938. 子祖丁斝 …………………… 594

0939. 畂侯叔丁斝 …………………… 595

0940. 天黽父乙斝 …………………… 596

0941. 犬伯斝 …………………… 597

04. 簋

（0491–0524）

0491. 臧簋

【時　　代】西周早期。

【收 藏 者】某收藏家。

【著　　録】銘照 168 頁 245。

【銘文字數】内底鑄銘文 29 字。

【銘文釋文】隹（唯）正月辰才（在）庚午，弔（叔）東征才（在）繇，弔（叔）考父沝宝臧，易（錫）貝、臣妾，用乍（作）且（祖）考寶障（尊）彝。

0492. 格仲簋甲（霸仲簋）

【時　　代】西周中期後段。

【出土時地】2009-2010 年山西翼城縣隆化鎮大河口西周墓地（M2002.8）。

【收 藏 者】山西省大河口墓地聯合考古隊。

【尺度重量】通高 17、口徑 25.5、足徑 24、蓋高 7.4 釐米，重 4.53 公斤。

【形制紋飾】體較矮，斂口鼓腹，矮圈足沿外撇，一對獸首耳，下有垂珥，蓋面呈弧形鼓
　　　　　起，上有圈狀捉手，下有子口，捉手上有一對穿孔。通體飾瓦溝紋。

【著　　錄】考古學報 2018 年 2 期 234 頁圖 11。

【銘文字數】蓋、器對銘，各 29 字。

【銘文釋文】隹（唯）正月甲午，戎戠于喪（桑）邍（原），格（霸）中（仲）衛（率）追，隻（獲）
　　　　　噭（訊）二夫、馘（馘）二，貲（對）訊（揚）且（祖）孝（考）畐（福），用乍（作）
　　　　　寶設（簋）。

【備　　注】同墓出土一對，形制、紋飾、銘文相同，大小相若。

蓋銘

器銘

器銘

蓋銘

0493. 格仲簋乙（霸仲簋）

【時　　代】西周中期後段。

【出土時地】2009-2010 年山西翼城縣隆化鎮大河口西周墓地（M2002.33）。

【收 藏 者】山西省大河口墓地聯合考古隊。

【尺度重量】通高 17、口徑 26.4、足徑 24.4、蓋高 7 釐米,重 5.045 公斤。

【形制紋飾】體較矮,斂口鼓腹,矮圈足沿外撇,一對獸首耳,下有垂珥,蓋面呈弧形鼓
　　　　　起,上有圈狀捉手,下有子口,捉手上有一對穿孔。通體飾瓦溝紋。

【著　　錄】考古學報 2018 年 2 期 235 頁圖 12。

【銘文字數】蓋、器對銘,各 29 字。

【銘文釋文】佳(唯)正月甲午,戎戴于喪(桑)遷(原),格(霸)中(仲)衛(率)追,隻(獲)
　　　　　嚜(訊)二夫、鷚(馘)二,贅(對)剅(揚)且(祖)孝(考)冨(福),用乍(作)
　　　　　寶殷(簋)。

蓋銘

器銘

0494. 曾季簋

【時　　代】春秋早期。

【收 藏 者】某收藏家。

【形制紋飾】弇口鼓腹，一對龍首耳，下有方形垂珥，矮圈足外撇，其下連鑄三條獸面扁足，蓋面呈弧形隆起，上有圈狀捉手。通體飾瓦溝紋。

【著　　錄】未著錄。

【銘文字數】蓋、器對銘，各 29 字。

【銘文釋文】唯曾季□□用吉金自乍（作）寶旣（簋），夙（夙）夜追孝于其考，用害（匄）釁（眉）喜（壽）萬［年］，子孫永寶用。

【備　　注】缺鑄"年"字。

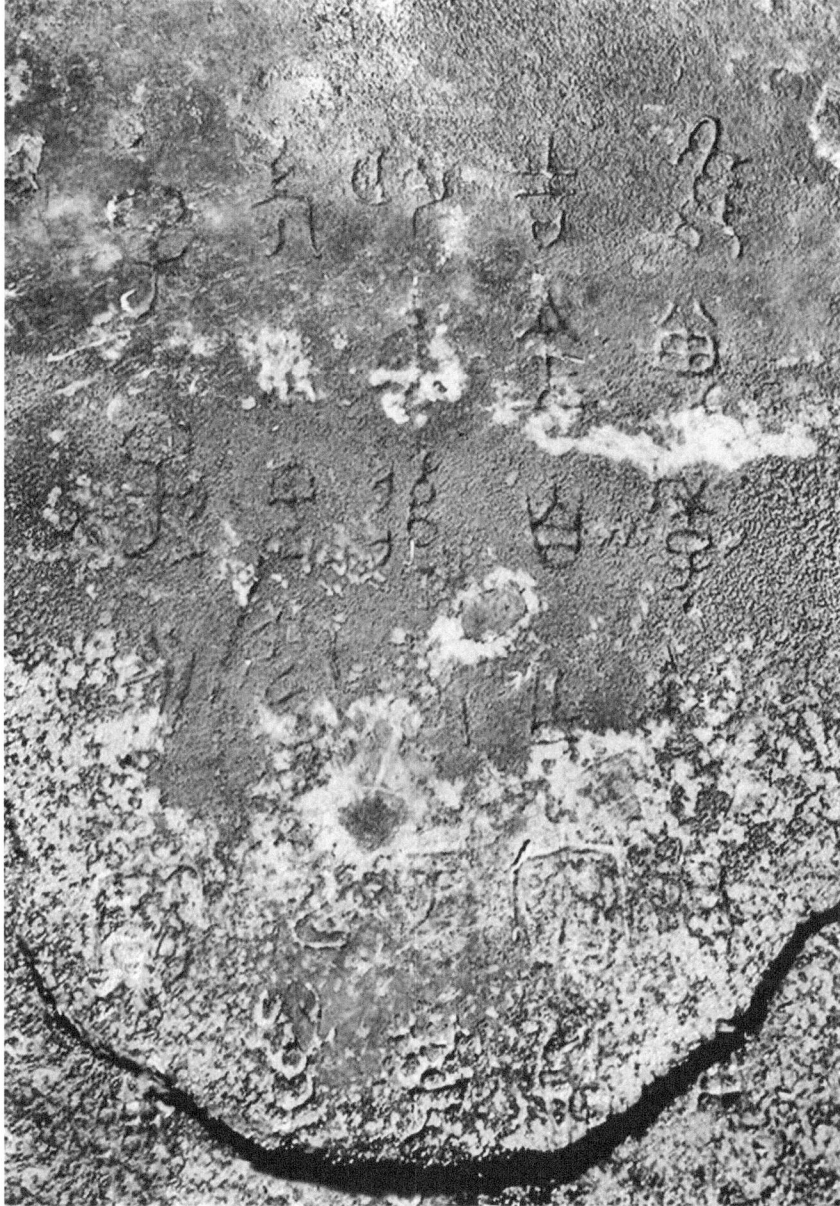

0495. 應姚簋

【時　　代】西周晚期。

【收 藏 者】某收藏家。

【形制紋飾】子口有蓋，一對獸首耳，下有方形垂珥，圈足連鑄三條獸面扁足，蓋面隆
　　　　　　起，沿下折，上有圈狀捉手。蓋沿和器口沿飾竊曲紋，蓋面和器腹飾瓦溝
　　　　　　紋，圈足飾變形夔龍紋。

【著　　錄】未著錄。

【銘文字數】蓋內鑄銘文 30 字（其中重文 1）。

【銘文釋文】唯十月丁亥，雁（應）姚乍（作）弔（叔）亯（誥）父隩（簋）段（簋），弔（叔）
　　　　　　亯（誥）父其用易（錫）賁（眉）壽（壽）永命，子＝（子子）孫永寶用亯（享）。

【備　　注】1988 年 4 月河南平頂山市新華區滍陽鎮應國墓地（PY 臨 M1）曾出土同
　　　　　　人所作簋 3 件（見《銘圖》05102），形制、紋飾、銘文相同。

0496. 伯喜父簋

【時　　代】西周晚期。

【出土時地】1994 年 10 月山西曲沃縣曲村鎮北趙村晉侯墓地（M91）。

【收 藏 者】山西省考古研究所。

【形制紋飾】弇口鼓腹，一對獸首形半環耳，上腹前後各有一條獸形扉棱，下有雲頭形
　　　　　　垂珥，圈足外侈，下有三條象首形小足。口下飾體呈“S”形的夔龍紋，無
　　　　　　地紋，腹部飾瓦紋。

【著　　錄】國際研討 33 頁圖 3。

【銘文字數】內底鑄銘文 30 字（其中重文 2）。

【銘文釋文】隹（唯）正月初吉丁亥，白（伯）喜父肇乍（作）倗母窑（寶）𣪘（簋），用夙（夙）
　　　　　　夜亯（享）孝于宗，子₌（子子）孫₌（孫孫）丌（其）永用。

0497. 霸伯簋（霸伯方簋）

【時　　代】西周中期前段。

【出土時地】2009-2010 年山西翼城縣隆化鎮大河口西周墓葬（M1017.42）。

【收　藏　者】山西省大河口墓地聯合考古隊。

【尺度重量】通高 16.4、口橫 23、口縱 15.3、耳間距 25.7、腹深 6.6、足橫 20.7、足縱 12.7 釐米，重 2.355 公斤。

【形制紋飾】長方形，侈口斂腹，窄沿方唇，底部微弧，兩側壁有一對附耳，高圈足沿外侈。上腹飾兩周弦紋。

【著　　錄】考古學報 2018 年 1 期 108 頁圖 23.2。

【銘文字數】內底鑄銘文 32 字（其中重文 1、合文 1）。

【銘文釋文】唯正月王祭刔于氏，大奏，王易（錫）霸（霸）白（伯）貝十朋，霸（霸）白（伯）用乍（作）寶衛（𣪘），㠱（其）萬年孫子=（子子）㠱（其）永寶。

【備　　注】同墓出土 2 件。"十朋"爲合文。

0498. 大師小子齍簋（太師小子𢦏簋）

【時　　代】西周晚期。

【收 藏 者】某收藏家。

【尺度重量】通高 25.2 釐米。

【形制紋飾】弇口鼓腹，一對螺角獸首耳，下有勾狀垂珥，圈足下連鑄三個獸面扁足，蓋面隆起，上有圈狀捉手。蓋沿、器口沿飾大小相間的重環紋，圈足飾大小一致的重環紋，蓋面和器腹飾瓦紋。

【著　　錄】未著錄。

【銘文字數】蓋、器同銘，各 33 字（其中重文 2）。

【銘文釋文】大（太）師小子齍（𢦏）乍（作）朕（朕）皇考寶隮（尊）段（簋），齍（𢦏）用匄釁（眉）𦼈（壽）康𩅞（娛）屯右（祐），齍（𢦏）𣄼（其）萬年子＝（子子）孫＝（孫孫）永寶用宫（享）。

0499. 生毁君鬲州慶簋蓋

【時　　代】西周晚期。

【出土時地】1980年山東滕縣後荆溝（今屬滕州市北辛街道）西周殘墓。

【收　藏　者】滕州市博物館。

【尺度重量】口徑24釐米。

【形制紋飾】蓋面呈弧形鼓起，上有圈狀捉手。捉手内飾卷曲夔龍紋，蓋沿飾"S"形竊曲紋，上部飾瓦溝紋。

【著　　録】未著録。

【銘文字數】内壁鑄銘文34字（其中重文2）。

【銘文釋文】生毁君鬲州慶乍（作）王臣（姬）剌隋（尊）叚（簋），用亯（享）用孝，用旂（祈）多福，釁（眉）耆（壽）無彊（疆），其子＝（子子）孫＝（孫孫），萬年永寶用。

【備　　注】銘文全部反書。出土時蓋在不毁簋上。

0500. 函皇父簋（函皇父簋）

【時　　　代】西周晚期。

【出土時地】傳 1933 年陝西扶風縣法門鎮康家村窖藏。

【收　藏　者】美國舊金山亞洲藝術博物館。

【形制紋飾】弇口鼓腹，一對獸首耳，下有垂珥，圈足沿外撇，並連鑄三個獸面扁足。蓋沿、口沿及圈足均飾大小相間的重環紋，蓋面和腹部飾瓦溝紋。

【著　　　錄】陝集成 3 册 125 頁 0283。

【銘文字數】蓋、器同銘，各 36 字（其中重文 2）。

【銘文釋文】函（函）皇父乍（作）琱（周）嬀（妘）般（盤）盉隣（尊）器毁（簋）〔一〕鼎（具），自豕鼎降十又〔一〕，毁（簋）八，兩𤭻（罍）兩鏄（壺），琱（周）嬀（妘）其邁（萬）年子＝（子子）孫＝（孫孫）永寶用。

【備　　　注】蓋銘拓本爲巴納所藏。蓋銘係僞刻，器銘不僞，但藏家未提供。

蓋銘拓本

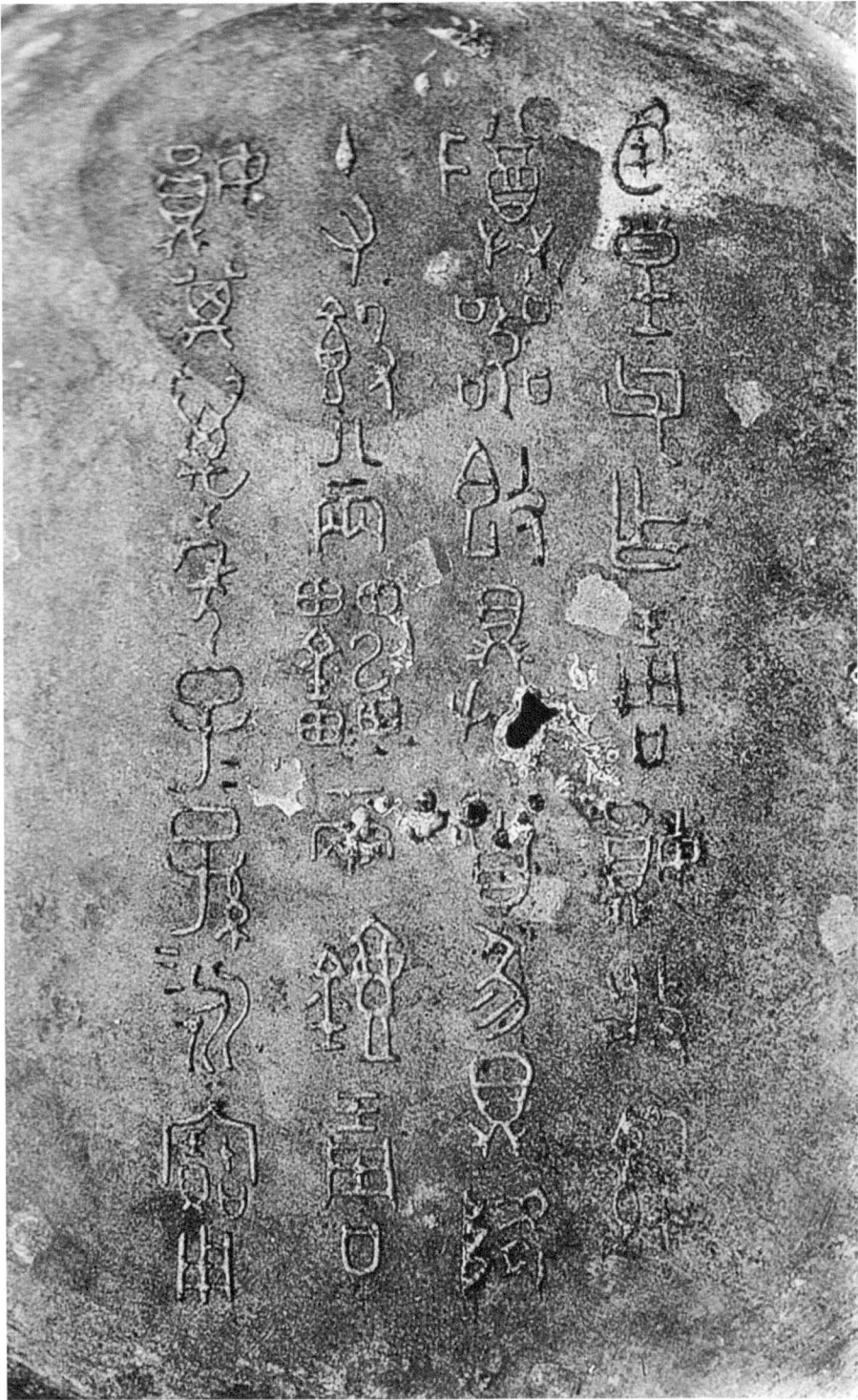

蓋銘照片

0501. 呂伯簋甲

【時　　代】西周中期。

【收 藏 者】某收藏家。

【尺度重量】通高 25、口徑 23 釐米。

【形制紋飾】蓋與器子母合口，腹部微向外鼓，口沿下有一對銜環獸首鈕，矮圈足，其下連鑄三條圓柱形獸面矮足，蓋面隆起，沿下折，頂部有圈狀捉手。蓋面和口沿下均飾竊曲紋，以雲雷紋填地。

【著　　錄】未著錄。

【銘文字數】蓋、器對銘，各 39 字（其中合文 2、重文 2）。

【銘文釋文】隹（唯）□，辰才（在）丁亥，呂白（伯）衛（率）邦君□于西宮，易（錫）狀（秬）鬯一卣、貝十朋，堂（對）訊（揚）王休，用乍（作）寶隣（尊）即（殷一簋），子＝（子子）孫＝（孫孫）其永用。

【備　　注】"一卣""十朋"爲合文。

蓋銘

器銘

0502. 吕伯簋乙

【時　　代】西周中期。

【收 藏 者】某收藏家。

【尺度重量】通高 25、口徑 23 釐米。

【形制紋飾】蓋與器子母合口，腹部微向外鼓，口沿下有一對銜環獸首鈕，矮圈足，其下連鑄三條圓柱形獸面矮足，蓋面隆起，沿下折，頂部有圈狀捉手。蓋面和口沿下均飾竊曲紋，以雲雷紋填地。

【著　　錄】未著錄。

【銘文字數】蓋、器對銘，各 40 字（其中合文 2、重文 2）。

【銘文釋文】佳（唯）一□，辰才（在）丁亥，吕白（伯）衛（率）邦君□于西宮，易（錫）氒（秬）鬯一卣、貝十朋，荁（對）訊（揚）王休，用乍（作）寶隣（尊）即（段一簋），子＝（子子）孫＝（孫孫）其永用。

【備　　注】"一卣""十朋"爲合文。

蓋銘

器銘

0503. 鄧子德簠

【時　　代】春秋中期。

【收　藏　者】某收藏家。

【著　　錄】未著錄。

【銘文字數】內底鑄銘文 40 字。

【銘文釋文】隹（唯）十月既生霸初吉甲午，鄴（鄧）子德罴（擇）其吉金，盥（鑄）隝（尊）
　　　　　段（簠），用卿（饗）用孝于其皇且（祖）文考，用蔪（祈）頮（眉）喜（壽）□□，
　　　　　永寶用卿（饗）。

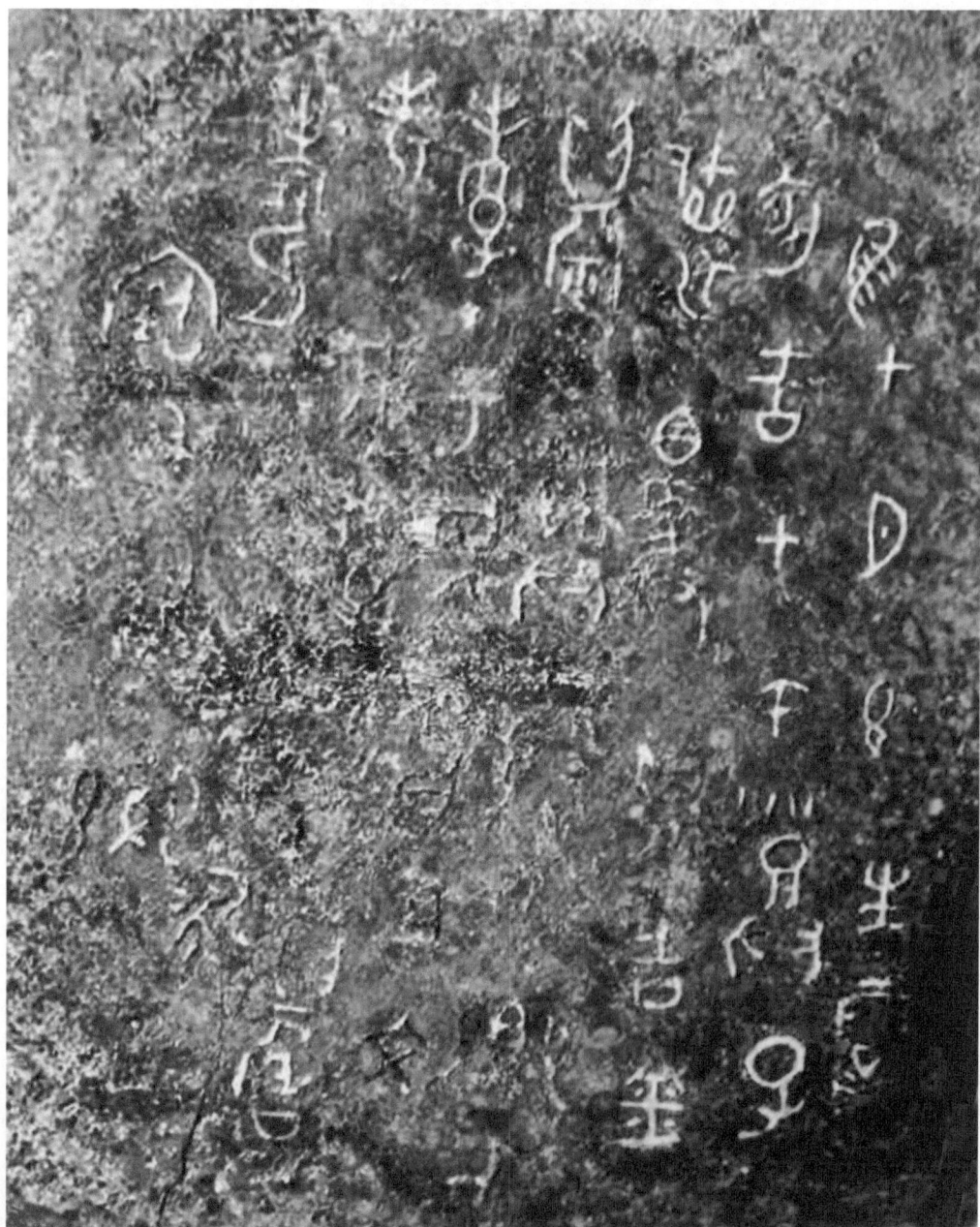

0504. 康簋

【時　　代】西周中期後段。

【出土時地】2017 年 10 月出現在香港瀚海秋季拍賣會。

【收 藏 者】某收藏家。

【尺度重量】通高 20、兩耳相距 29 釐米。

【形制紋飾】侈口束頸，鼓腹圜底，一對獸首半環形耳，下有方形垂珥，矮圈足，其下連
鑄三個小支足，蓋面隆起，上有圈狀捉手，捉手有一對小穿孔。蓋面和器
頸飾飄冠回首尾上卷的夔龍紋，以雲雷紋填地。

【著　　録】未著録。

【銘文字數】蓋、器對銘，各 41 字。

【銘文釋文】佳（唯）三月初吉己亥，王才（在）奠（鄭），易（錫）康牲十、哉牛。曰："用
肇祀于奠（鄭）。"康既（即）訊事。撵（拜）頴（稽）首，叡（敢）對乩（揚）王
休，用乍（作）朕（朕）皇考餯（饋）匓（簋）。

【備　　注】蓋銘"匓"器銘作"啟"。

蓋銘拓本

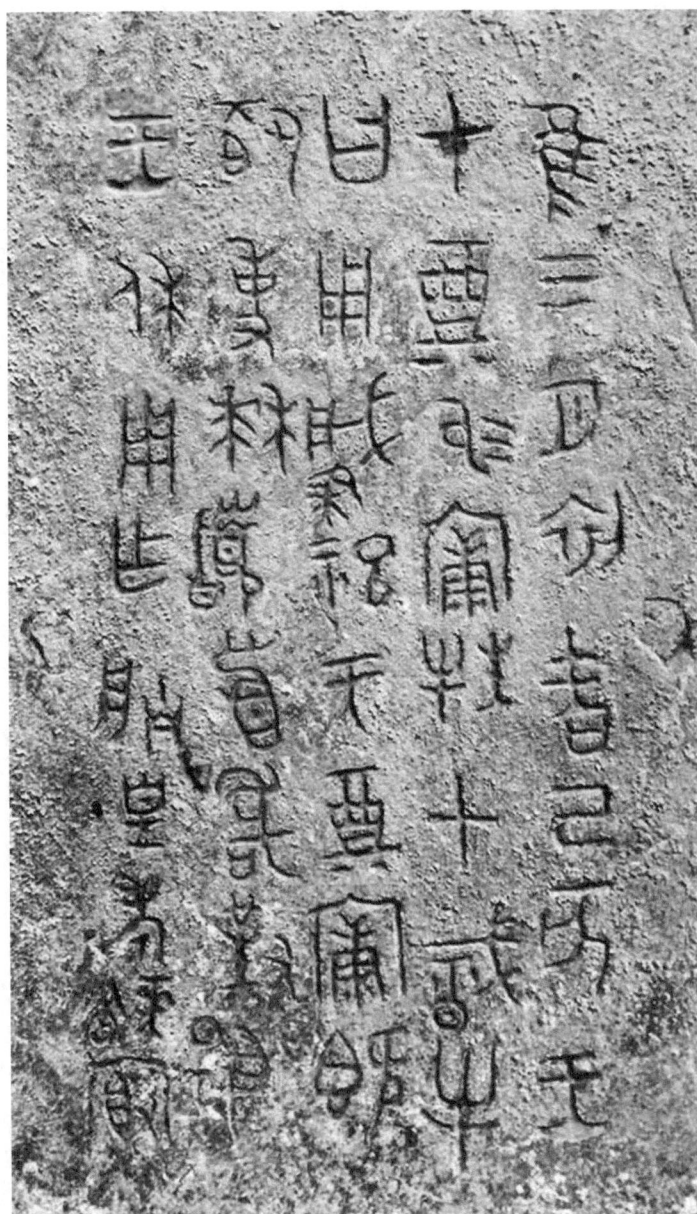

蓋銘照片

器銘照片

0505. 子孔宜簋蓋

【時　　代】春秋晚期。

【收 藏 者】某收藏家。

【形制紋飾】蓋面隆起，中部有圈狀捉手，下折後有窄平沿，沿略殘。上部飾瓦溝紋，
下部飾竊曲紋。

【著　　録】未著録。

【銘文字數】蓋内鑄銘文 43 字(其中合文 3)。

【銘文釋文】隹(唯)王十一月庚寅，武公之孫子孔宜乍(作)盥(鑄)六□□盨(簋)，用
宣(享)用[孝于]我皇且(祖)皇考，用庸(祈)萬年釁(眉)壽(壽)，子孫
亓(其)永寶用之。

【備　　注】"十一月""孫子""子孫"爲合文，"十一月"無合文符號，"孫子""子孫"
有合文符號，補丁傷 4 字。

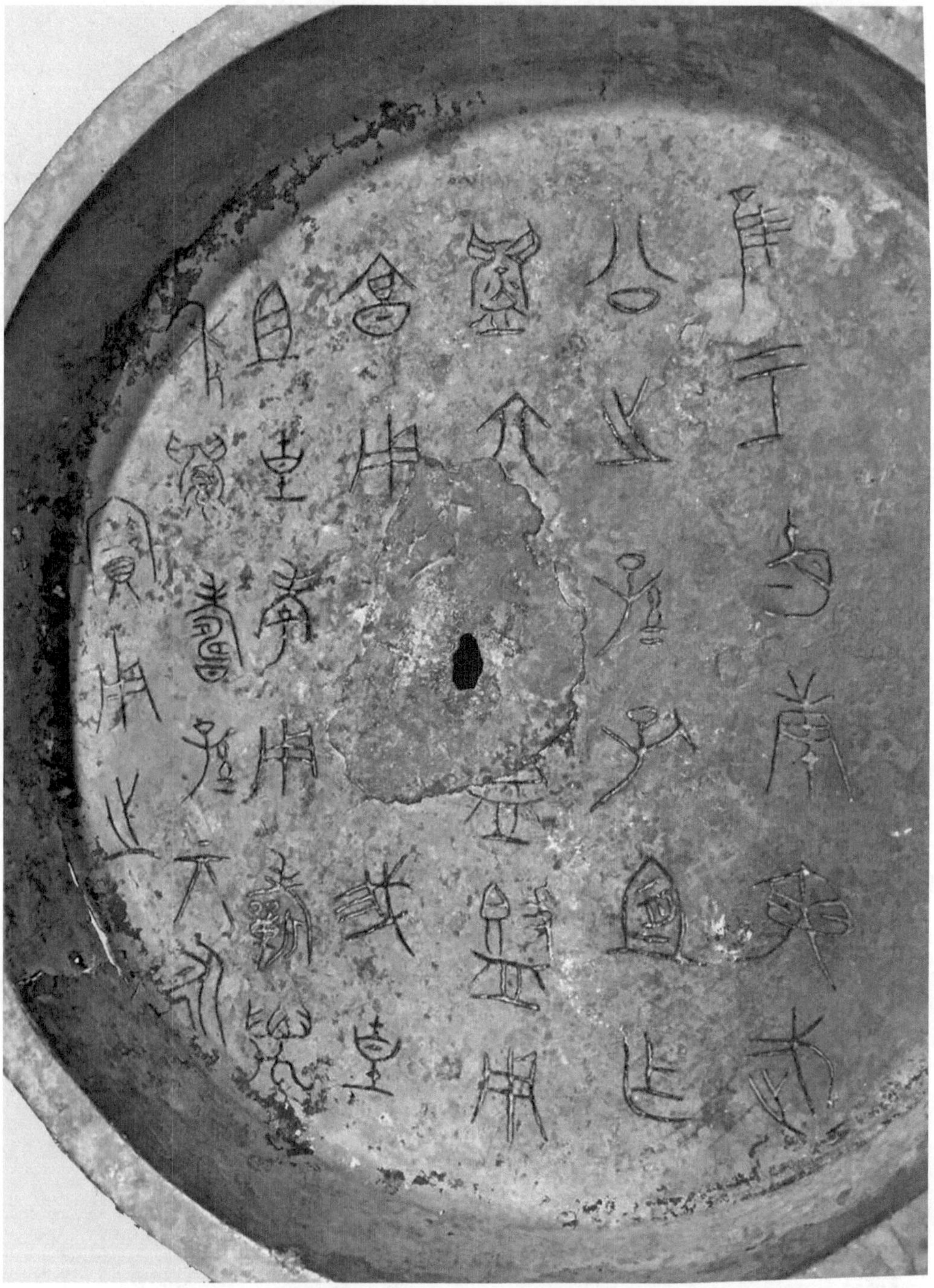

0506. 虘簋

【時　　代】西周早期後段。

【出土時地】2012 年 6 月出現在北京保利國際拍賣有限公司春季拍賣會。

【收　藏　者】先後收藏於英國某勳爵、戴福保家族,現藏不明。

【尺度重量】兩耳相距 29.5 釐米。

【形制紋飾】敞口,窄沿方唇,斂腹圜底,兩側有一對獸首半環形耳,下無垂珥,高圈
　　　　　足,其下有高邊圈。頸部飾四瓣目紋,以雲雷紋填地,前後增飾浮雕犧首,
　　　　　腹部飾斜方格乳釘紋,圈足飾變形夔龍紋,以雲雷紋填地。

【著　　錄】未著錄。

【銘文字數】内底鑄銘文 44 字(其中重文 1)。

【銘文釋文】唯王九月丁亥,王客(格)于𩵋(管),王令趞(遣)戠(捷)東反尸(夷),虘
　　　　　肇從趞(遣)征,攻𨷖(龠—蹱)無啻(敵),眚(省)㺇(于)人身,孚(俘)戈,
　　　　　用乍(作)寶𨼋(尊)彝,子=(子子)孫㠯(其)坕(永)保用。

0507. 叔隻簋

【時　　代】西周早期前段。

【收 藏 者】某收藏家。

【形制紋飾】侈口束頸,鼓腹,圈足沿外撇,一對獸首半環形耳,下有方形垂珥。頸部飾飄冠回首卷尾夔龍紋,前後增飾浮雕獸頭,腹部飾垂冠回首卷喙大鳳鳥,均以雲雷紋填地,圈足飾兩道弦紋。

【著　　錄】未著錄。

【銘文字數】內底鑄銘文 46 字(其中重文 2)。

【銘文釋文】隹(唯)王十又二月戊寅,雁(應)白(伯)趞(遣)臺(敦)自(師)于靜,弔(叔)隻入伐多工,無遣(譴),孚(俘)矛戈弓矢,對訊(揚)乎(厥)死工,用乍(作)文且(祖)隣(尊)段(簋),孫=(孫孫)子=(子子)圤(其)永寶。

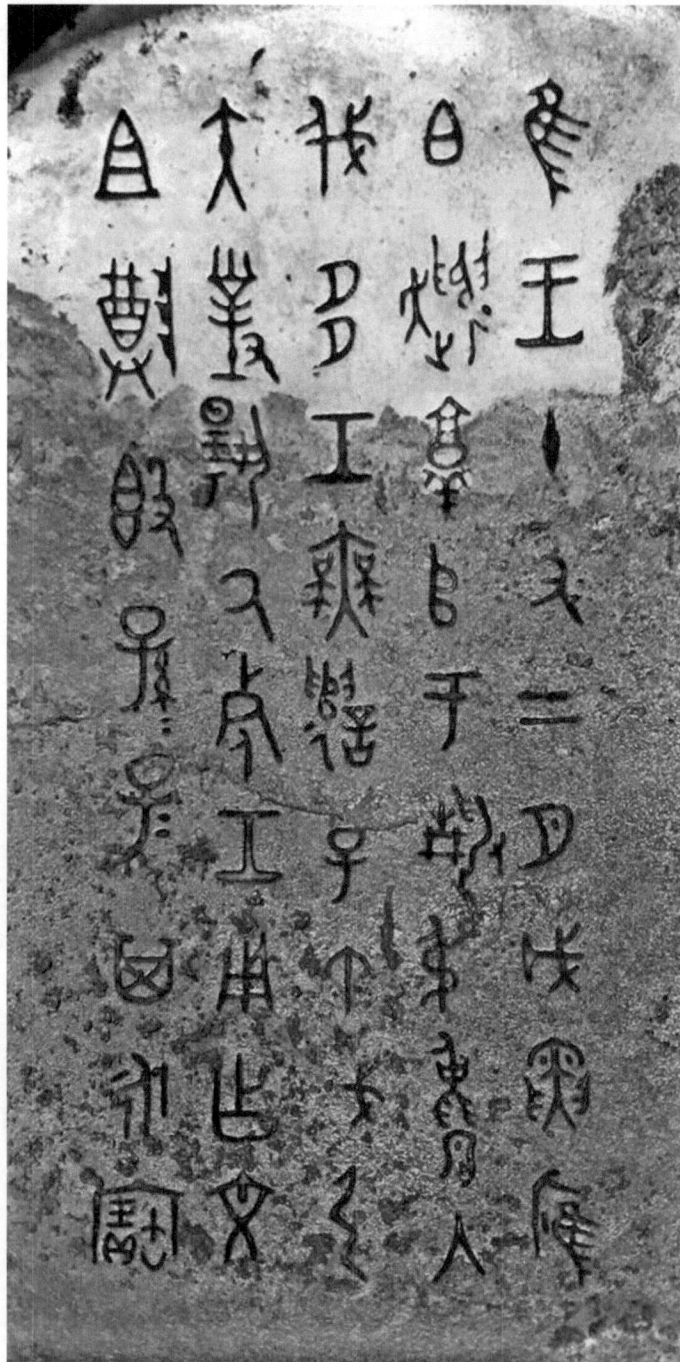

0508. 聖簋

【時　　代】西周晚期。

【收 藏 者】某收藏家。

【著　　録】未著録。

【銘文字數】內底鑄銘文 46 字(其中重文 2)。

【銘文釋文】丼(邢)中(仲)㦾遒子聖,虩□冬(終)敗(畏)虩誋(忌),用其吉金,自乍(作)寶毁(簋),用言(享)用孝于其皇且(祖)文考,用卿(饗)其德,乍(作)之永福,子₌(子子)孫₌(孫孫)用睗(錫)譽(眉)壽(壽)。

0509. 曾伯克父簠

【時　　代】春秋早期前段。

【出土時地】2019 年 3 月出現在日本東京中央株式會社春季拍賣會。

【收　藏　者】某收藏家。

【尺度重量】通高 26、口徑 18.5、兩耳相距 36 釐米。

【形制紋飾】子口內斂,鼓腹圓底,一對龍首半環形耳,圈足沿外撇,連鑄三條卷龍形
　　　　　　附足,蓋面隆起,上有圈狀捉手。捉手內飾團鳥紋,蓋沿和器口沿飾竊曲
　　　　　　紋,腹部和蓋面飾瓦溝紋,圈足飾垂鱗紋。

【著　　録】未著録。

【銘文字數】蓋、器對銘,各 50 字(其中重文 2)。

【銘文釋文】唯曾白(伯)克父甘嬰(娶),自乍(作)大寶毀(簠),用追孝于我皇且(祖)、
　　　　　　变(文)考。曾白(伯)克父戈(其)用受多福無彊(疆),蠶(眉)壹(壽)、永
　　　　　　命、黄耇、霝(靈)冬(終),戈(其)萬年子=(子子)孫=(孫孫)永寶用。

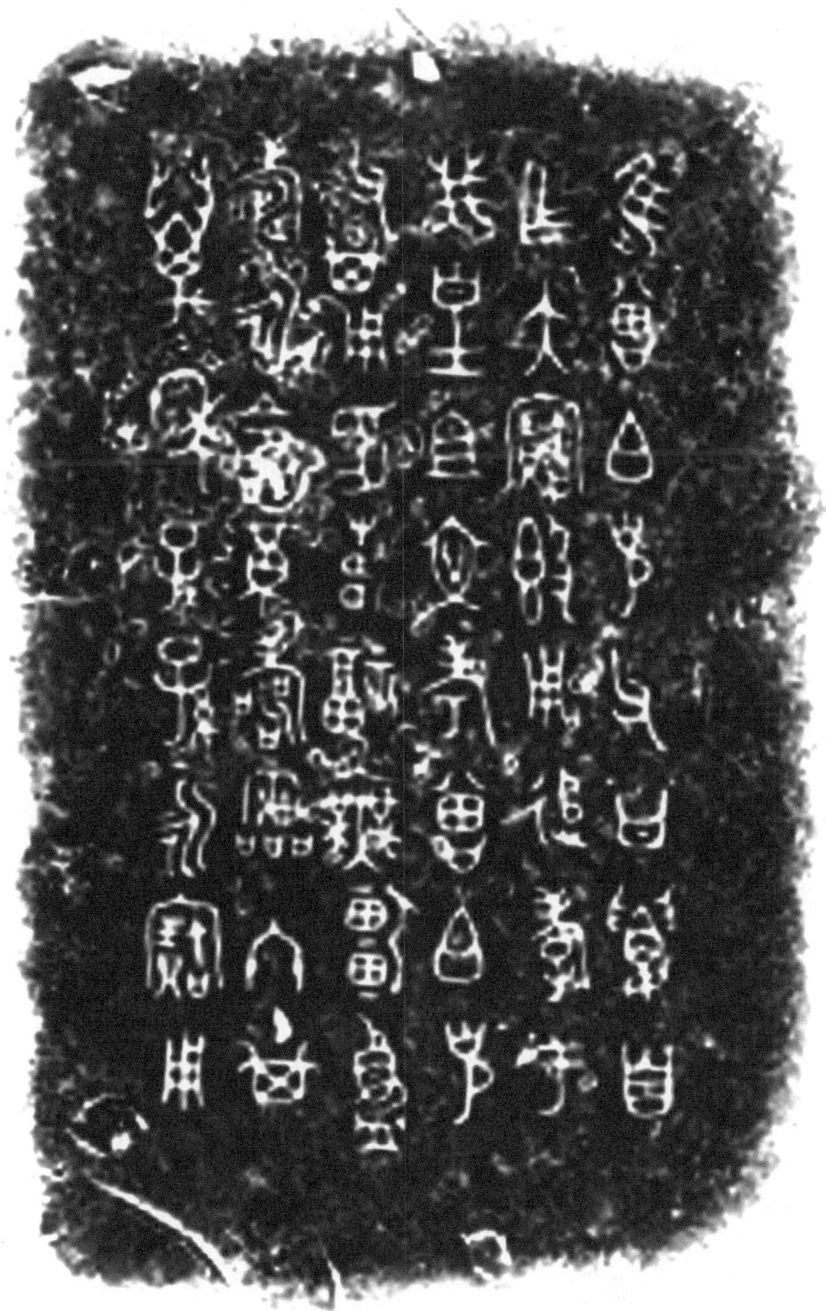

蓋銘拓本

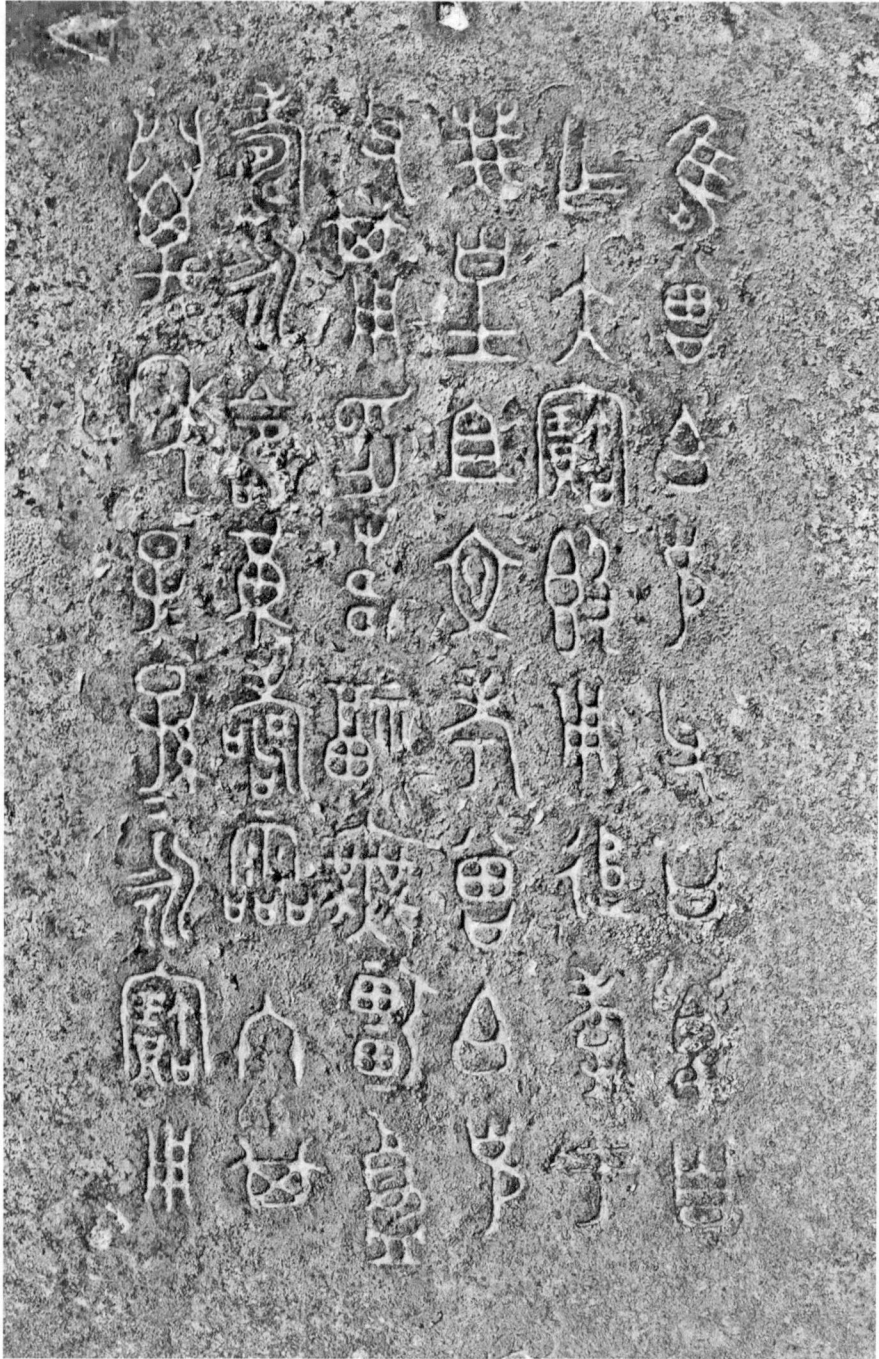

蓋銘照片

器銘照片

0510. 霸伯簋

【時　　代】西周中期前段。

【出土時地】2009-2010年山西翼城縣隆化鎮大河口西周墓葬（M1017.40）。

【收　藏　者】山西省大河口墓地聯合考古隊。

【尺度重量】通高18.4、口徑28.2釐米，蓋重2.06、器重3.925公斤。

【形制紋飾】體扁矮，弇口鼓腹，蓋面弧形隆起，上有圈狀捉手，捉手有對穿方孔，蓋內沿有子口，腹壁呈弧形，一對獸首耳，下有方形垂珥，矮圈足外侈。蓋面和器身均飾瓦溝紋。外底有"十"字加強筋。

【著　　錄】考古學報2018年1期102頁圖17。

【銘文字數】蓋、器同銘，各50字（其中重文1，合文1）。

【銘文釋文】隹（唯）十又一月，丼（邢）弔（叔）來奉鹵（鹽），穇（蔑）霵（霸）白（伯）麻（麻、歷），事（使）伐，用曶（壽一幬）二百，丹二齂（量），虎皮一。霵（霸）白（伯）頖（拜）頡（稽）首，對辪（揚）丼（邢）弔（叔）休，用乍（作）寶殷（簋），寽（其）萬年子=（子子）孫寽（其）永寶用。

【備　　注】照片未加蓋。"二百"爲合文。"虎皮一"蓋銘作"虎皮二"。同墓出土2件，形制、紋飾、銘文相同，大小相若，《銘圖》05220已著錄一件。

蓋銘

器銘

0511. 霸伯山簋

【時　　代】西周中期前段。

【出土時地】2009-2010 年山西翼城縣隆化鎮大河口西周墓葬（M1017.35）。

【收　藏　者】山西省大河口墓地聯合考古隊。

【尺度重量】通高 22.8、口行 23、口縱 16.4、腹深 11.4 釐米，重 4.91 公斤。

【形制紋飾】橢方形，侈口斂腹，窄沿方唇，底部微弧，腹兩側各有一個圓雕龍首形鋬，
　　　　　　圈足較高沿下折；蓋面隆起，外緣有一周矗立八個山峰形扉，四角山峰
　　　　　　較高，中間較低，蓋的子口內斂。蓋頂飾淺浮雕四隻大鳥紋，兩兩相對，
　　　　　　頂面中部飾菱形紋，蓋沿四壁和器口下均飾小鳥紋，前後增飾浮雕獸頭，
　　　　　　腹部飾環帶紋，均以雲雷紋填地，圈足飾兩周弦紋。

【著　　錄】考古學報 2018 年 1 期 102 頁圖 17。

【銘文字數】蓋、器同銘，各 51 字（其中重文 1，合文 1）。

【銘文釋文】隹（唯）十又一月，丼（邢）弔（叔）來叡盧（鹽），蔑霸白（伯）厤（厤、歷），事
　　　　　　（使）伐，用昌（壽一幬）二百，丹二𣪻（量），虎皮一。霸白（伯）𩏉（拜）𩒨（稽）
　　　　　　首，對号（揚）丼（邢）弔（叔）休，用乍（作）寶山殷（簋），㠯（其）萬年子₌（子
　　　　　　子）孫㠯（其）永寶用。

【備　　注】同墓出土 2 件。"二百"爲合文。"厤"蓋銘作"歷"，"虎皮一"器銘作"虎
　　　　　　皮二"。

簋

49

蓋銘

器銘

0512. 應侯視工簋丙

【時　　代】西周中期後段。

【出土時地】傳出河南平頂山市新華區滍陽鎮應國墓地。

【收 藏 者】某收藏家。

【形制紋飾】器身近口沿處内斂,直口,下腹略顯傾垂,然後圜收成平底,圈足外侈,連
　　　　　鑄三個獸面扁圓足,上腹有一對獸首銜環耳,蓋作覆盤形,圈狀捉手。通
　　　　　體飾直棱紋。

【著　　錄】未著録。

【銘文字數】蓋、器同銘,各 54 字(其中重文 2、合文 1)。

【銘文釋文】唯正月初吉丁亥,王才(在)糵卿(饗)醴(醴)。雁(應)厌(侯)貝(視)工
　　　　　吝(侑),易(錫)玉五毅(珏),馬三(四)匹,矢三千。敢(敢)對剔(揚)天
　　　　　子休𧼳(釐),用乍(作)皇考武厌(侯)隣(尊)殷(簋),用易(錫)賁(眉)
　　　　　喜(壽)永令(命),子=(子子)孫=(孫孫)永寶。

【備　　注】"三千"爲合文。這兩件應侯視工簋(包括下一件)與保利藝術博物館收
　　　　　藏的兩件應侯視工簋(見《銘圖》05231、05232)爲同一組器物,形制、紋
　　　　　飾、銘文相同,大小相若。

蓋銘

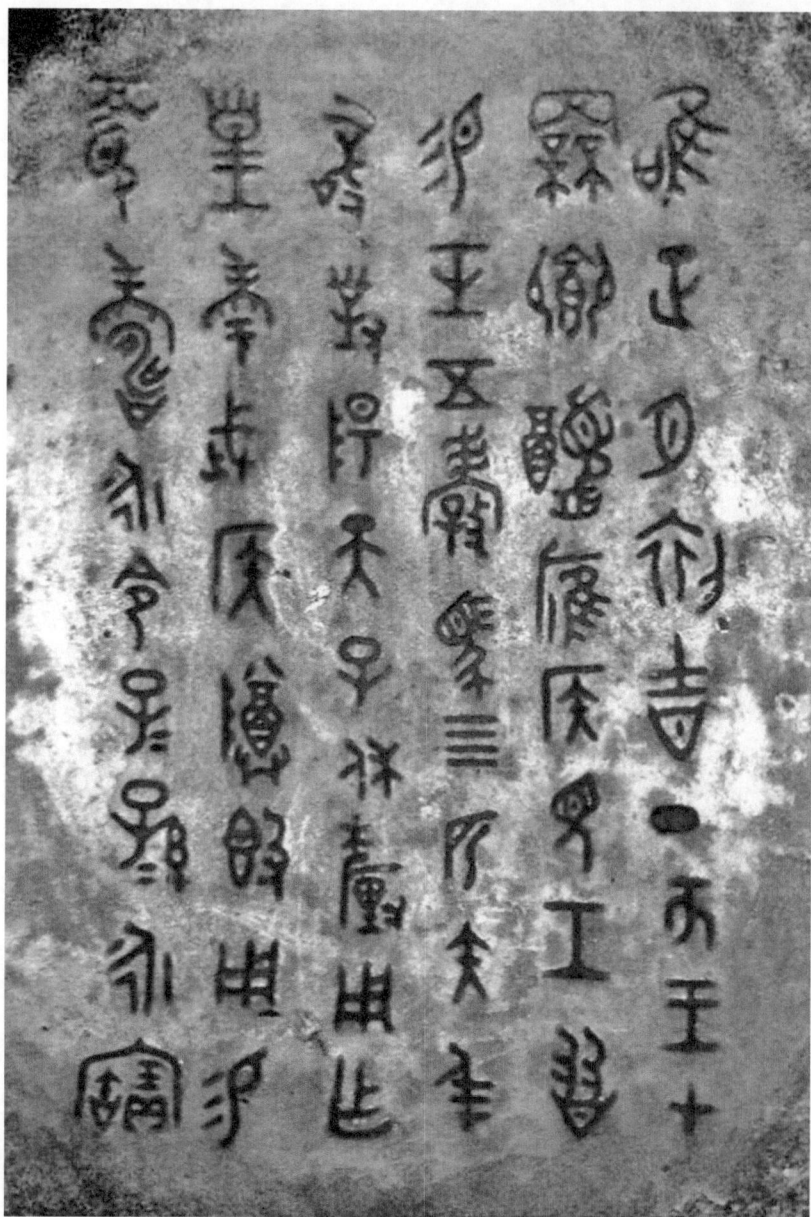

器銘

0513. 應侯視工簋丁

【時　　代】西周中期後段。

【出土時地】傳出河南平頂山市新華區滍陽鎮應國墓地。

【收 藏 者】某收藏家。

【形制紋飾】器身近口沿處內斂，直口，下腹略顯傾垂，然後圜收成平底，圈足外侈，連
　　　　　　鑄三個獸面扁圓足，上腹有一對獸首銜環耳，蓋作覆盤形，圈狀捉手。通
　　　　　　體飾直棱紋。

【著　　錄】未著錄。

【銘文字數】蓋、器同銘，各 54 字（其中重文 2、合文 1）。

【銘文釋文】唯正月初吉丁亥，王才（在）羃卿（饗）醲（醴）。雁（應）厌（侯）貝（視）工
　　　　　　奢（侑），易（錫）玉五瑴（珏），馬三（四）匹，矢三千。叙（敢）對㱙（揚）天
　　　　　　子休釐（釐），用乍（作）皇考武厌（侯）隣（尊）殷（簋），用易（錫）黹（眉）
　　　　　　壴（壽）永令（命），子＝（子子）孫＝（孫孫）永寶。

【備　　注】“三千”爲合文。此爲蓋銘，器銘未公布。

0514. 邵簋甲

【時　　代】西周中期後段。

【出土時地】山西聞喜縣公安局打擊文物犯罪繳獲品。

【收 藏 者】山西青銅器博物館。

【尺度重量】通高 24.5、口徑 18.5、兩耳間距 31 釐米,重 3.709 公斤。

【形制紋飾】直口,腹微鼓,一對獸首耳,下有方形垂珥,矮圈足,其下連鑄三個獸面小足,足尖向外,外罩式蓋,蓋面鼓起,上有圈狀捉手,捉手上部封頂,沿下折。蓋面外圍和器口沿下飾竊曲紋,蓋面內圈和器腹飾瓦溝紋。

【著　　錄】國寶(2019 一)77-79 頁。

【銘文字數】蓋、器對銘,各 54 字。

【銘文釋文】隹(唯)正月初吉甲寅,王客(格)于般宮,井(邢)白(伯)内(入)右邵,王令(命)邵韓朱黃(衡),用事。邵搽(拜)頒(稽)首,對釙(揚)天子不(丕)累(顯)休釐(賚)令(命)。用乍(作)朕(朕)剌(烈)考曧中(仲)隣(尊)殷(簋),邵討(其)萬年永寶用。

蓋銘拓本

蓋銘照片

器銘拓本

器銘照片

0515. 邵簋乙

【時　　代】西周中期後段。

【出土時地】山西聞喜縣公安局打擊文物犯罪繳獲品。

【收 藏 者】山西青銅器博物館。

【尺度重量】通高 23.5、口徑 19.5、兩耳相距 31 釐米,重 3.608 公斤。

【形制紋飾】直口,腹微鼓,一對獸首耳,下有方形垂耳,矮圈足,其下連鑄三個獸面小
　　　　　　足,足尖向外,外罩式蓋,蓋面鼓起,上有圈狀捉手,捉手上部封頂,沿下
　　　　　　折。蓋面外圍和器口沿下飾竊曲紋,蓋面內圈和器腹飾瓦溝紋。

【著　　錄】國寶(2019 一)73-75 頁。

【銘文字數】蓋、器對銘,各 54 字。

【銘文釋文】佳(唯)正月初吉甲寅,王客(格)于般宮,丼(邢)白(伯)內(入)右邵,王
　　　　　　令(命)邵韐朱黃(衡),用事。邵撵(拜)頴(稽)首,對趴(揚)天子不(丕)
　　　　　　累(顯)休釐(賚)令(命)。用乍(作)朕(朕)剌(烈)考虘中(仲)隋(尊)
　　　　　　毁(簋),邵財(其)萬年永寶用。

【備　　注】蓋銘"永寶用"3 字磨滅不清。

蓋銘拓本

蓋銘照片

器銘照片

0516. 卲簋丙(免簋)

【時　　代】西周中期後段。

【出土時地】山西聞喜縣公安局打擊文物犯罪繳獲品。

【收 藏 者】山西青銅器博物館。

【尺度重量】通高 25、口徑 18.5、兩耳間距 30.6 釐米,重 4.424 公斤。

【形制紋飾】直口,腹微鼓,一對獸首耳,下有方形垂珥,矮圈足,其下連鑄三個獸面小足,足尖向外,外罩式蓋,蓋面鼓起,上有圈狀捉手,捉手上部封頂,沿下折。蓋面外圍和器口沿下飾竊曲紋,蓋面内圈和器腹飾瓦溝紋。

【著　　録】國寶(2019 二)69-71 頁。

【銘文字數】蓋内鑄銘文 54 字,器内底 106 字(其中重文 2)。

【銘文釋文】蓋銘: 隹(唯)正月初吉甲寅,王客(格)于般宮,井(邢)白(伯)内(入)右卲,王令(命)卲韓朱黄(衡),用事。卲搼(拜)䭫(稽)首,對㚔(揚)天子不(丕)㬎(顯)休盠(賚)令(命)。用乍(作)朕(朕)剌(烈)考曶中(仲)障(尊)段(簋),卲甾(其)萬年永寶用。

器銘: 隹(唯)王十又九祀正月既生霸庚寅,王才(在)康宮,王各(格)于康大(太)室,焚(榮)戜入右免立中(中)廷北卿(嚮),王乎(呼)乍(作)册。王令(命)尹□曰:“免,易(錫)女(汝)秬(秬)鬯一卣、赤市(韍)、幽黄(衡)、鋚革(勒)、旂,用夒(更)乃且(祖)考官,嗣(司)六自(師)卜事、工卜。”免搼(拜)䭫(稽)首,敢(敢)對㚔(揚)天子不(丕)顯休令(命),用乍(作)朕(朕)文考剌(烈)弔(叔)寶障(尊)段(簋)。免甾(其)壽(壽)老,萬(萬)年孫=(孫孫)子=(子子)甾(其)永寶用。

蓋銘（邵簋）

器銘(兔簋)

0517. 閉簋甲

【時　　代】西周中期。

【出土時地】2017 年 5 月出現在澳門中濠典藏春季拍賣會。

【收 藏 者】原藏日本某私家,現藏國內某收藏家。

【尺度重量】通高 20.5、口徑 23 × 23.5、腹深 12.7、兩耳相距 27 釐米,重 5.65 公斤。

【形制紋飾】侈口束頸,方唇圜底,一對獸首耳,下有垂珥,矮圈足下有一道邊圈,蓋面隆起,上有圈狀捉手,下有短子口。蓋面和頸部飾垂冠回首夔龍紋,腹部飾大鳳鳥,均以雲雷紋填地。

【著　　錄】未著錄。

【銘文字數】蓋、器對銘,各 60 字(其中重文 2)。

【銘文釋文】閉虔夙(夙)夕卹乓(厥)死事,天子多易(錫)閉休,閉叞(敢)對天子覿飘(揚),用乍(作)朕(朕)皇且(祖)考障(尊)叚(簋),用宣(享)孝于寿(前)文人,用蕭(祈)匄虋(眉)壽(壽)永令(命),晄(畯)臣天子霝(令)冬(終),閉才(其)萬年,子＝(子子)孫＝(孫孫)永寶用。

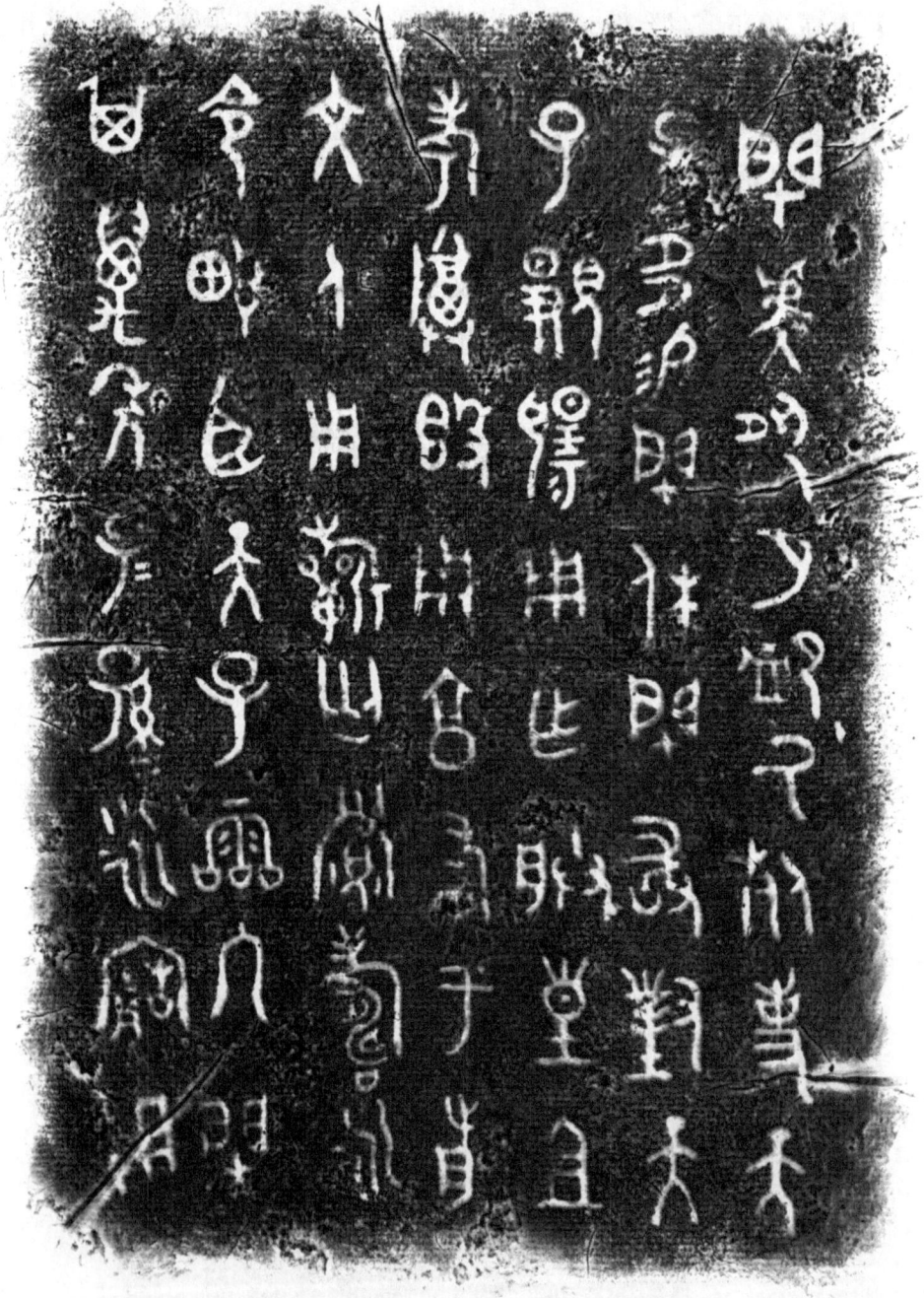

蓋銘

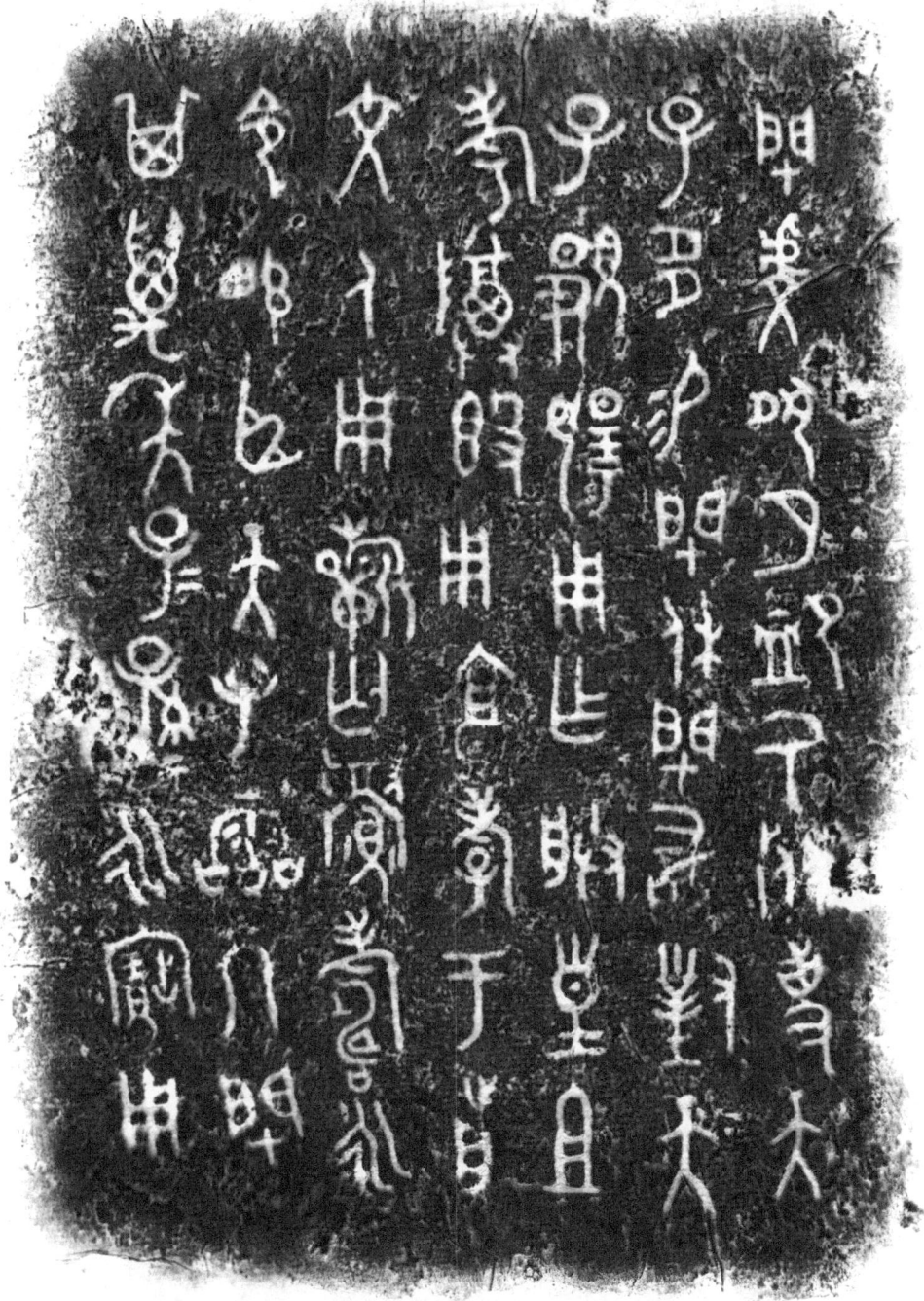

器 銘

0518. 閉簋乙

【時　　代】西周中期。

【出土時地】2017 年 5 月出現在澳門中濠典藏春季拍賣會。

【收　藏　者】原藏日本某私家，現藏國內某收藏家。

【尺度重量】通高 20.5、口徑 23 × 23.4、腹深 12.9、兩耳相距 27 釐米，重 5.65 公斤。

【形制紋飾】侈口束頸，方唇圜底，一對獸首耳，下有垂珥，矮圈足下有一道邊圈，蓋面隆起，上有圈狀捉手，下有短子口。蓋面和頸部飾垂冠回首夔龍紋，腹部飾大鳳鳥，均以雲雷紋填地。

【著　　錄】未著錄。

【銘文字數】蓋、器對銘，各 60 字（其中重文 2）。

【銘文釋文】閉虔夙（夙）夕卹厞（厥）死事，天子多易（錫）閉休，閉敱（敢）對天子覬飄（揚），用乍（作）朕（朕）皇且（祖）考隟（尊）段（簋），用宣（享）孝于肯（前）文人，用敞（祈）勹釁（眉）壽（壽）永令（命），睍（畯）臣天子霝（令）冬（終），閉甘（其）萬年，子＝（子子）孫＝（孫孫）永寶用。

蓋銘

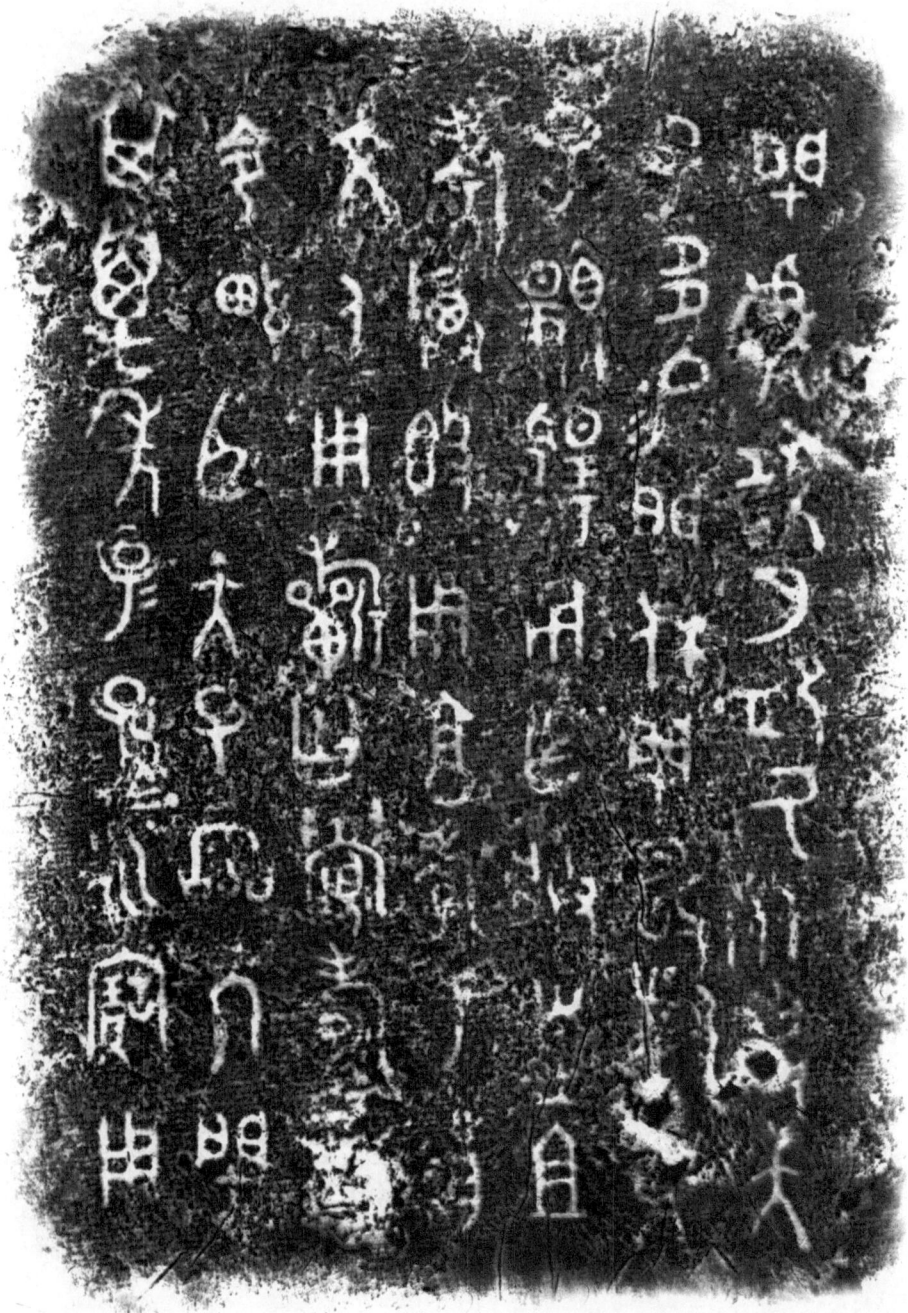

器銘

0519. 羚簋

【時　　代】西周中期前段。

【出土時地】2018年5月出現在香港大唐國際春季拍賣會。

【收　藏　者】原藏日本關東某收藏家,現藏不明。

【尺度重量】器高12.5、口徑19、腹深9.1釐米。

【形制紋飾】失蓋。體較低矮,口微侈,窄沿方唇,束頸鼓腹,一對獸首耳,下有方形垂
　　　　　珥,圈足下連鑄三條短足。頸部飾兩對垂冠回首夔龍紋,以雲雷紋填地。

【著　　錄】未著錄。

【銘文字數】内底鑄銘文65字(其中重文2)。

【銘文釋文】隹(唯)正月初吉丁丑,昧曹(爽),王才(在)宗周,各(格)大(太)室,兼(祭)
　　　　　弔(叔)右羚即立中廷,乍(作)册尹册命羚,易(錫)綌(鑾),令邑于奠(鄭),
　　　　　噝(訊)訟,取遷(賸)五寽(鋝)。羚對揚(揚)王休,用乍(作)朕(朕)文
　　　　　且(祖)豐中(仲)寶毁(簋),世孫=(孫孫)子=(子子)才(其)永寶用。

【備　　注】《銘圖》著錄一件(05258),《銘續》亦著錄一件(0448),均蓋、器俱全,"孫
　　　　　子"不重文,現藏中國國家博物館。

銘文拓本

銘文照片

0520. 獄簋（三式）

【時　　代】西周中期前段。

【出土時地】2016 年 12 月出現在杭州西泠印社秋季拍賣會。

【收 藏 者】某收藏家。

【尺度重量】高 15.7 釐米。

【形制紋飾】斂口鼓腹，腹部有一對獸首耳，下有垂珥，矮圈足沿外侈，下部連鑄三個
　　　　　小足。口沿下飾垂冠回首尾下卷作刀形的夔龍紋，器腹飾瓦溝紋。嵌玉
　　　　　木蓋和木座爲後加。

【著　　錄】未著錄。

【銘文字數】內底鑄銘文 89 字（其中合文 1，重文 3）。

【銘文釋文】唯十又一月既朢丁亥，王各（格）于康大（太）室。獄曰：朕（朕）光（皇）
　　　　　尹周師右告獄于王＝（王，王）或（又）賜（錫）獄仲（佩）、戈（緇）市（韍）
　　　　　殺（朱）亢。曰：“用事。”獄額（拜）頡（稽）首，對揚（揚）王休。用乍（作）
　　　　　朕（朕）變（文）考甲公寶隣（尊）殷（簋），其（其）日夙（夙）夕用氒（厥）卓
　　　　　（茜）㝬（香）韋（敦）祀于氒（厥）百神，孫＝（孫孫）子＝（子子）其（其）邁（萬）
　　　　　年永寶，用絲（茲）王休，其（其）日引勿狀（替）。

【備　　注】《銘續》已著錄 2 件（0457、0458）。“一月”爲合文。

簋

0521. 猷簋（二式）

【時　　代】西周中期前段。

【出土時地】傳出陝西關中東部。

【收 藏 者】某收藏家。

【形制紋飾】侈口束頸，鼓腹，圈足沿外侈，然後下折，腹部有一對獸首耳，長方形垂珥，蓋面隆起，上有圈形捉手。蓋沿和頸部飾分尾鳥紋，以雲雷紋填地，頸部前後增飾一對浮雕獸頭，圈足飾兩道弦紋。

【著　　錄】未著錄。

【銘文字數】蓋、器同銘，各 89 字（其中合文 1，重文 3）。

【銘文釋文】唯十又一月既朢丁亥，王各（格）于康大（太）室。猷曰：朕（朕）光（皇）尹周師右告猷于王＝（王，王）或（又）睗（錫）猷仲（佩）、弋（緇）市（韍）粊（朱）亢。曰："用事。"猷頫（拜）頴（稽）首，對乳（揚）王休。用乍（作）朕（朕）变（文）考甲公寶隣（尊）段（簋），貄（其）日姻（夙）夕用乎（厥）叀（茜）晉（香）韋（敦）祀于乎（厥）百神，孫＝（孫孫）子＝（子子）貄（其）邁（萬）年永寶，用丝（茲）王休，貄（其）日引勿狀（替）。

【備　　注】"一月"爲合文。二式猷簋，《銘圖》著錄 4 件，1 件現藏中國國家博物館，另外 3 件僅有蓋銘，《銘續》著錄 1 件，現藏臺北樂從堂。據說此簋蓋器完整，但藏家僅公布了蓋銘，器銘和器形照片未公布。

0522. 曶簋（曶簋）

【時　　代】西周晚期。

【收 藏 者】某收藏家。

【形制紋飾】侈口方唇，束頸鼓腹，一對獸首耳，矮圈足，其下連鑄方座，弧面形蓋，上有花瓣形圈狀捉手。蓋面、器腹和方座均飾環帶紋。

【著　　錄】未著錄。

【銘文字數】蓋、器對銘，各 93 字（其中重文 1、合文 1）。

【銘文釋文】隹（唯）正月初吉丁亥，王各（格）于成宮，丼（邢）公内（入）右曶（曶）。王乎（呼）尹氏册令（命）曶（曶）：“敵（更）乃且（祖）考乍（作）冢嗣（司）徒于成周八自（師），易（錫）女（汝）甔（秬）鬯一卣、幺（玄）衮衣、赤市幽黄（衡）、赤舄、攸（鋚）勒、緣（鑾）旂，用事。”曶（曶）搽（拜）手頴（稽）首，對飄（揚）天子不（丕）顯魯休令（命），用乍（作）朕（朕）文考蕮（釐）公隦（尊）段（簋）。曶（曶）才（其）邁（萬）年賢（眉）壹（壽）子孫二（孫孫）永寶用。

【備　　注】“一卣”爲合文。此銘文照片不知是蓋還是器，藏家亦未公布器形照片。

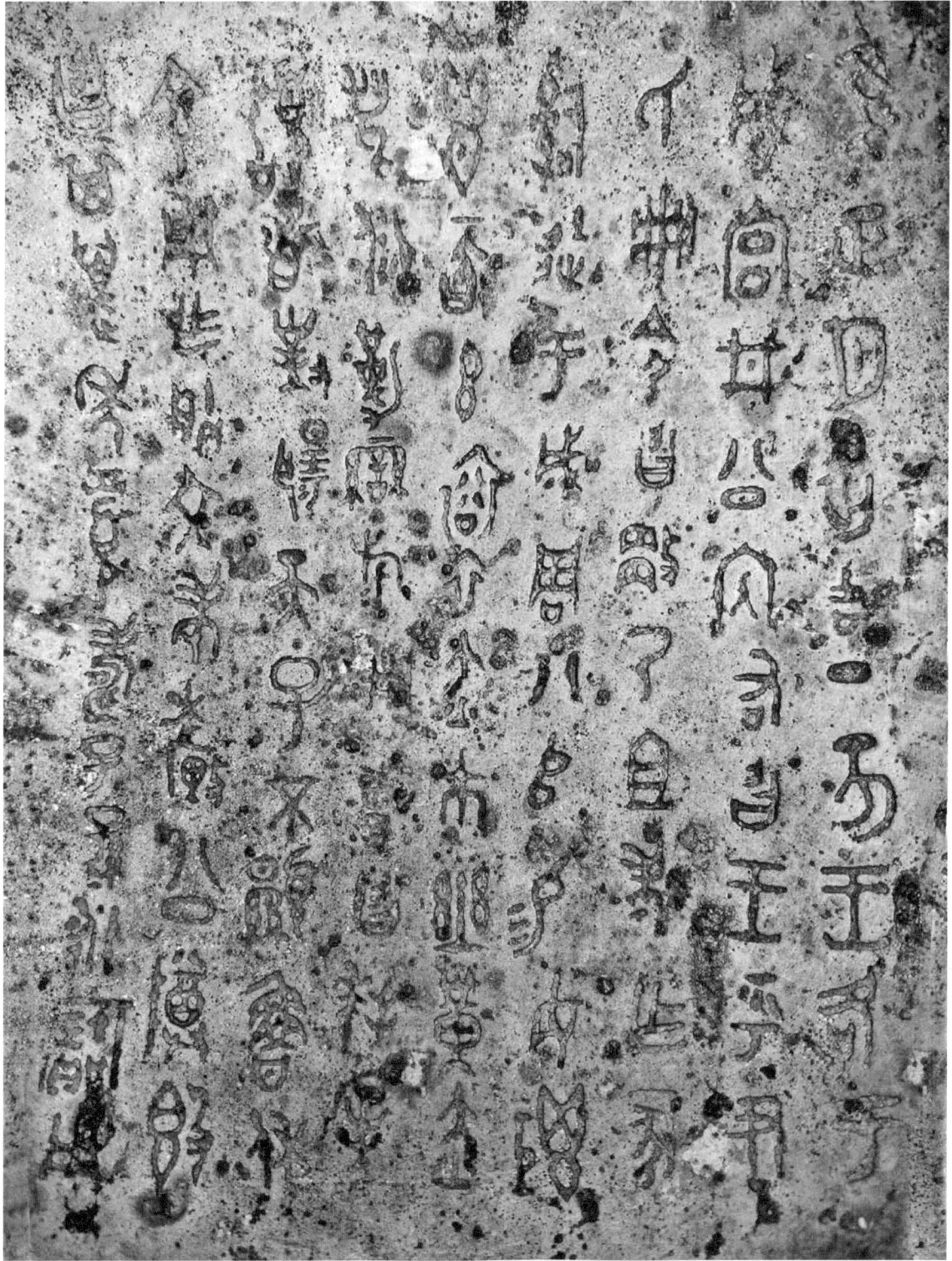

0523. 申仲猷簋(䨻仲猷簋)

【時　　代】西周晚期。

【出土時地】2018 年 5 月見於西安。

【收 藏 者】某收藏家。

【尺度重量】通高 27.8、口徑 22.3、足徑 24.4、腹深 13.9、兩耳相距 40.7 釐米,重 10 公斤。

【形制紋飾】體較矮,斂口鼓腹,矮圈足沿外撇,一對獸首耳,下有垂珥,蓋面呈弧形鼓起,上有圈狀捉手,下有子口,捉手上有一對穿孔。蓋沿和器口下飾竊曲紋,蓋上和器腹飾瓦溝紋。

【著　　録】考古學報 2018 年 2 期 235 頁圖 12。

【銘文字數】蓋内鑄銘文 97 字(其中重文 2)。

【銘文釋文】䨻(申)中(仲)猷曰:“不(丕)顯朕(朕)皇考穆季穆趩克亯(享)辟天子,䙷(得)屯(純)亡敃(愍),易(錫)顯休無彊(疆)。”猷㞒(纘)皇且(祖)考虔夙(夙)夕不豙(墜)才(在)服,肆天子多易(錫)猷休。猷叡(敢)對天子不(丕)顯魯休䚄(揚)。用乍(作)朕(朕)皇考穆季寶隮(尊)𣪘(簋),用追孝于寿(前)文人,嚴(嚴)才(在)上,數䲨降猷康𥁕、屯(純)右(祐)。猷其萬年釁(眉)壽(壽),子=(子子)孫=(孫孫)永寶用。

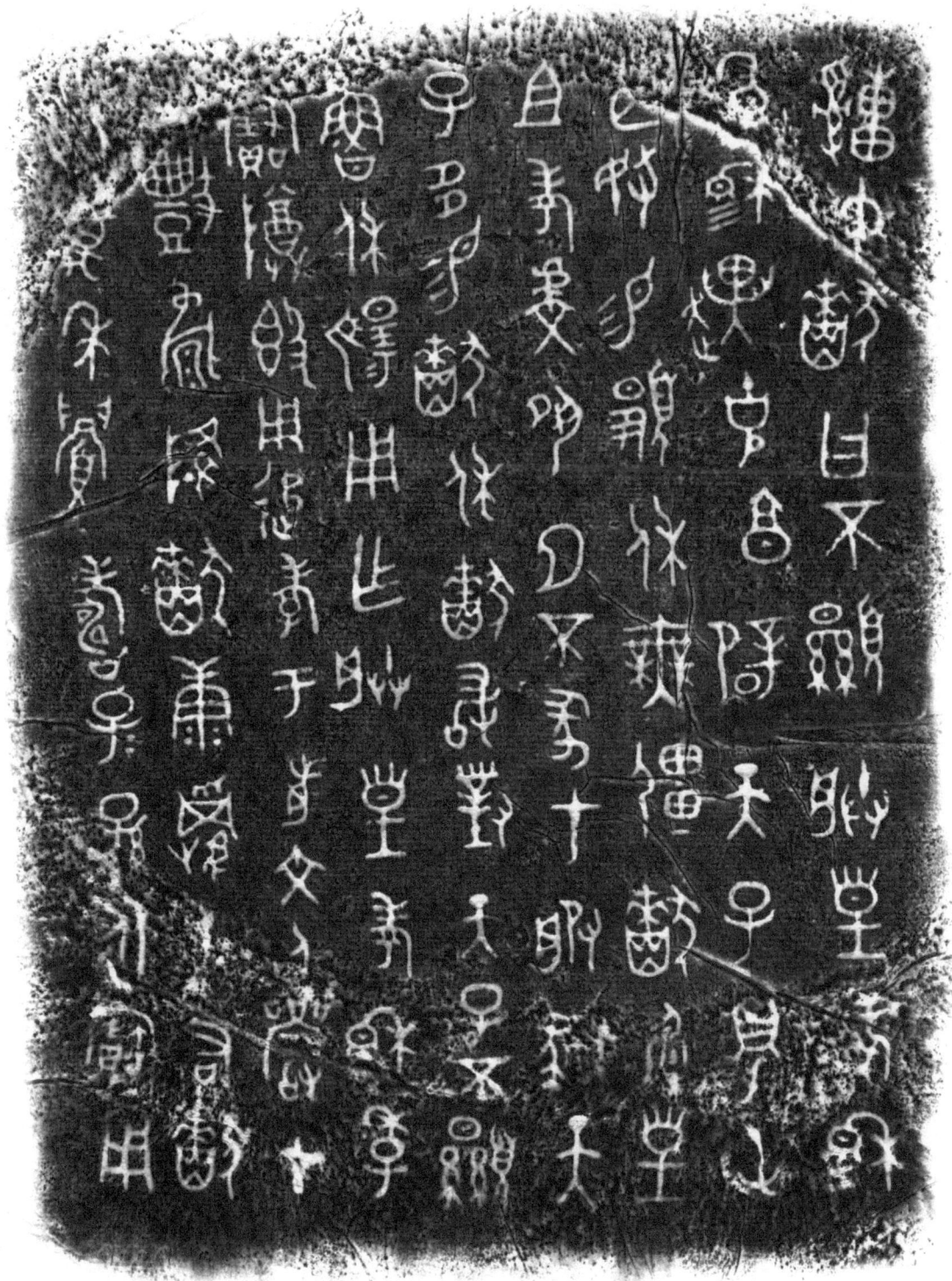

銘文拓本

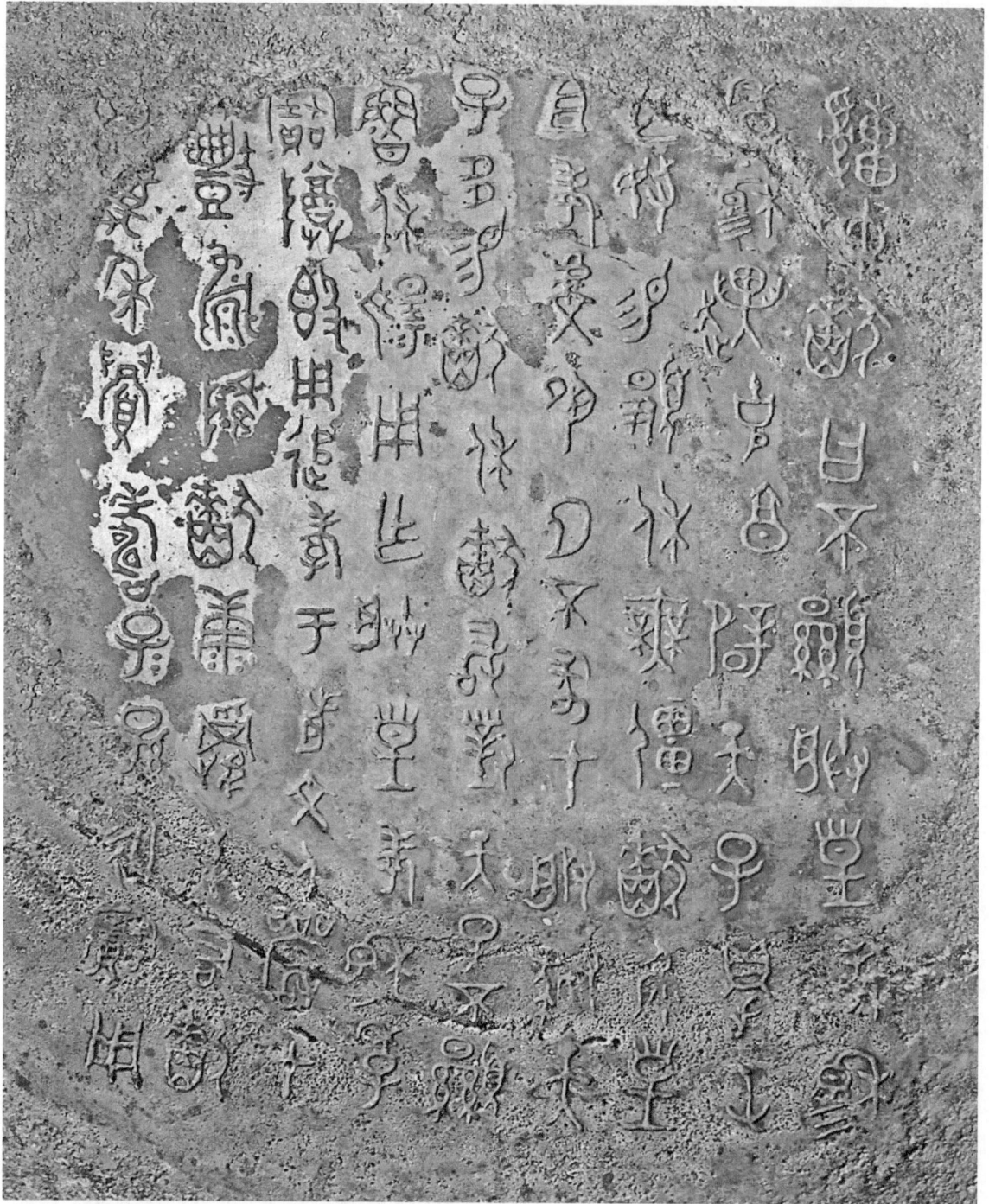

銘文照片

0524. 衛簋丁

【時　　代】西周中期前段。

【收 藏 者】某收藏家。

【形制紋飾】侈口束頸,鼓腹,圈足沿外侈,然後下折,腹部有一對獸首耳,長方形垂珥,蓋面隆起,上有圈形捉手。蓋面和器腹飾斜方格乳釘紋,頸部飾目雷紋和浮雕虎頭,圈足飾雲雷紋組成的獸面紋帶。

【著　　錄】未著錄。

【銘文字數】蓋、器同銘,各 124 字(其中重文 4,合文 1)。

【銘文釋文】唯八月既生霸(霸)庚寅,王各(格)于康大(太)室。衛曰:朕(朕)光(皇)尹中(仲)侃父右告衛于王﹦(王,王)易(錫)衛仲(佩)、弋(緇)市(韍)叔(朱)亢、金車、金旟。曰:"用事。"衛頛(拜)頴(稽)首,對剌(揚)王﹦(王王)休。衛用庫(肇)乍(作)朕(朕)変(文)考甲公寶彅(簋)彝,㠯(其)日甀(夙)夕用㽙(厥)醒(馨)香(香)𩵋(敦)祀于㽙(厥)百神,亡(無)不剸(則),爽(幽)芬(芳)㽙(芳)醒(馨)香(香),剸(則)𤯌(登)于上下,用匃百福,邁(萬)年俗(欲)丝(茲)百生(姓),亡(無)不醉(逢)魯,孫﹦(孫孫)子﹦(子子)㠯(其)邁(萬)年丞(永)寶用丝(茲)王休,㠯(其)日引勿狱(替),諎(世)母(毋)塱(忘)。

【備　　注】此爲蓋銘。銘文中"上下"爲合文。此套簋共 4 件,除此之外,《銘圖》著錄 2 件(05368、05369),爲海外某私家收藏,《銘續》著錄 1 件(0462),爲中國國家博物館收藏,這是第 4 件,藏家未公布器形照片和內底銘文拓本。

銘文拓本（原高 18.4 釐米）

05. 盨

（0525-0545）

0525. 内史盨

【時　　代】西周中期。

【出土時地】2015 年徵集。

【收 藏 者】中國國家博物館。

【尺度重量】通高 24、口橫 18.4、口縱 14.4 釐米。

【形制紋飾】短子口內斂,腹部向下傾垂,口沿兩端有一對附耳,圈足極矮,四角各有
　　　　　一條柱足,蓋面隆起,上有四個曲尺形扉,可卻置。蓋沿和口沿下均飾垂
　　　　　冠回首體呈"S"形的夔龍紋,以雲雷紋填地,足上部飾浮雕獸面。

【著　　錄】近藏 110 頁。

【銘文字數】蓋、器對銘,各 5 字。

【銘文釋文】入(內) 史乍(作) 肇(旅) 段(盨)。

【備　　注】此爲器銘,蓋銘銹蝕嚴重,漫漶不清。

銘文拓本   銘文照片

0526. 弭叔盨蓋

【時　　代】西周中期後段。

【出土時地】1959 年 6 月陝西藍田縣寺坡村西周銅器窖藏。

【收　藏　者】藍田縣文物管理所。

【尺度重量】蓋高 9、口橫 24.8、口縱 17.2 釐米，殘重 1.29 公斤。

【形制紋飾】橢方形，殘破，蓋面隆起，上有四個矩形捉手。蓋面飾瓦紋。

【著　　錄】陝集成 13 册 114 頁 1497。

【銘文字數】蓋内鑄銘文 11 字，殘存 5 字。

【銘文釋文】［弭弔（叔）乍（作）］旅鍴（盨），［ゼ（其）萬年］永寶用。

0527. 𡩜盨

【時　　代】西周晚期。

【出土時地】2016 年 10 月首都機場海關繳獲。

【收　藏　者】暫存魯迅博物館。

【尺度重量】通高 19.5、口橫 23.5、口縱 16.5 釐米。

【形制紋飾】體呈橢方形,兩端有一對獸首半環形耳,斂口鼓腹,底部近平,矮圈足沿外撇,其下連鑄四條獸面小足,蓋面隆起,上有四個曲尺形扉。頂部飾夔紋,蓋沿和器口下飾大小相間的重環紋,蓋面和器腹飾瓦溝紋,圈足前後各有一個長方形缺口,飾重環紋。

【著　　錄】未著錄。

【銘文字數】蓋、器對銘,各 6 字。

【銘文釋文】𡩜爲多帛賸(媵)毁(簋)。

蓋銘

器銘

0528. 應侯盨

【時　　代】西周中期後段。

【收 藏 者】某收藏家。

【形制紋飾】體呈橢方形,子口微斂,腹微收,底部近平,口沿下有一對附耳,四條柱足較細,蓋面隆起,頂部較平緩,上有四個曲尺形扉,可卻置。蓋面外圈、器壁以及柱足均飾瓦溝紋。

【著　　錄】未著錄。

【銘文字數】蓋、器對銘,各 10 字。

【銘文釋文】雁(應)㠯(侯)乍(作)旅盨,ꀀ(其)邁(萬)年永寶。

蓋銘

器銘

0529. 鄭邢伯大父盨甲（奠丼伯大父盨）

【時　　代】西周晚期。

【收 藏 者】某收藏家。

【尺度重量】通高 19.5、兩耳相距 26.8 釐米。

【形制紋飾】橢方形，直口平底，一對附耳，下腹收斂，矮圈足微外侈，四邊中部有長方
　　　　　　缺，四角連鑄外卷的方足；蓋面隆起，沿直下折，上有四個曲尺形捉手。
　　　　　　通體飾瓦溝紋。

【著　　錄】未著錄。

【銘文字數】蓋、器對銘，各 12 字。

【銘文釋文】奠（鄭）丼（邢）白（伯）大父乍（作）旅槓（盨），㠯（其）永寶用。

蓋銘

器銘

0530. 鄭邢伯大父盨乙（奠丼伯大父盨）

【時　　代】西周晚期。

【收 藏 者】某收藏家。

【尺度重量】通高 19.5、兩耳相距 26.8 釐米。

【形制紋飾】橢方形，直口平底，一對附耳，下腹收斂，矮圈足微外侈，四邊中部有長方
缺，四角連鑄外卷的方足；蓋面隆起，沿直下折，上有四個曲尺形捉手。
通體飾瓦溝紋。

【著　　錄】未著錄。

【銘文字數】蓋、器對銘，各 12 字。

【銘文釋文】奠（鄭）丼（邢）白（伯）大父乍（作）旅椡（盨），枓（其）永寶用。

【備　　注】此爲蓋銘。

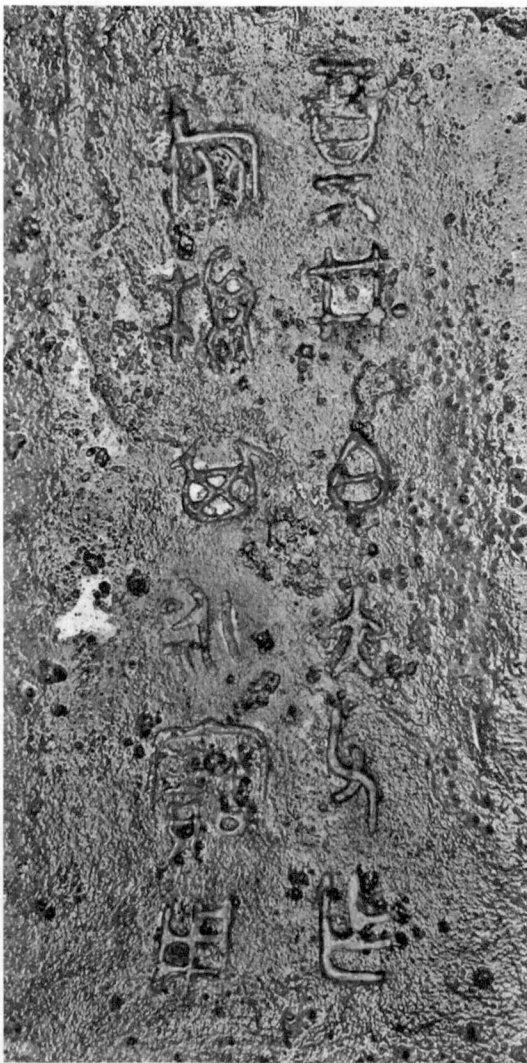

0531. 趞盅父盨（遣盅父盨）

【時　　代】西周中期後段。

【出土時地】山西侯馬市。

【收 藏 者】侯馬市晉國古都博物館。

【形制紋飾】橫截面呈橢方形，斂口收腹，子口內斂，口沿下兩端有一對附耳，底部微圓，方圈足每邊有壺門形缺口，蓋面隆起，上有四個曲尺形捉手。口沿下飾竊曲紋，腹部飾瓦溝紋，足部飾倒置的夔龍頭。

【著　　錄】未著錄。

【銘文字數】蓋內鑄銘文13字（其中重文2），器內底刻銘文16字（其中重文2）。

【銘文釋文】蓋銘：趞（遣）盅父乍（作）旅盨，子₌（子子）孫₌（孫孫）永寶用。

器銘：趞（遣）盅父乍（作）寶盨，其（其）萬年子₌（子子）孫₌（孫孫）永寶用。

蓋銘

器銘

0532. 尹仲盨甲

【時　　代】西周晚期。

【收 藏 者】某收藏家。

【形制紋飾】横截面呈橢方形，口微
斂，鼓腹，圈足沿外侈
然後下折，腹兩端有一
對獸首耳，無垂珥，蓋
面隆起，上有四個"C"
形扁捉手。通體飾瓦
溝紋。

【著　　錄】未著錄。

【銘文字數】蓋内鑄銘文 13 字，器
銘 12 字。

【銘文釋文】尹中(仲)乍(作) 姑晉(旨) 旅盨，其萬年永寶用。

【備　　注】器銘少"寶"字，"萬"作"邁"。

蓋銘

器銘

盨

0533. 尹仲盨乙

【時　　代】西周晚期。

【收 藏 者】某收藏家。

【形制紋飾】橫截面呈橢方形,口微
　　　　　斂,鼓腹,圈足沿外侈
　　　　　然後下折,腹兩端有一
　　　　　對獸首耳,無垂珥,蓋
　　　　　面隆起,上有四個"C"
　　　　　形扁捉手。通體飾瓦
　　　　　溝紋。

【著　　錄】未著錄。

【銘文字數】蓋、器對銘,各13字。

【銘文釋文】尹中(仲)乍(作)姞晉
　　　　　(智)旅須(盨),其偁(萬)年永寶用。

【備　　注】此爲蓋銘,器銘未拍照。

0534. 燕子盨（匽子盨）

【時　　代】西周晚期。

【收　藏　者】某收藏家。

【著　　錄】未著錄。

【銘文字數】銘文 13 字（其中重文 1）。

【銘文釋文】匽（燕）子乍（作）旅須（盨），肰（其）子=（子子）孫永用爲寶。

0535. 叔再父盨丁

【時　　代】西周晚期。

【收 藏 者】某收藏家。

【形制紋飾】體呈橢方形,子口内斂,鼓腹,腹兩端有一對附耳高聳,圈足呈蹼形外撇,每邊有一個長方形缺;蓋面隆起,上有四個曲尺形捉手。捉手之内飾雙頭夔龍紋,蓋沿和器口下均飾重環紋,腹部和蓋面均飾瓦溝紋。

【著　　録】未著録。

【銘文字數】蓋、器同銘,各 18 字(其中重文 2)。

【銘文釋文】弔(叔)再父乍(作)寶鎮(盨),𠭯(其)萬年子＝(子子)孫＝(孫孫)永寶用。奠(鄭)井(邢)。

【備　　注】叔再父盨同坑出土 4 件,《銘續》已著録 3 件(0468、0469、0470),此爲第 4 件,銘文照片是蓋是器不詳,另一銘文照片及器形照片藏家未公布。

0536. 鄭義羌父盨

【時　　代】西周晚期。

【收 藏 者】原藏葉東卿。

【著　　録】筠清 3.15,奇觚 17.31.2。

【銘文字數】內底鑄銘文 14 字(其中重文 2)。

【銘文釋文】奠(鄭)義羌父乍(作)旅盨,子＝(子子)孫＝(孫孫)永寶用。

【備　　注】《集成》04392 在"著録"中列入筠清 3.15、奇觚 17.31.2,但筠清的摹本、奇觚和周金的拓本均與其不同,據《筠清》云該器也藏於葉東卿,當是其盨的蓋銘,或爲另一器。

0537. 晉侯對盨殘蓋（晉侯魙盨）

【時　　代】西周晚期。

【出土時地】1992 年山西曲沃縣曲村鎮北趙村晉侯墓地 1 號墓出土（M1.051）。

【收 藏 者】山西省考古研究所。

【尺度重量】殘長 10.8、寬 8.4 釐米。

【形制紋飾】以雲雷紋填地的夔龍紋。

【著　　錄】文物 1993 年 16 頁圖 15。

【銘文字數】內鑄銘文，現存 13 字（其中重文 2）。

【銘文釋文】……月初吉……乍（作）寶隣（尊）……年，子＝（子子）孫＝（孫孫）永寶……

【備　　注】馬承源先生曾在香港坊間看到一件晉侯對盨，形制、紋飾與上海博物館
　　　　　　從香港購回的晉侯對盨（《銘圖》05630）相同，其銘文已基本損壞，這塊
　　　　　　殘片應是其盨的劫餘之物。

0538. 曾伯克父盨甲

【時　　代】春秋早期前段。

【出土時地】2019 年 3 月出現在日本東京中央株式會社春季拍賣會。

【收 藏 者】某收藏家。

【尺度重量】通高 19、通長 33、寬 19 釐米。

【形制紋飾】體呈橢方形，斂口鼓腹，兩端有一對龍首半環形耳，圈足沿外撇，沿下折，每邊各有一個壺門形缺，蓋面隆起，上有四個曲尺形扉。蓋頂飾一個"S"形夔龍紋，蓋面上部和器腹飾瓦溝紋，蓋沿和器沿下飾竊曲紋，圈足飾垂鱗紋。

【著　　錄】未著錄。

【銘文字數】蓋、器對銘，各 16 字。

【銘文釋文】唯曾白（伯）克父甘嬰（嫛），囟（酒）用乍（作）遊（旅）須（盨），子孫永寶。

【備　　注】同墓出土此式曾伯克父盨可能爲 4 件，《銘續》0467 著錄 1 件（僅爲蓋銘），此次著錄 2 件，尚缺 1 件。

盨

蓋銘

器銘

0539. 曾伯克父盨乙

【時　　代】春秋早期前段。

【出土時地】2019 年 3 月出現在日本東京中央株式會社春季拍賣會。

【收 藏 者】某收藏家。

【尺度重量】通高 19、通長 33、寬 19 釐米。

【形制紋飾】體呈橢方形，斂口鼓腹，兩端有一對龍首半環形耳，圈足沿外撇，沿下折，
　　　　　每邊各有一個壺門形缺，蓋面隆起，上有四個曲尺形扉。蓋頂飾一個"S"
　　　　　形夔龍紋，蓋面上部和器腹飾瓦溝紋，蓋沿和器沿下飾竊曲紋，圈足飾垂
　　　　　鱗紋。

【著　　錄】未著錄。

【銘文字數】蓋、器對銘，各 16 字。

【銘文釋文】唯曾白（伯）克父甘嬰（婁），囟（迺）用乍（作）遊（旅）須（盨），子孫永寶。

盨

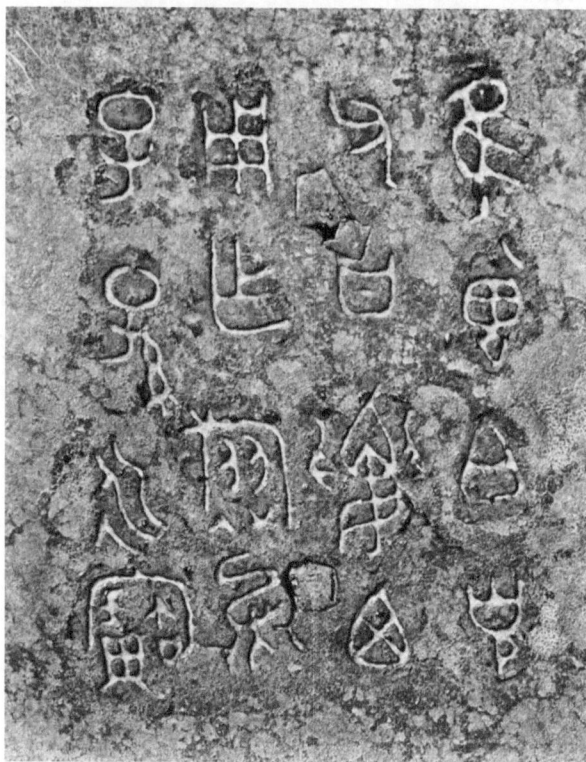

蓋銘

器銘

0540. 申仲父盨（連仲父盨）

【時　　代】西周晚期。

【收 藏 者】原藏周慶雲。

【形制紋飾】侈口，窄薄沿，深腹圜底，
　　　　　高圈足。頸部和圈足均
　　　　　飾夔龍紋，上腹部飾竊曲
　　　　　紋，以細雲雷紋填地，下
　　　　　腹飾粗雲雷紋。

【著　　録】夢坡 4.43。

【銘文字數】內底鑄銘文 18 字（其中
　　　　　重文 2）。

【銘文釋文】連（申）中（仲）父乍（作）
　　　　　孟姜旅盨，㠯（其）萬年
　　　　　子＝（子子）孫＝（孫孫）永寶用。

【備　　注】器形爲無耳簋，銘文自名爲“盨”。

盨

0541. 倗伯齍盨甲

【時　　代】西周晚期。

【收　藏　者】某收藏家。

【形制紋飾】體呈橢方形，子口內斂，一對附耳高聳，圈足沿外侈，連鑄四個尾下卷的
夔龍形小足；蓋面隆起，上有四個曲尺形捉手，沿下折。器口沿和蓋沿
飾重環紋，腹部和蓋面飾瓦溝紋。

【著　　錄】未著錄。

【銘文字數】蓋、器對銘，各21字（其中重文1）。

【銘文釋文】隹（唯）正月初吉己亥，倗白（伯）齍乍（作）齍（鑄）旅盨（盨），哎（其）
子＝（子子）孫永寶用。

【備　　注】同坑出土4件，形制、紋飾形同，大小相若。2件有銘文，蓋器對銘，銘文
相同，2件無銘。銘文中"齍（鑄）"字爲分書。

盨

0542. 倗伯鬲盨乙

【時　　代】西周晚期。

【收　藏　者】某收藏家。

【形制紋飾】體呈橢方形，子口內斂，一對附耳高聳，圈足沿外侈，連鑄四個尾下卷的夔龍形小足；蓋面隆起，上有四個曲尺形捉手，沿下折。器口沿和蓋沿飾重環紋，腹部和蓋面飾瓦溝紋。

【著　　錄】未著錄。

【銘文字數】蓋、器對銘，各 21 字（其中重文 1）。

【銘文釋文】隹（唯）正月初吉己亥，倗白（伯）鬲乍（作）鬲（鑄）旅盨（盨），甘（其）子孫＝（孫孫）永寶用。

【備　　注】銘文中"鬲（鑄）"字爲分書。

0543. 召皇父盨（瞽皇父盨）

【時　　代】西周晚期。

【出土時地】傳出山西。2017 年 5 月出現在澳門中濠典藏拍賣會。

【收　藏　者】某收藏家。

【尺度重量】通高 24、口橫 27.5、口縱 17.5 釐米。

【形制紋飾】器作橢方形，直口，腹部收斂，兩側有一對獸首耳，橢方形圈足，下有四個
　　　　　曲尺形足，蓋面隆起，上面有四個曲尺形捉手。通體飾瓦溝紋。

【著　　錄】未著錄。

【銘文字數】蓋、器同銘，各 22 字（其中重文 2）。

【銘文釋文】瞽（召）皇父王事嘏（祖）成周，遺賓金，用乍（作）寶須（盨），子＝（子子）
　　　　　孫＝（孫孫）永寶用。

【備　　注】同墓出土 2 件，形制、紋飾、大小、銘文基本相同，另一件《銘續》0472 已
　　　　　著錄。

蓋銘

器 銘

0544. 乘盨

【時　　代】西周晚期。

【收 藏 者】中國國家博物館。

【尺度重量】通高16.7、腹深9.5、口橫22、口縱16.5、兩耳相距27釐米,重2.94公斤。

【形制紋飾】失蓋。體呈橢方形,兩端有一對附耳,直口,腹部微鼓,底部近平,四條足呈柱足向蹄足過渡的形式。通體飾瓦溝紋。

【著　　錄】未著錄。

【銘文字數】內底鑄銘文52字(其中重文2)。

【銘文釋文】隹(唯)三(四)年二月初吉己子(巳),中(仲)大(太)師才(在)菶,令(命)乘緻官嗣(司)走馬、駛(馭)人,易(錫)乘馬乘昌(以一與)車,乘奴(敢)對瞉(揚)中(仲)氏不(丕)顯休,用乍(作)寶盨,乘囟(其)萬年,子=(子子)孫=(孫孫)永寶。

盨

121

銘文拓本

銘文照片

0545. 大師盧盨（太師盧盨）

【時　　代】西周中期後段。

【收　藏　者】某收藏家。

【形制紋飾】體呈橢方形，直口方唇，斂腹平底，腹部兩側有一對牛首耳，圈足四面各
　　　　　　有一個壺門形缺口，蓋面平緩，上有四個卷尾夔龍扁捉手，四周斜折，下
　　　　　　出子口。蓋面和器腹飾瓦溝紋，蓋沿和器口沿飾長尾鳥紋，圈足飾回首
　　　　　　夔龍紋，均以雲雷紋填地。

【著　　　錄】未著錄。

【銘文字數】蓋内鑄銘文 72 字。

【銘文釋文】正月既望甲午，王在周師量宮。旦，王各（格）大（太）室，即立（位）。王
　　　　　　乎（呼）師虘召太師盧入門，立中廷。王乎（呼）宰晉（曶）易（錫）太師盧
　　　　　　虎裘。盧搽（拜）頡（稽）首。敢對乿（揚）天子不（丕）顯休，用乍（作）旅
　　　　　　須（盨）。盧才（其）萬年永寶用。隹（唯）十又二年。

【備　　　注】《銘圖》05674 著錄一件大師盧盨，器真銘僞。

盨

123

06. 簋

（0546–0592）

0546. 癸簋

【時　　代】西周早期。

【出土時地】2013年下半年陝西寶雞市渭濱區石鼓鎮石嘴頭村西周墓地（M4.803）。

【收　藏　者】石鼓山考古隊。

【尺度重量】通高19.5、口橫25.6、口縱18.8、圈足橫13.2、縱9釐米，重3.9公斤。

【形制紋飾】橫截面呈橢方形，侈口斜壁，平底，方圈足；兩短壁設有一對附耳。腹壁上下飾夔龍紋，雲雷紋填地，中部飾直棱紋。蓋與器子母合口，形制、大小、紋飾均相同，但無圈足，平頂四角各有一個“F”字形鈕，蓋可卻置。

【著　　錄】陝集成8冊210頁0955。

【銘文字數】外底鑄陽文1字。

【銘文釋文】癸。

銘文照片（放大）

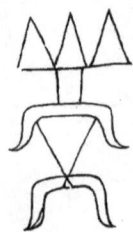

銘文摹本

銘文 X 光片

0547. 競絲簠（景絲簠）

【時　　代】戰國早期·楚。

【收 藏 者】某收藏家。

【形制紋飾】長方形，蓋、器形狀大小相同，斜壁平底，口沿皆有一段直壁，兩短壁各有一獸首耳，四隻對稱的蹼形足，蓋口沿有六個獸面形卡扣。蓋、器外表均飾淺細的蟠虺紋。

【著　　録】未著録。

【銘文字數】蓋、器同銘，各鑄鳥篆銘文 4 字。

【銘文釋文】競（景）絲乍（作）寺（持）。

【備　　注】同坑出土 2 件，形制、紋飾、銘文均相同，大小相若。本器的器銘及另一件簠的資料藏家未提供。

0548. 曾伯桼簠

【時　　代】春秋早期。

【出土時地】湖北京山蘇家壠春秋墓出土，2017年1月見於盛世收藏網。

【收　藏　者】湖北省文物考古研究所。

【形制紋飾】體呈長方形，直口短沿，每邊有一個卡扣，腹壁斜收，腹兩側有一對半環耳，長方圈足外侈，每面正中有長方圓角形缺。口沿下飾獨體歧尾龍紋，兩龍相套，腹壁飾雙首共身龍紋，圈足飾鱗紋。

【著　　錄】未著錄。

【銘文字數】內底鑄銘文5字。

【銘文釋文】曾白（伯）桼之匜（簠）。

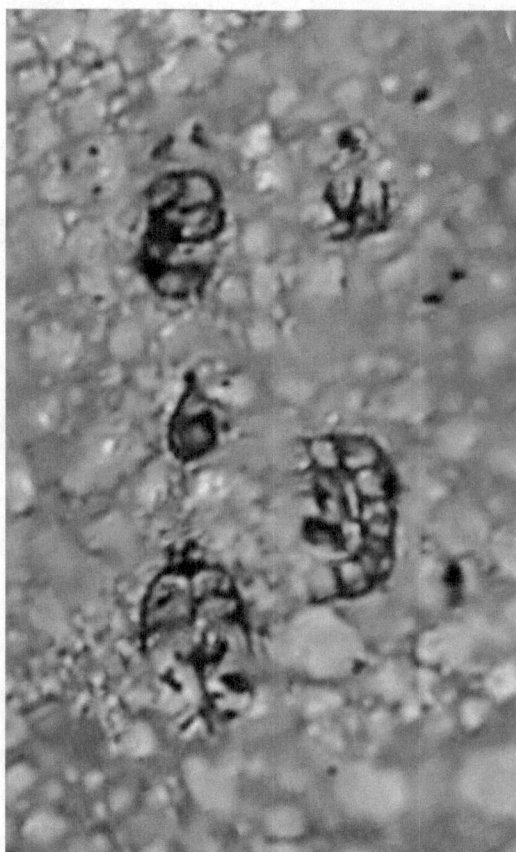

0549. 曾子牆簠

【時　　代】春秋晚期。

【收 藏 者】某收藏家。

【尺度重量】通 高 19、口 橫 29、口 縱
　　　　　　22.5、兩耳相距 33 釐米。

【形制紋飾】長方體，直沿折腹，平底，兩
　　　　　　短壁有一對獸首形耳，蹼形
　　　　　　四足。通體飾蟠虺紋。蓋
　　　　　　與器形制、紋飾、大小相同，
　　　　　　唯口沿前後各有一對獸面
　　　　　　小卡扣，左右各有一個獸面
　　　　　　小卡扣。

【著　　錄】未著錄。

【銘文字數】蓋、器對銘，各 6 字。

【銘文釋文】曾子牆之飤匠（簠）。

器銘

蓋銘

簠

0550. 鄭叔原父簠（鄭叔邍父簠）

【時　　代】西周晚期。

【收 藏 者】某收藏家。

【形制紋飾】失蓋，敞口斜壁，窄沿
　　　　　方唇，方圈足，前後各
　　　　　有一個長方形缺。口
　　　　　沿下飾大小相間的重
　　　　　環紋，腹壁飾環帶紋。

【著　　錄】未著錄。

【銘文字數】內底鑄銘文7字。

【銘文釋文】奠（鄭）弔（叔）邍（原）
　　　　　父乍（作）旅故（匠—簠）。

0551. 楚王孫漁簠

【時　　代】春秋晚期。

【出土時地】河南駐馬店市上蔡縣大路李鄉郭莊楚墓（M1）。

【收 藏 者】河南省文物考古研究院。

【尺度重量】通高 26.3、闌高 12.5 釐米。

【形制紋飾】長方形，蓋、器形狀大小相同，直壁斜腹，平底，兩短壁各有一獸首耳，四
　　　　　　隻對稱的蹼形足，蓋沿前後各有一對浮雕獸面形卡扣，左右各有一個浮
　　　　　　雕獸面卡扣。通體紋飾錯紅銅，以走龍爲主紋，以“工”字形、菱形紋、三
　　　　　　角雲紋和變形雲紋爲界框。

【著　　録】出土全集 10.429。

【銘文字數】蓋內鑄銘文 7 字。

【銘文釋文】楚王孫漁之餴臣（簠）。

簠

0552. 鄂姜簠（噩姜簠）

【時　　代】春秋早期。

【出土時地】2012 年河南南陽市新
店鄉夏餉鋪村鄂國墓
地（M20.9）。

【收 藏 者】南陽市文物考古研
究所。

【尺度重量】通高 16.3、口横 30.1、
口縱 24.5 釐米。

【形制紋飾】器蓋與器身相同，均爲
長方形，敞口，平折沿，
厚方唇，直壁向下斜收，兩側腹壁上有一對獸首半環形耳，平底，方圈足，
四面各開一半圓形缺口。口沿和圈足均飾"T"字形紋，腹部飾環帶紋。

【著　　録】江漢考古 2019 年 21 頁圖版二：7、17 頁拓片二。

【銘文字數】內底鑄銘文 8 字。

【銘文釋文】噩（鄂）姜乍（作）寶匡（簠），永寶用。

0553. 牧臣簠甲

【時　　代】春秋早期。

【出土時地】湖北。

【收　藏　者】武漢九州藝術博物館。

【尺度重量】通高 17、口橫 32、口縱 22 釐米。

【形制紋飾】蓋與器形制、紋飾、大小相同。長方體，窄沿方唇，直口斜壁，壁兩端有一
　　　　　對獸首半環形耳，長方形圈足，每邊中部有一個壺門形缺口。蓋頂、圈足
　　　　　和腹壁均飾蟠螭紋。

【著　　錄】未著錄。

【銘文字數】蓋、器對銘，各 8 字。

【銘文釋文】牧臣行器，爾永古（祐）畐（福）。

蓋銘

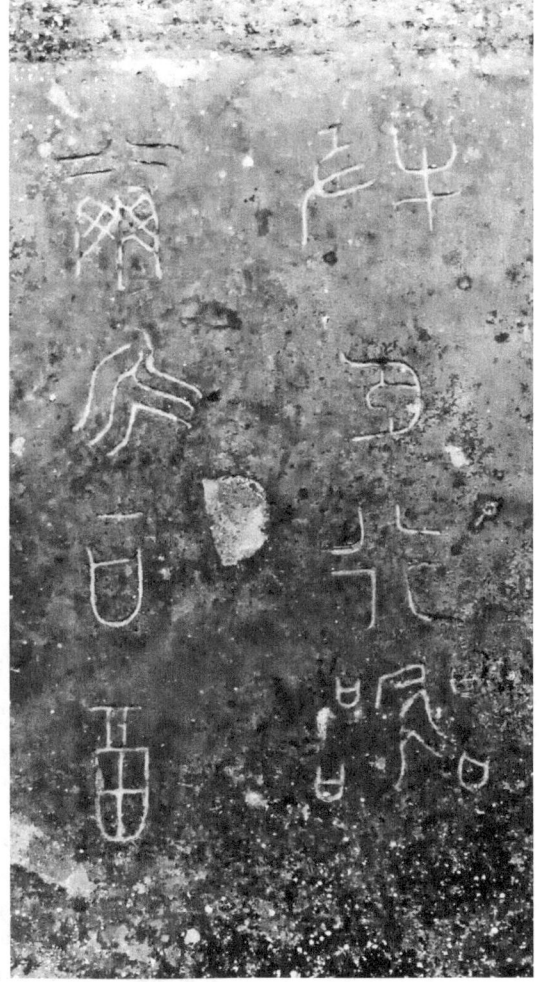

器銘

簋

0554. 牧臣簠乙（曾公鷄䲙簠）

【時　　代】春秋早期。

【出土時地】湖北。

【收　藏　者】武漢九州藝術博物館。

【尺度重量】通高 17、口橫 32、口縱 22 釐米。

【形制紋飾】蓋與器形制、紋飾、大小相同。長方體，窄沿方唇，直口斜壁，壁兩端有一
　　　　　　對獸首半環形耳，長方形圈足，每邊中部有一個壺門形缺口。蓋頂、圈足
　　　　　　和腹壁均飾蟠螭紋。

【著　　録】未著録。

【銘文字數】器底鑄銘文 8 字，蓋内 12 字。

【銘文釋文】器銘：牧臣行器，爾永古（祜）畐（福）。
　　　　　　蓋銘：曾公鷄䲙爲爾行匝（簠），爾永祜福。

器銘

蓋銘

0555. 楚子棄湯簠

【時　　代】春秋晚期。

【收 藏 者】某收藏家。

【形制紋飾】長方體，直口斜壁，平
底，四個蹼形足，腹部
有一對獸首耳。蓋與
器形制、紋飾、大小均
相同，蓋口前後各有兩
個獸面卡扣，左右各有
一個卡扣。通體飾蟠
虺紋。

【著　　錄】未著錄。

【銘文字數】蓋、器對銘，各 8 字。

【銘文釋文】楚子棄湯自乍（作）飤臣（簠）。

蓋銘

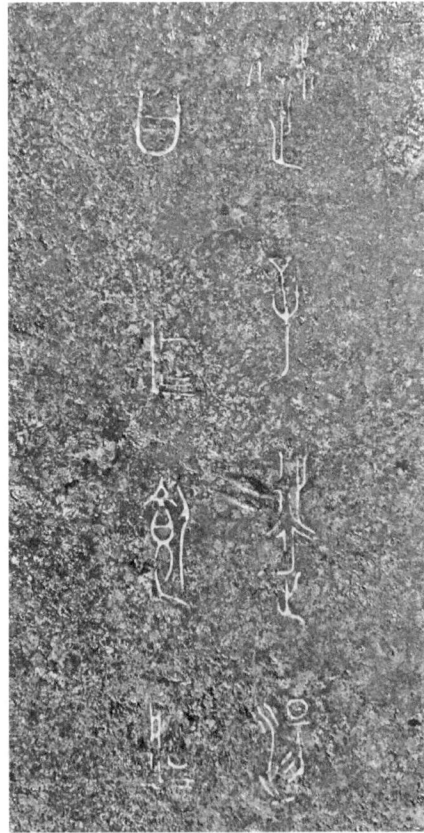

器銘

簠

0556. 加嬭簠（芈加簠）

【時　　代】春秋中期。

【出土時地】湖北隨州市曾都區棗樹林曾國墓地嬭加墓被盜出土，隨州市公安局破案追回。

【收　藏　者】隨州博物館。

【形制紋飾】長方體，直口斜壁，坦底，腹兩端有一對龍形附耳，底的四角各有一個曲尺形蹼足。口沿和腹壁均飾蟠虺紋。

蓋與器形制、紋飾、大小相同，唯口沿前後各有一對獸面卡扣，左右各有一個獸面卡扣。

【著　　錄】追回 26 頁。

【銘文字數】蓋、器對銘，各 9 字。

【銘文釋文】加嬭（芈）之行匫（簠），其永用之。

【備　　注】一對，另一件銘文照片未公布。

蓋銘　　　　　　　　　器銘

0557. 巫簠

【時　　代】春秋晚期。

【出土時地】湖北隨州市。

【收 藏 者】隨州博物館。

【形制紋飾】長方體,長方口,直壁
斜腹,平底,四個矩形
足外侈,兩側有一對獸
首耳。通體飾蟠虺紋。
蓋與器形制、紋飾、大
小相同,唯蓋的口沿前
後有兩對獸面小卡扣,
左右各有一個獸面小卡扣。

【著　　録】古文字研究 32 輯圖 9、10。

【銘文字數】蓋、器對銘,各 11 字。

【銘文釋文】巫爲其咎(舅)叔考臣盞(鑄)甘(其)行器。

【備　　注】此爲蓋銘,器身照片及器銘未公布。

銘文拓本

銘文照片

簠

0558. 毛百父簠

【時　　代】春秋早期。

【出土時地】2017 年 10 月出現在香港大唐國際拍賣會。

【收　藏　者】某收藏家。

【尺度重量】通高 20.5、口横 32 釐米。

【形制紋飾】敞口折沿，方唇，腹壁斜收，腹兩側有一對環耳，方圈足外撇，每邊中部有長方形缺口。四壁上部飾大小相間的重環紋，下部飾環帶紋，圈足飾"S"形紋。蓋與器形制、紋飾、大小完全相同，唯蓋頂增飾大夔龍紋。

【著　　錄】未著錄。

【銘文字數】蓋、器對銘，各 13 字（其中重文 1）。

【銘文釋文】毛百父乍（作）匜（簠）寶，子＝（子子）孫永寶用亯（享）。

0559. 曾太保夋簠

【時　　代】春秋早期。

【出土時地】2015年10月湖北棗陽市郭家廟墓地曹門灣墓區（M43.3）。

【收　藏　者】棗陽市博物館。

【尺度重量】通高22.5、口徑25.5、腹深10.8釐米，重4.129公斤。

【形制紋飾】橫截面呈長方形，窄平沿，方唇，斜壁平底，兩側有一對獸首半環形耳，長方形圈足外撇，每邊各有一個門洞形個缺口。四壁飾卷體龍紋，圈足飾四組竊曲紋。蓋體與器體的形制、紋飾均相同，唯蓋的頂部四角有龍形扉。

【著　　錄】江漢考古2016年5期43頁拓片2、3。

【銘文字數】蓋、器對銘，各15字。

【銘文釋文】隹（唯）曾大（太）保夋用其吉金，自乍（作）寶固，用亯（享）。

【備　　注】同墓出土2件，形制、紋飾、銘文相同，大小相若。

蓋銘

器銘

0560. 𣏔譜簠（𣏔𥪿簠）

【時　　代】春秋早期。

【收 藏 者】某收藏家。

【形制紋飾】長方體，直口斜壁，平底，蹼形足。蓋與器形制、大小相同，唯蓋沿前後
各有一對獸面卡扣，左右各有一個獸面卡扣，通體飾蟠虺紋，蓋頂亦飾
蟠虺紋。

【著　　録】未著録。

【銘文字數】蓋、器對銘，各 16 字。

【銘文釋文】𣏔𥪿（譜）𥂴（擇）𠀠（其）吉金，自乍（作）飤𨤲（簠），子孫永保用之。

蓋銘

器銘

0561. 魯伯愈父簠(魯伯鯀父簠、魯伯俞父簠)

【時　　代】春秋早期。

【收 藏 者】下落不明。

【形制紋飾】窄平沿,一對直耳,鼓腹圜底,三蹄足。頸部飾變形獸體紋(竊曲紋),腹中部有一道凸弦紋,其下飾環帶紋,耳外側飾重環紋。

【著　　録】湖湘 67 頁 087。

【銘文字數】內底鑄銘文 16 字。

【銘文釋文】魯白(伯)鯀(俞、愈)父乍(作)姬孞(仁)匜(簠),尃(其)萬年豂(眉)壽(壽)永寶用。

【備　　注】《銘圖》已著録 3 件(05860-05862),此拓本未見著録,拓本有清末人"秀水金蘭坡拓贈""金傳聲"及"黃樹人章"。

0562. 晉侯邦父簠

【時　　代】西周晚期。

【出土時地】1992 年山西曲沃縣曲村鎮北趙村晉侯墓地（M64）。

【收 藏 者】山西晉國博物館。

【形制紋飾】長方體，窄沿方唇，斜壁坦底，腹兩端有一對獸首半環形耳，長方圈足每
邊有一個壺門形缺口。口沿下飾體呈 S 形的夔龍紋，腹部鑄成階梯形，
圈足飾變形夔龍紋。蓋與器大小、形制、紋飾均相同。

【著　　録】未著録。

【銘文字數】蓋、器對銘，各 17 字（其中重文 2）。

【銘文釋文】晉（晉）矦（侯）邦父乍（作）旅固（簠），其（其）萬年子＝（子子）孫＝（孫孫）
永寶用。

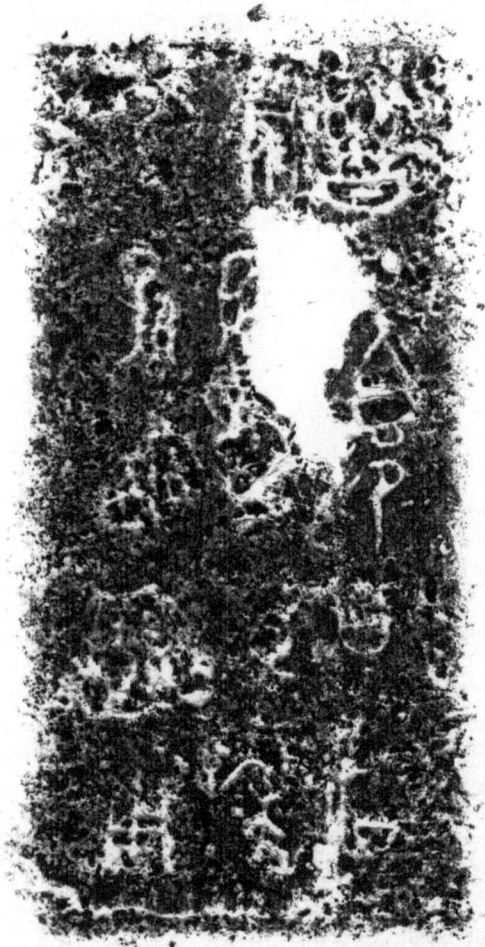

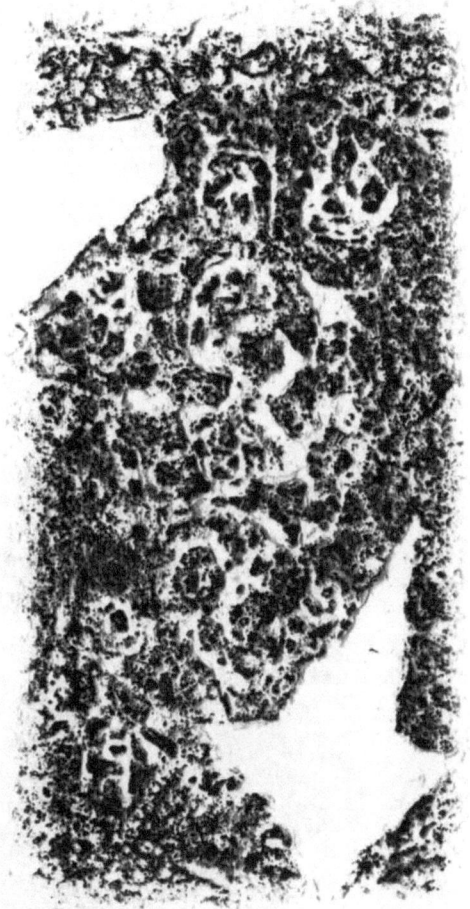

蓋銘　　　　　　　　　　　器銘

0563. 商丘叔簠

【時　　代】春秋早期。

【收 藏 者】下落不明。

【著　　錄】鬱華閣 298。

【銘文字數】蓋、器同銘，各 17 字（其中重文 2）。

【銘文釋文】商丘弔（叔）乍（作）甘（其）旅匿（簠），甘（其）萬年子＝（子子）孫＝（孫孫）
　　　　　永寶用。

【備　　注】銘文拓本與上海博物館、美國納爾遜美術陳列館以及泰安市博物館所藏
　　　　　商丘叔簠不同，應是另一件商丘叔簠。

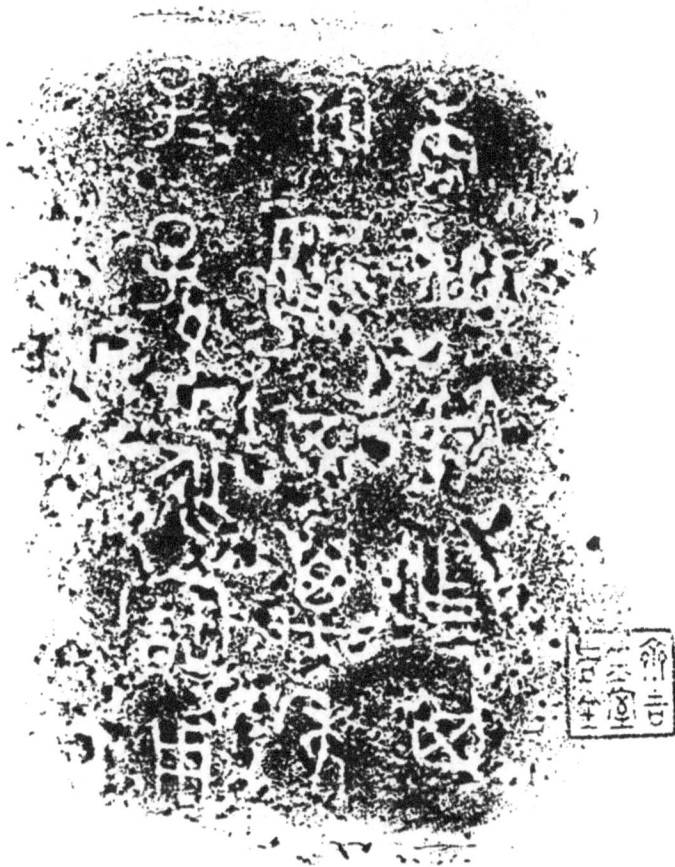

蓋 銘

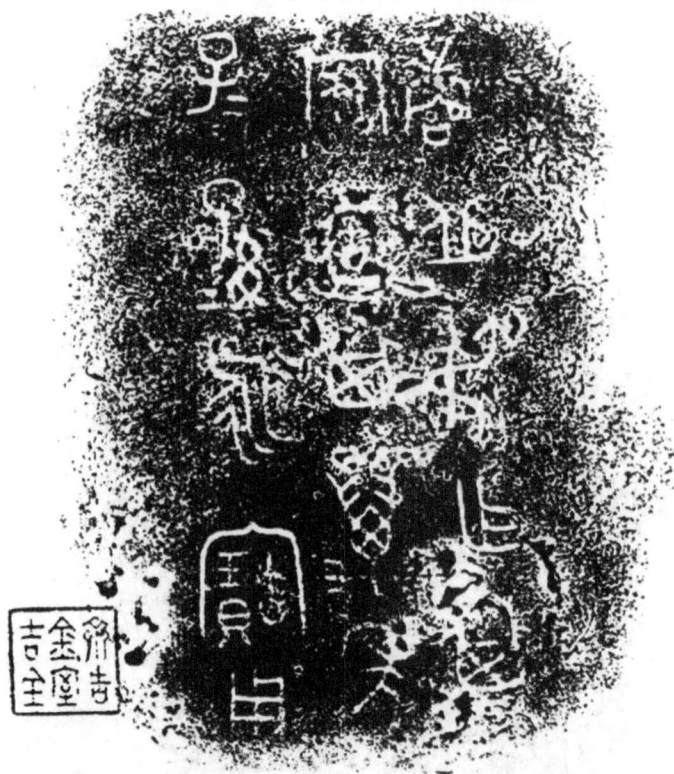

器銘

0564. 夆子選簠(夆子迺臣、逢子選簠)

【時　　代】春秋早期。

【出土時地】2017 年 2 月見於盛世收藏網。

【收 藏 者】某收藏家。

【形制紋飾】長方體,敞口平唇,斜壁坦底,方圈足,四邊各有一壺門形缺,兩側腹壁各
　　　　　有一獸首形耳。口沿飾雲紋,四壁均飾雙頭夔龍紋,圈足飾夔龍紋。蓋、
　　　　　器形制、紋飾相同,大小一致,可以卻置。

【著　　錄】未著錄。

【銘文字數】蓋、器對銘,各 18 字。

【銘文釋文】隹(唯)正月初吉庚午,夆(逢)子迺(選)自乍(作)飤臣(簠),子孫用之。

【備　　注】《銘圖》已著錄 2 件(05890、05891)。形制、紋飾、銘文相同,大小相若。
　　　　　同坑出土還有鼎、鑐(2 件)等。

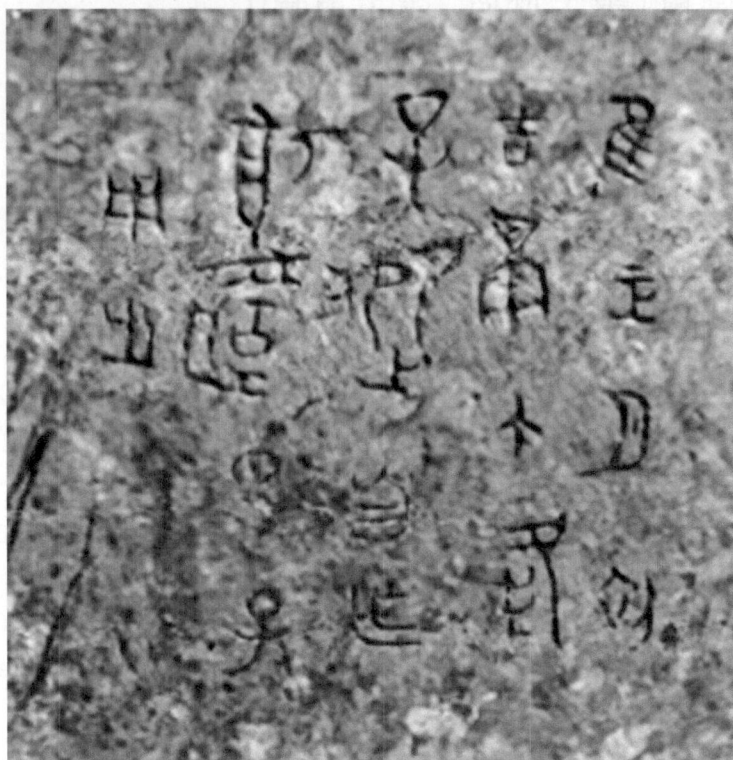

蓋銘

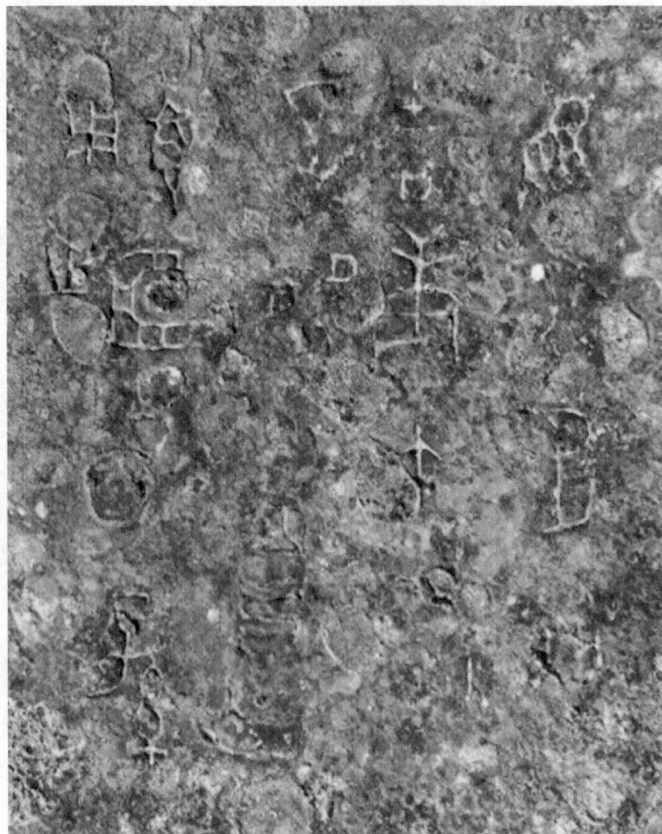

器銘

0565. 襄簠甲

【時　　代】春秋晚期。

【收 藏 者】某收藏家。

【形制紋飾】直口折腹,斜壁坦底,兩短壁各有一個獸首耳,長方圈足,足沿呈坡狀外
伸,每邊有一個長橢形缺口。通體飾細密的蟠虺紋。蓋與器形制、紋飾、
大小相同,唯口沿前後各有一對獸面小卡扣,左右各有一個獸面小卡扣。

【著　　錄】未著錄。

【銘文字數】蓋、器對銘,各 18 字。

【銘文釋文】襄罪(擇)其吉金,自乍(作)飤臣(簠),其䀘(眉)壽(壽)無具(期),永保
用之。

【備　　注】器銘未清銹。《銘續》著錄 2 件(0492、0493)。

簠

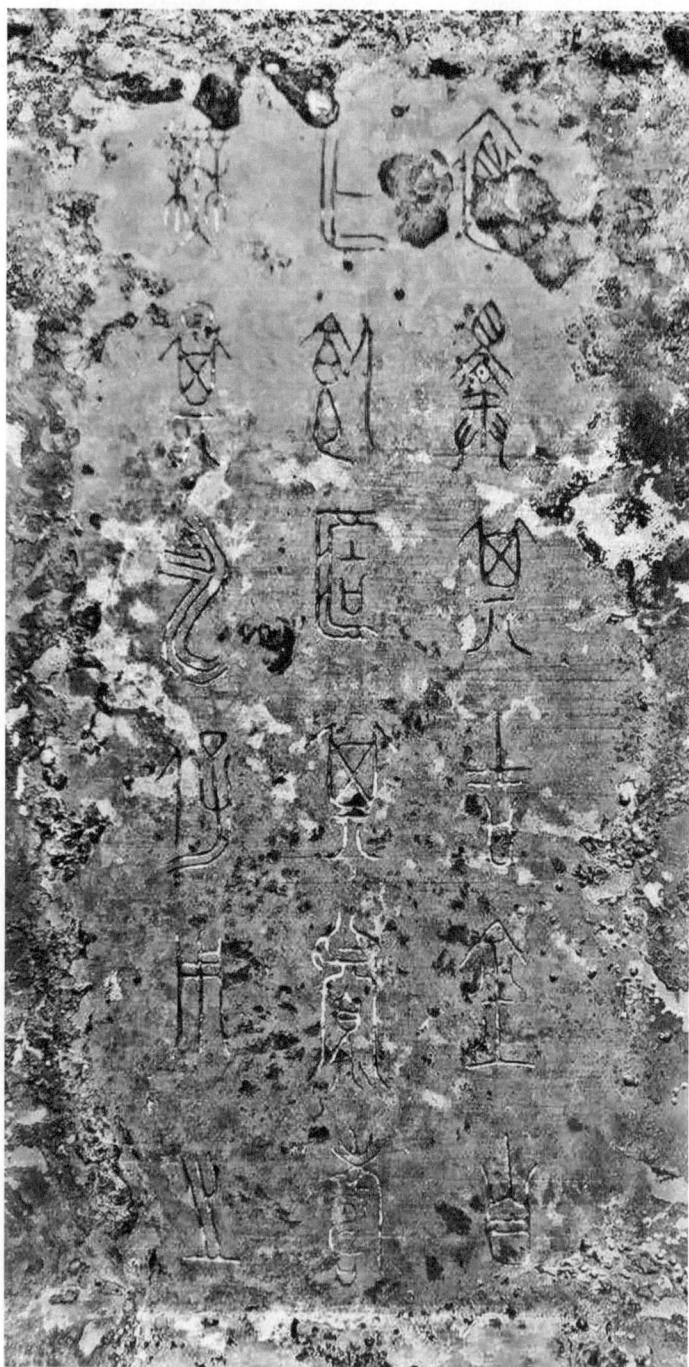

蓋銘

器銘

0566. 襄簠乙

【時　　代】春秋晚期。

【收 藏 者】某收藏家。

【形制紋飾】直口折腹,斜壁坦底,兩短壁各有一個獸首耳,長方圈足沿呈坡狀外伸,每邊有一個長橢形缺口。通體飾細密的蟠虺紋。

【著　　錄】未著錄。

【銘文字數】內底鑄銘文 18 字。

【銘文釋文】襄罴(擇)其吉金,自乍(作)飤匥(簠),其釁(眉)喜(壽)無其(期),永保用之。

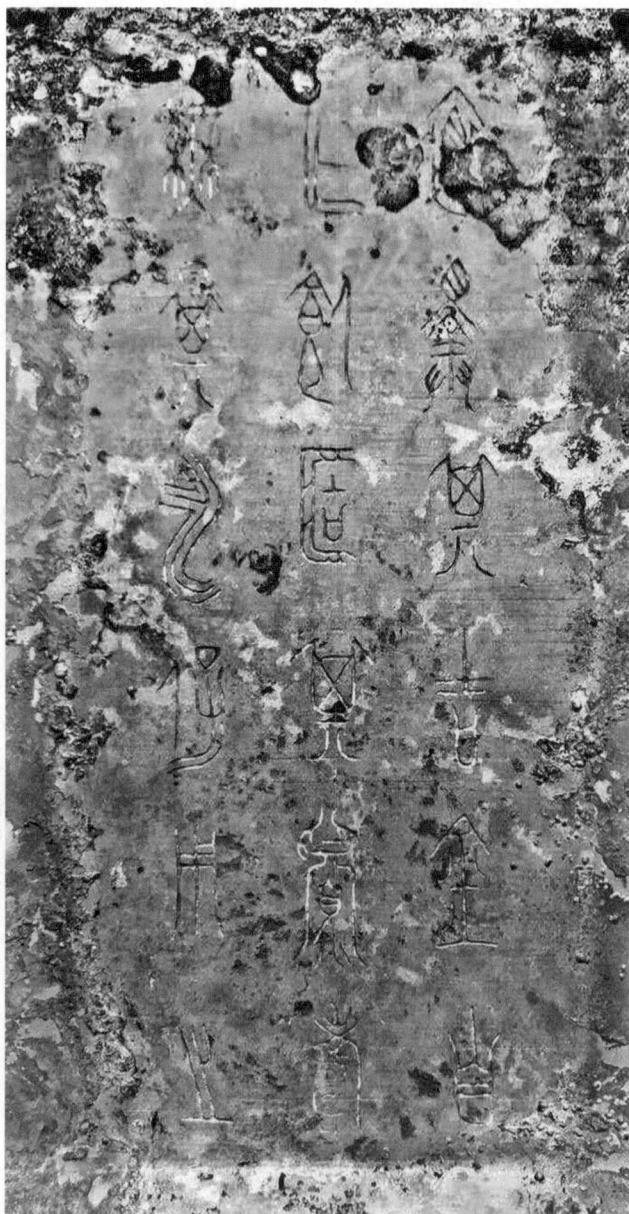

0567. 番君召簠

【時　　代】春秋晚期。

【收 藏 者】下落不明。

【著　　錄】積古 7.2.1,奇觚 17.20.1。

【銘文字數】内底鑄銘文,現存 18 字。

【銘文釋文】番君𧊧（召）乍（作）餴（饙）臣（簠）,用𥝊（享）用𩱦（孝）,用旂（祈）𥄂（眉）
　　　　　　　𡥩（壽）,［子］孫永寶。

【備　　注】此拓本與《銘圖》05914-05919 番君召簠不同,應是另一件番君召簠。

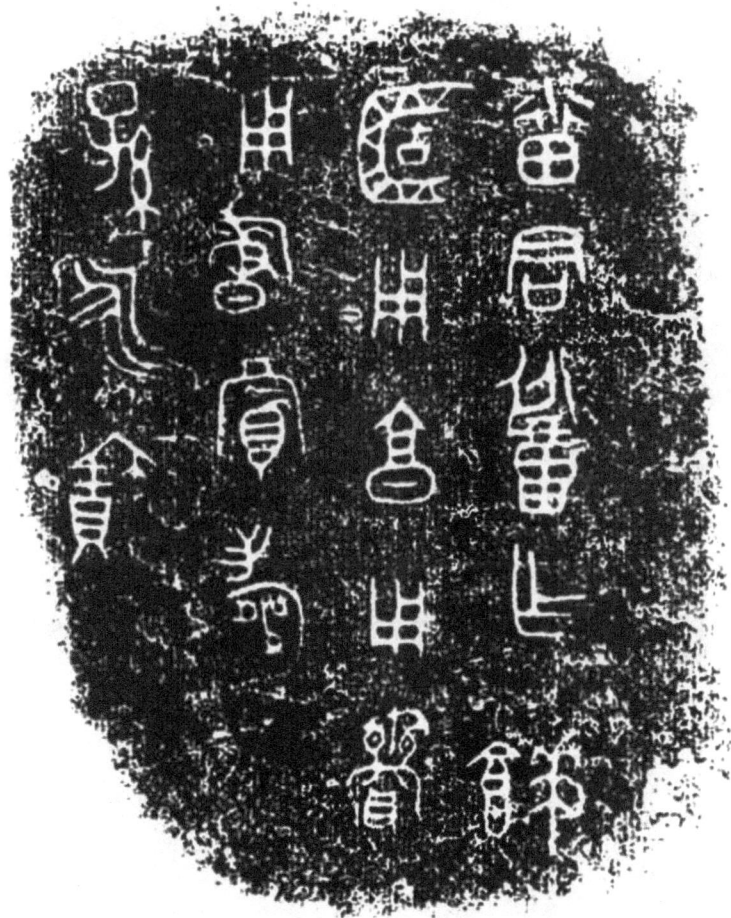

0568. 石氏簠甲

【時　　代】春秋早期。

【收 藏 者】某收藏家。

【形制紋飾】橫截面呈長方形,直口平折沿,折腹平底,腹兩側各有一個獸首半環形
　　　　　　耳,方圈足,每邊有一個門洞形缺口。四壁飾雙頭夔龍紋。蓋與器形制、
　　　　　　紋飾、大小相同,唯蓋頂飾夔龍紋。

【著　　錄】未著錄。

【銘文字數】蓋、器對銘,各 19 字。

【銘文釋文】正月初吉庚午,石氏弔(叔)□自乍(作)飤臣(簠),其永喜(壽)用之。

【備　　注】器銘最上面一排字被裁掉。

蓋銘

器銘

0569. 石氏簠乙

【時　　代】春秋早期。

【收 藏 者】某收藏家。

【形制紋飾】橫截面呈長方形,直口平折沿,折腹平底,腹兩側各有一個獸首半環形耳,方圈足,每邊有一個門洞形缺口。四壁飾雙頭夔龍紋。蓋與器形制、紋飾、大小相同,唯蓋頂飾夔龍紋。

【著　　錄】未著錄。

【銘文字數】蓋、器對銘,各 19 字。

【銘文釋文】正月初吉庚午,石氏弔(叔)口自乍(作)飤臣(簠),其永喜(壽)用之。

蓋銘

器銘

0570. 郜公簠（䣄公簠）

【時　　代】春秋早期。

【收 藏 者】某收藏家。

【尺度重量】通高 19、口橫 29.3、口縱 22.2、兩耳相距 33 釐米。

【形制紋飾】長方體，直口折壁，腹壁斜收，平底，方圈足方沿外折，圈足上有圓角長方形缺口，腹兩側有一對獸首形鋬。通體飾蟠虺紋。蓋與器形制、紋飾、大小相同，只是前後口沿各有兩個獸頭卡扣，左右各有一個卡扣，可以卻置。

【著　　錄】未著錄。

【銘文字數】蓋、器對銘，各 20 字。

【銘文釋文】䣄（郜）公乍（作）旅匧（簠），用追孝于皇且（祖），用賜（錫）釁（眉）壽（壽），萬年永寶用。

蓋銘拓本

蓋銘照片

器銘拓本

器銘照片

0571. 邾季䍹薹簠甲

【時　　代】春秋早期。

【出土時地】山西聞喜縣公安局打擊文物犯罪繳獲。

【收　藏　者】山西青銅器博物館。

【尺度重量】通高19.2、口橫30、口縱24.3、足長17.8、足寬13.8釐米，重5.35公斤。

【形制紋飾】橫截面呈長方形，窄沿方唇，敞口坦底，斜壁，左右兩壁各有一個獸首半環形耳，長方形圈足，每面有一個壺門形缺口。口沿下飾變形夔紋，腹壁飾雙頭夔龍紋，圈足飾粗雲紋。蓋與器的形制、紋飾、大小相同，唯每邊口沿有一個牛首卡扣。

【著　　錄】國寶（2018）30、33頁。

【銘文字數】蓋、器對銘，各22字（其中重文2）。

【銘文釋文】䭔（邾）季䍹薹（䍹）用乍（作）中（仲）妫，用鎐（鑄）寶臣（簠），其萬年子＝（子子）孫＝（孫孫）永寶用。

蓋銘拓本

蓋銘照片

器銘照片

簠

0572. 邾季盨簠乙

【時　　代】春秋早期。

【出土時地】山西聞喜縣公安局打擊文物犯罪繳獲。

【收　藏　者】山西青銅器博物館。

【尺度重量】通高 9.9、口橫 30、口縱 24.3、足長 18、足寬 13.8 釐米，重 2.65 公斤。

【形制紋飾】橫截面呈長方形，窄沿方唇，敞口坦底，斜壁，左右兩壁各有一個獸首半環形耳，長方形圈足，每面有一個壺門形缺口。口沿下飾變形夔紋，腹壁飾雙頭夔龍紋，圈足飾粗雲紋。蓋與器的形制、紋飾、大小相同，唯每邊口沿有一個牛首卡扣。

【著　　録】國寶（2018）37 頁。

【銘文字數】蓋、器對銘，各 22 字（其中重文 2）。

【銘文釋文】竈（邾）季盨羮（羮）用乍（作）中（仲）娸，用盪（鑄）寶匡（簠），其萬年子＝（子子）孫＝（孫孫）永寶用。

蓋銘

器銘

簠

177

0573. 邾叔彪簠（鼄叔彪簠）

【時　　代】春秋早期。

【出土時地】1976 年山東平邑縣平邑鎮蔡莊村春秋墓葬。

【收　藏　者】平邑博物館。

【尺度重量】通高 19.7、口橫 29.5 釐米。

【形制紋飾】蓋與器形制、紋飾、大小相同。直口，腹壁斜收，平底，兩短壁有一對象鼻
形耳，方圈足每面有長方形缺。口沿和圈足飾回紋，四壁飾竊曲紋。

【著　　錄】出土全集 6.263。

【銘文字數】蓋、器對銘，各 22 字（其中重文 2）。

【銘文釋文】鼄（邾）弔（叔）彪乍（作）杞孟嬞（姒）餴臣（簠），其萬年釁（眉）壽（壽），
子＝（子子）孫＝（孫孫）永寶用亯（享）。

【備　　注】同墓出土 4 件，形制、紋飾、銘文相同，大小相若。《銘圖》已著錄 1 件
（05926）。

蓋銘

器銘

簠

0574. 郰子楚躯簠甲（遵子楚躯簠）

【時　　代】春秋晚期。

【收 藏 者】某收藏家。

【形制紋飾】長方體，直口直壁，斜腹平底，四個矩形足外侈，兩側有一對獸首耳。蓋、器形制相同，大小一致，唯蓋前後口沿各有一對獸面形扣，左右各有一個獸面形扣，可以卻置。通體飾蟠虺紋。

【著　　錄】未著錄。

【銘文字數】蓋、器對銘，各 26 字（其中重文 2）。

【銘文釋文】郰（遵）子楚躯羿（擇）舀（以）吉金鉝鎬（鑪），自乍（作）飤臣（簠），台（以）蕊（祈）永＝獣＝（永獣，永獣）覺（眉）壽（壽），子孫甬（用）之。

【備　　注】同坑出土一對，形制、紋飾、銘文相同，大小相若。

蓋銘照片

器銘拓本

0575. 郘子楚𣄰簠乙（薳子楚𣄰簠）

【時　　代】春秋晚期。

【收 藏 者】某收藏家。

【著　　録】未著録。

【形制紋飾】長方體，直口直壁，斜腹平底，四個矩形足外侈，兩側有一對獸首耳。蓋、器形制相同，大小一致，唯蓋前後口沿各有一對獸面形扣，左右各有一個獸面形扣，可以卻置。通體飾蟠虺紋。

【銘文字數】蓋、器對銘，各 26 字（其中重文 2）。

【銘文釋文】郘（薳）子楚𣄰睪（擇）𠭯（以）吉金鋁鏽（鑪），自乍（作）飤匿（簠），台（以）怹（祈）永₌㝵₌（永㝵，永㝵）釁（眉）壽（壽），子孫甬（用）之。

蓋銘

器銘

0576. 郘子楚軹簠 A（蓮子楚軹簠）

【時　　代】春秋晚期。

【收 藏 者】某收藏家。

【著　　錄】未著錄。

【形制紋飾】長方體，直口，平折沿，直壁斜腹，兩側有一對獸首耳，平底，圈足沿平向外伸，每邊有一個"凸"字形缺口。蓋、器形制相同，大小一致，可以卻置。口沿下飾蟠虺紋帶，腹壁和蓋頂飾蟠虺紋，周邊圍以菱形雲雷紋和絢索紋。

【銘文字數】蓋、器對銘，各 26 字（其中重文 2）。

【銘文釋文】郘（蓮）子楚軹𡘠（擇）𠙼（以）吉金鋁鏽（鑪），自乍（作）飤𦉥（簠），台（以）㤅（祈）永＝猷＝（永猷，永猷）鑸（眉）壽（壽），子孫甬（用）之。

【備　　注】銘文照片不知是器還是蓋。同墓出土 1 對，形制、紋飾相同，大小相若，另 1 件藏家未提供資料。

0577. 黄君子叕簠

【時　　代】西周晚期。

【收 藏 者】某收藏家。

【著　　録】未著録。

【銘文字數】蓋、器對銘，各 27 字（其中重文 2）。

【銘文釋文】隹（唯）九月初吉壬申，黄君子叕肇乍（作）寶害（害、簠），其頯（眉）壽（壽）
　　　　　　萬年，子＝（子子）孫＝（孫孫）永寶用。

【備　　注】藏家未公布器形照片。銘文拓本不知是器銘還是蓋銘。

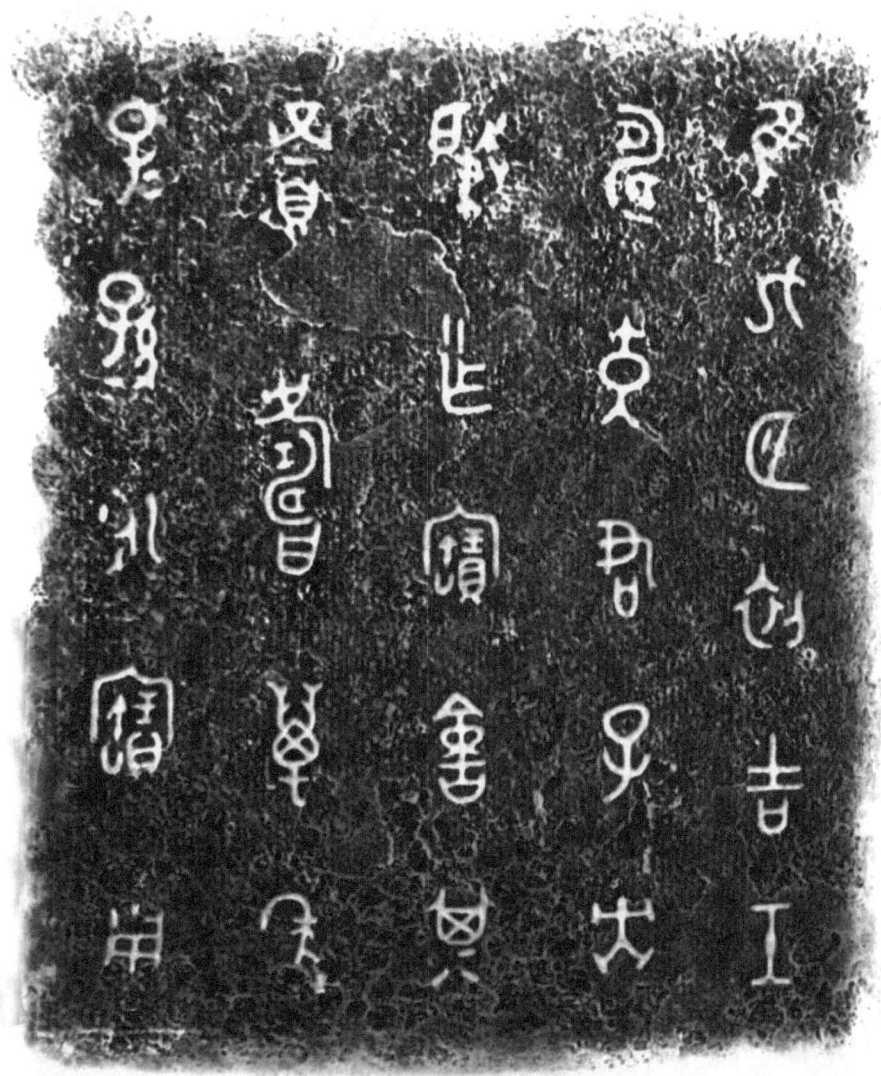

0578. 宋子簠

【時　　代】春秋中期。

【出土時地】2017 年湖北荆門市京山縣
坪壩鎮蘇家壟村曾國墓地
（M85.4）。

【收 藏 者】湖北省文物考古研究所。

【尺度重量】通高 19.8、口長 30.8、口寬
24.3、足高 3 釐米。

【形制紋飾】長方體，直口窄沿，斜壁平
底，直口較短，斜壁較長，腹
壁兩端各有一對獸首耳，曲
尺形圈足，圈足四面中間有
凹弧狀圓角長方形缺口。

蓋、器腹壁飾垂鱗紋，足部飾細密的蟠虺紋，蓋頂部飾蟠螭紋。器身外底
素面，耳上部飾浮雕龍，殘破尚未修復。

【著　　録】江漢考古 2018 年 1 期 29 頁圖版 3、6。

【銘文字數】蓋、器對銘，各 27 字（其中重文 2）。

【銘文釋文】隹（唯）九月初吉庚午，宋子世囗用ਖ਼（其）吉金，盥（鑄）ਖ਼（其）飤臣（簠），
子＝（子子）孫＝（孫孫）永畧（壽）用之。

【備　　注】此爲蓋銘，器銘未除銹。

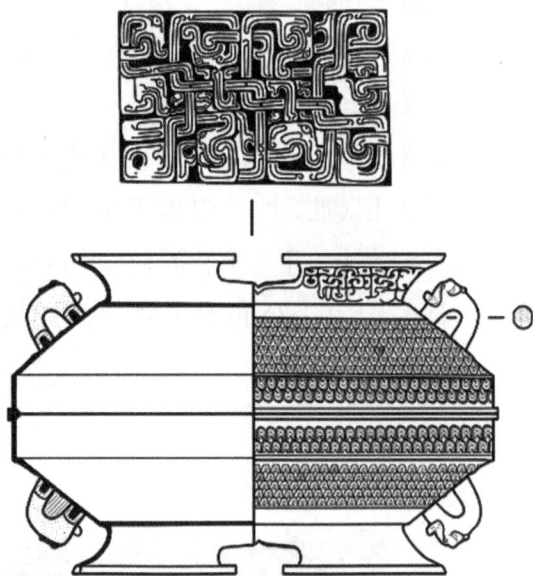

0579. 徐釐尹瞀簠甲（邻齎尹瞀簠）

【時　　代】戰國早期。

【收 藏 者】某收藏家。

【著　　錄】未著錄。

【形制紋飾】直口方脣，斜壁平底，長方圈足外撇，每邊有一個橢圓形缺口，腹部有一對獸首耳。通體飾蟠虺紋。蓋與器形制、紋飾、大小相同，唯蓋口沿前後各有一對獸面卡扣，左右各有一個卡扣。

【銘文字數】蓋、器對銘，各 27 字（其中重文 2）。

【銘文釋文】隹（唯）十月初吉壬申，邻（徐）齎（釐）尹瞀肇乍（作）寶害（簠），其𧟌（眉）
　　　　　臺（壽）萬年，子＝（子子）孫＝（孫孫）永寶用。

蓋銘

器 銘

0580. 徐釐尹暜簠乙(郐齎尹暜簠)

【時　　代】戰國早期。
【收 藏 者】某收藏家。
【著　　録】未著録。
【形制紋飾】直口方唇,斜壁平底,長方圈足外撇,每邊有一個橢圓形缺口,腹部有一
　　　　　　對獸首耳。通體飾蟠虺紋。蓋與器形制、紋飾、大小相同,唯蓋口沿前後
　　　　　　各有一對獸面卡扣,左右各有一個卡扣。
【銘文字數】蓋、器對銘,各 27 字(其中重文 2)。
【銘文釋文】隹(唯)十月初吉壬申,郐(徐)齎(釐)尹暜肇乍(作)寶害(簠),其䚋(眉)
　　　　　　壽(壽)萬年,子=(子子)孫=(孫孫)永寶用。

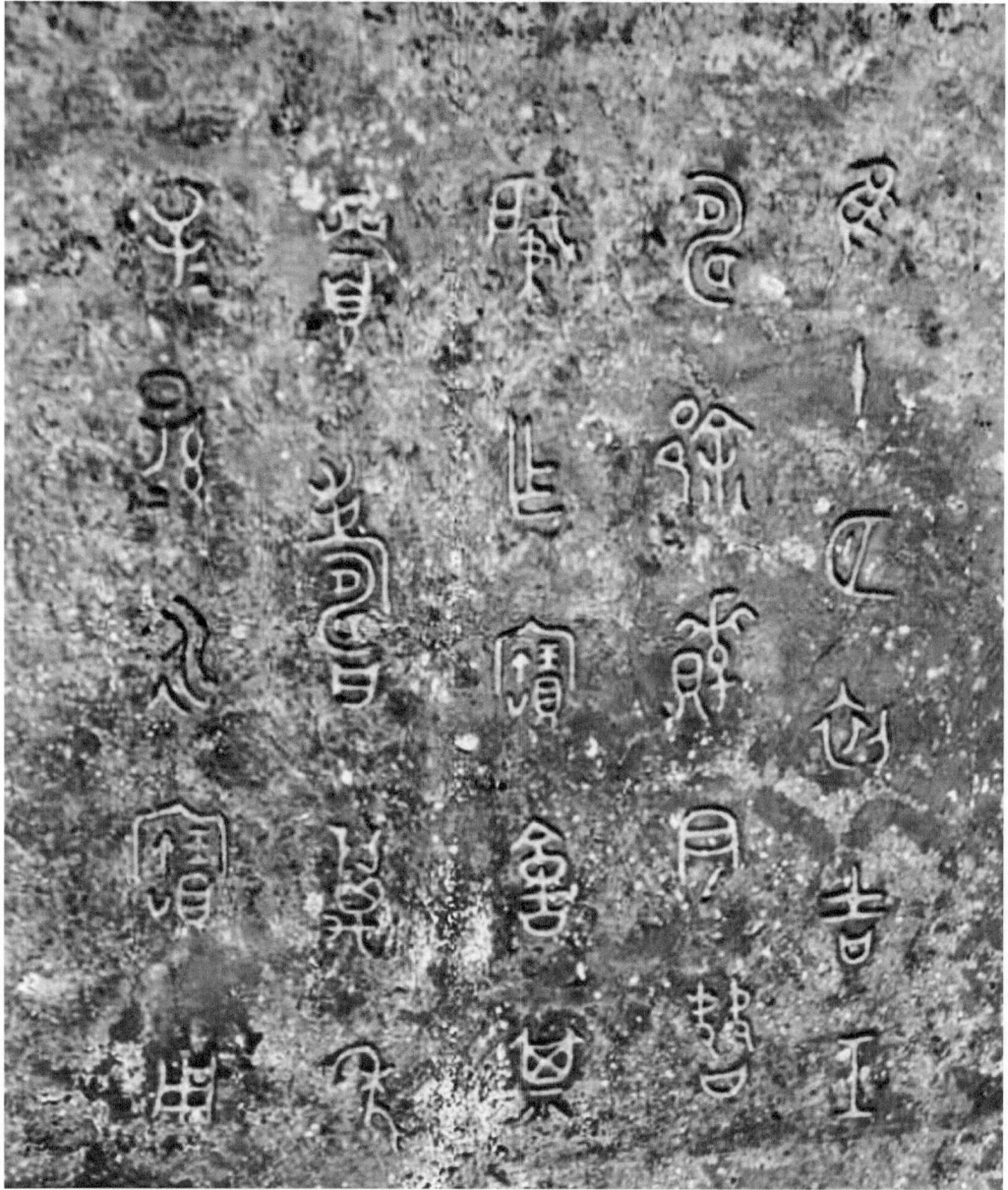

蓋銘

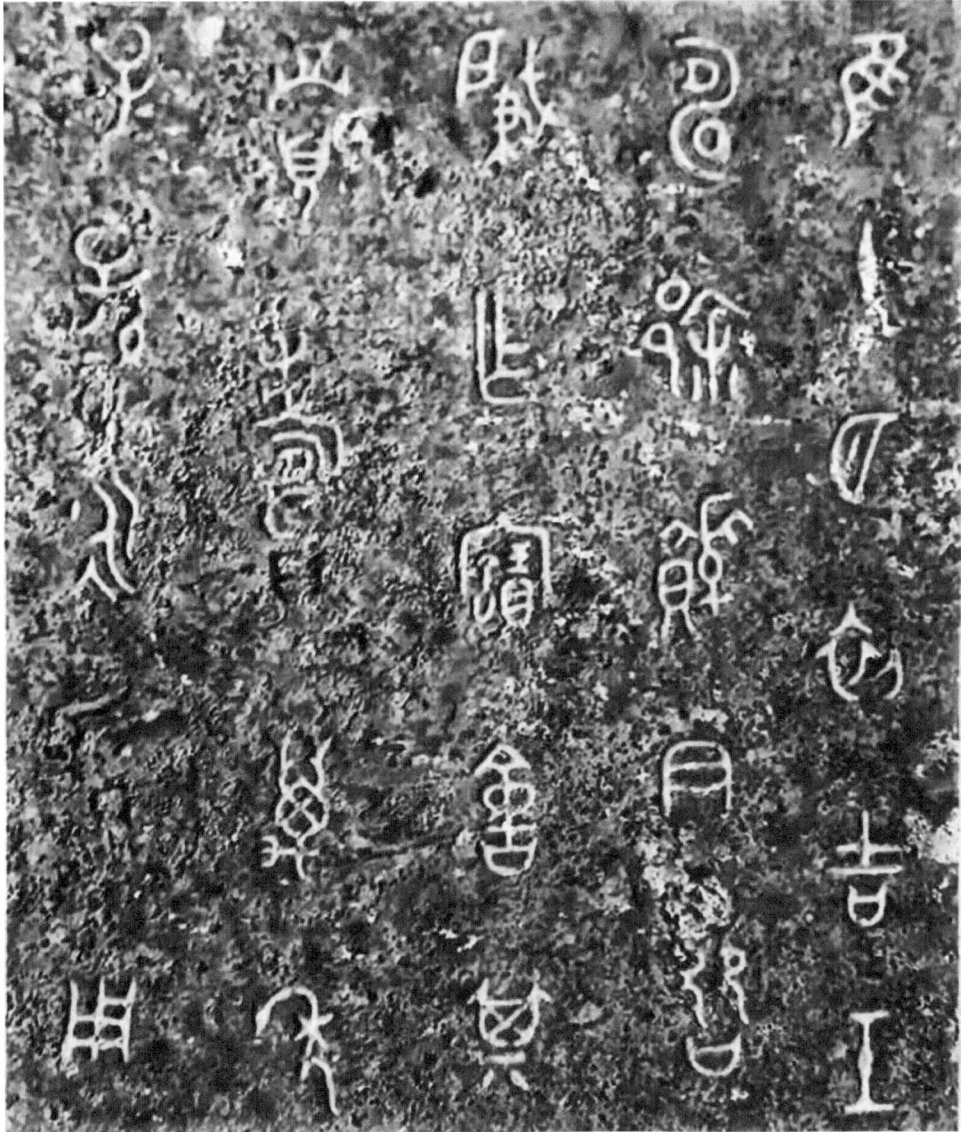

器銘

0581. 徐釐尹䀂簠丙（郐賚尹䀂簠）

【時　　代】戰國早期。

【收　藏　者】某收藏家。

【著　　錄】未著錄。

【形制紋飾】直口方唇，斜壁平底，長方圈足外撇，每邊有一個橢圓形缺口，腹部有一
　　　　　　對獸首耳。通體飾蟠虺紋。蓋與器形制、紋飾、大小相同，唯蓋口沿前後
　　　　　　各有一對獸面卡扣，左右各有一個卡扣。

【銘文字數】蓋、器對銘，各 27 字（其中重文 2）。

【銘文釋文】隹（唯）十月初吉壬申，郐（徐）賚（釐）尹䀂肇乍（作）寶害（簠），其䀊（眉）
　　　　　　耆（壽）萬年，子＝（子子）孫＝（孫孫）永寶用。

【備　　注】器形照片中蓋與器反置。

蓋銘

器銘

0582. 蔡侯簠（楚仲姬烷簠）

【時　　代】春秋晚期。

【出土時地】2011 年 9 月上海盛大網絡公司捐贈。

【收 藏 者】復旦大學博物館。

【尺度重量】通高 17.8、器高 9.2、口橫 30.5、口縱 22.7、連耳橫 34.7、蓋高 10.3 釐米。

【形制紋飾】蓋、器基本等大同形，長方口，腹上部直壁下折內收，平底下設四隻對稱
的蹼形足，腹部兩端各有一獸首形耳。蓋沿設有六個獸面形卡扣。通體
飾蟠虺紋。

【著　　錄】書馨集 120 頁。

【銘文字數】蓋、器對銘，各 29 字（其中重文 2）。

【銘文釋文】隹（唯）正月初吉丁亥，希（蔡）厌（侯）騰（媵）楚中（仲）姬烷飤匠（簠），
其釁（眉）喜（壽）無彊（疆），子＝（子子）孫＝（孫孫），永寶用之。

【備　　注】銘文拓本爲器銘，蓋銘銹蝕嚴重，不能施拓。

器銘

0583. 孟芈克母簠

【時　　代】春秋早期。

【出土時地】2017年湖北京山縣蘇家壟春秋墓（M88）。

【收 藏 者】湖北省文物考古研究所。

【形制紋飾】長方形，敞口平沿，腹壁斜坦，方圈足正中有弧形缺，兩側各有一隻獸首
　　　　　　半環形耳。腹部飾卷曲回首象鼻夔龍紋，圈足飾垂鱗紋；蓋與器形制、
　　　　　　紋飾完全相同，合起來是一件器物，分開則爲兩件器皿。

【著　　　錄】未著錄。

【銘文字數】蓋、器對銘，各32字。

【銘文釋文】隹（唯）王征（正）月初吉庚申，邶夫人孟嬴（芈）克母，用㠯（其）吉金，自
　　　　　　作旅匠（簠），其萬年賥（眉）壽（壽），爲子孫寶。

【備　　　注】蓋銘爲X光片，器銘最下一列字未拍全。

蓋銘

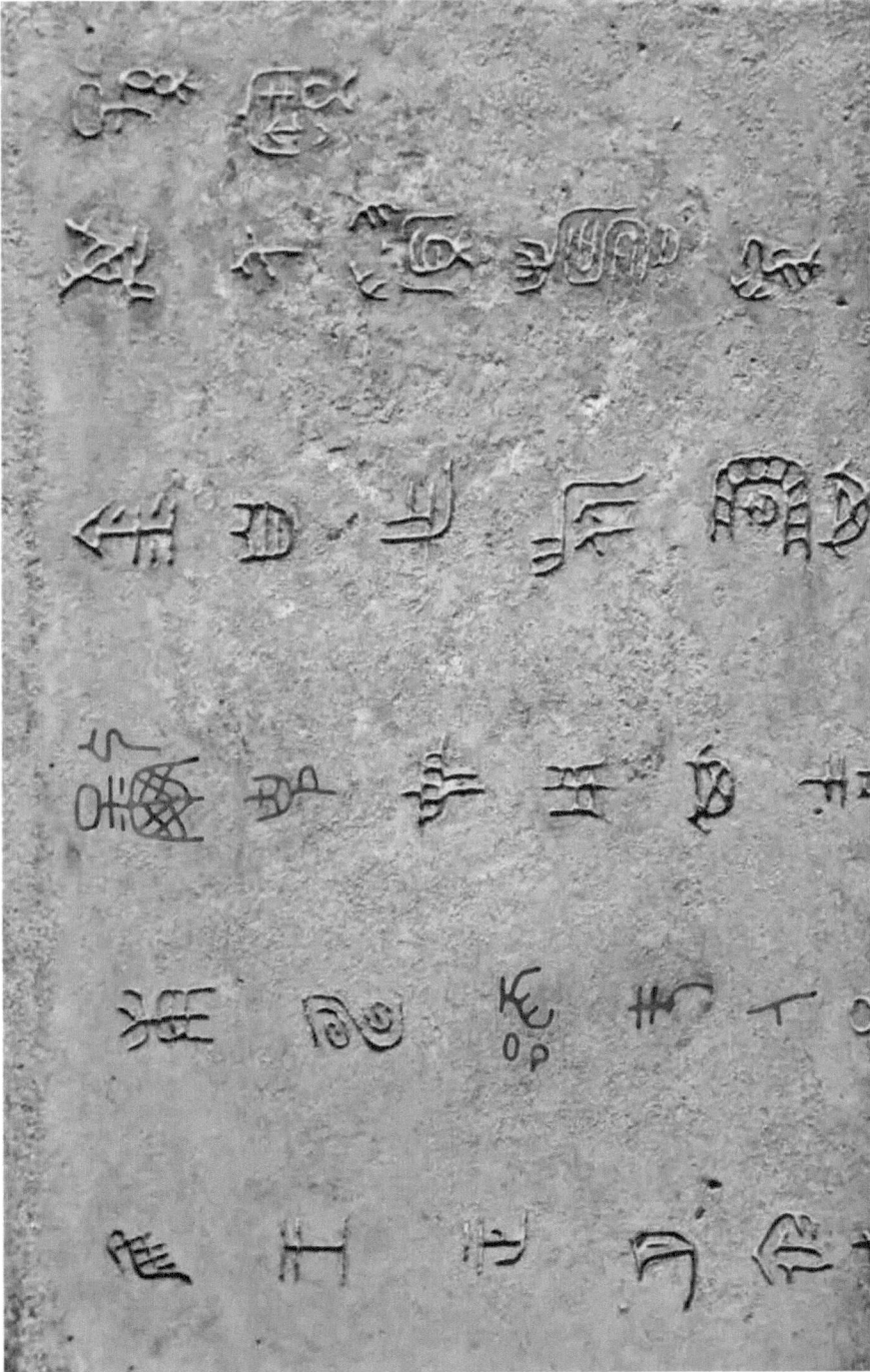

0584. 鼄子旛氏大叔簠甲（申子旛氏大叔簠）

【時　　代】春秋早期。

【收 藏 者】某收藏家。

【形制紋飾】直口斜壁，平底，長方形圈足沿外撇，每邊有一個長橢圓形缺口，兩短壁各有一個獸首形耳。口沿飾"S"形雙頭夔龍紋，四壁飾卷體夔龍紋。蓋與器形制、紋飾、大小相同。

【著　　録】未著録。

【銘文字數】蓋、器同銘，各 37 字（其中重文 2）。

【銘文釋文】佳（唯）正月初吉壬申，鼄（申）子旛氏大弔（叔）乍（作）孟姜悡匿（筐）臣（簠），孟姜悡其鬶（眉）壽（壽）禢（萬）年無彊（疆），子＝（子子）孫＝（孫孫）永保用之。

【備　　注】此銘文照片是蓋是器不明。

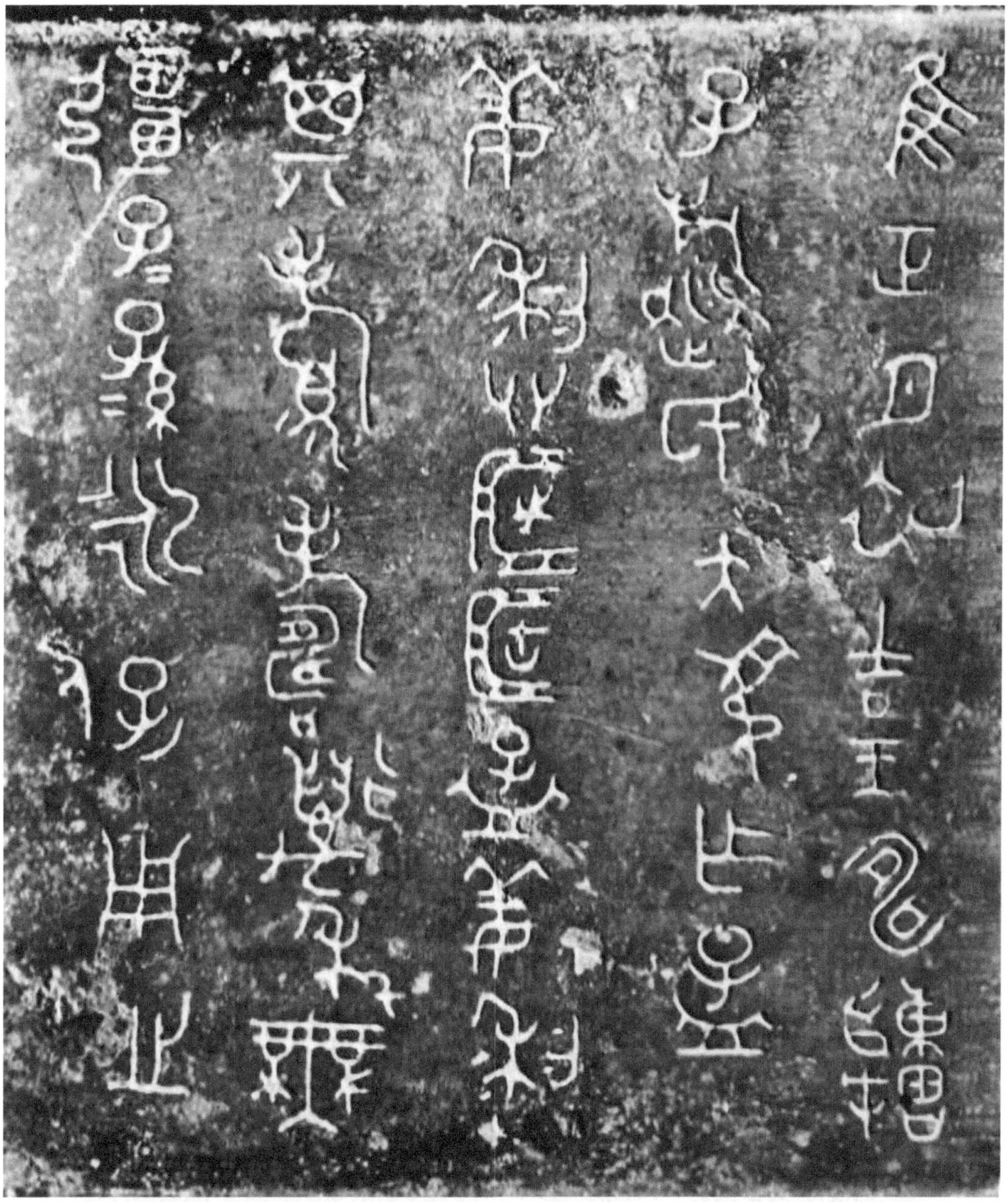

0585. 鼄子旚氏大叔簠乙（申子旚氏大叔簠）

【時　　代】春秋早期。

【收 藏 者】某收藏家。

【形制紋飾】直口斜壁，平底，長方形圈足沿外撇，每邊有一個長橢圓形缺口，兩短壁各有一個獸首形耳。口沿飾"S"形雙頭夔龍紋，四壁飾卷體夔龍紋。 蓋與器形制、紋飾、大小相同，可卻置。

【著　　錄】未著錄。

【銘文字數】蓋、器同銘，各 37 字（其中重文 2）。

【銘文釋文】隹（唯）正月初吉壬申，鼄（申）子旚氏大弔（叔）乍（作）孟姜䋣匩（筺）匠（簠），孟姜䋣其覍（眉）壽（壽）徫（萬）年無彊（疆），子₌（子子）孫₌（孫孫）永保用之。

【備　　注】此銘文照片是蓋是器不明。

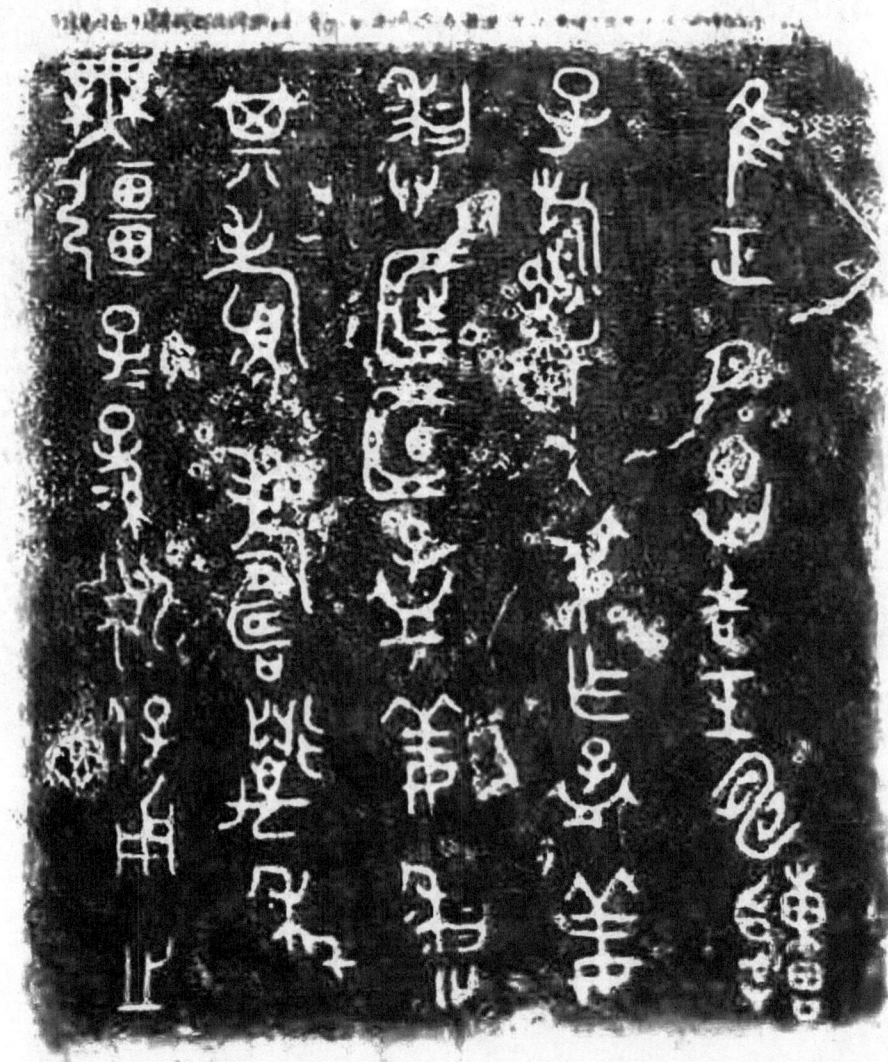

0586. 侯孫老簠

【時　　代】春秋中期。

【出土時地】2019 年 1 月河南潢川余樓墓地。

【收 藏 者】余樓考古隊。

【形制紋飾】直口短壁，斜腹坦底，兩短壁各有一個獸首耳，長方圈足，足沿呈坡狀外伸，每邊有一個長橢形缺口。蓋與器形制、紋飾、大小形同，唯蓋口沿前後左右各有一個小卡扣。

【著　　錄】未著錄。

【銘文字數】蓋、器對銘，各 37 字。

【銘文釋文】隹（唯）正月初吉丁亥，厌（侯）孫老霶（擇）其吉金，㠯（以）乍（作）盄（孟）姬義家䑞（媵）𠤭（簠），其鬒（眉）𥫱（壽）萬年無具（期），子=（子子）孫=（孫孫）永寶用之。

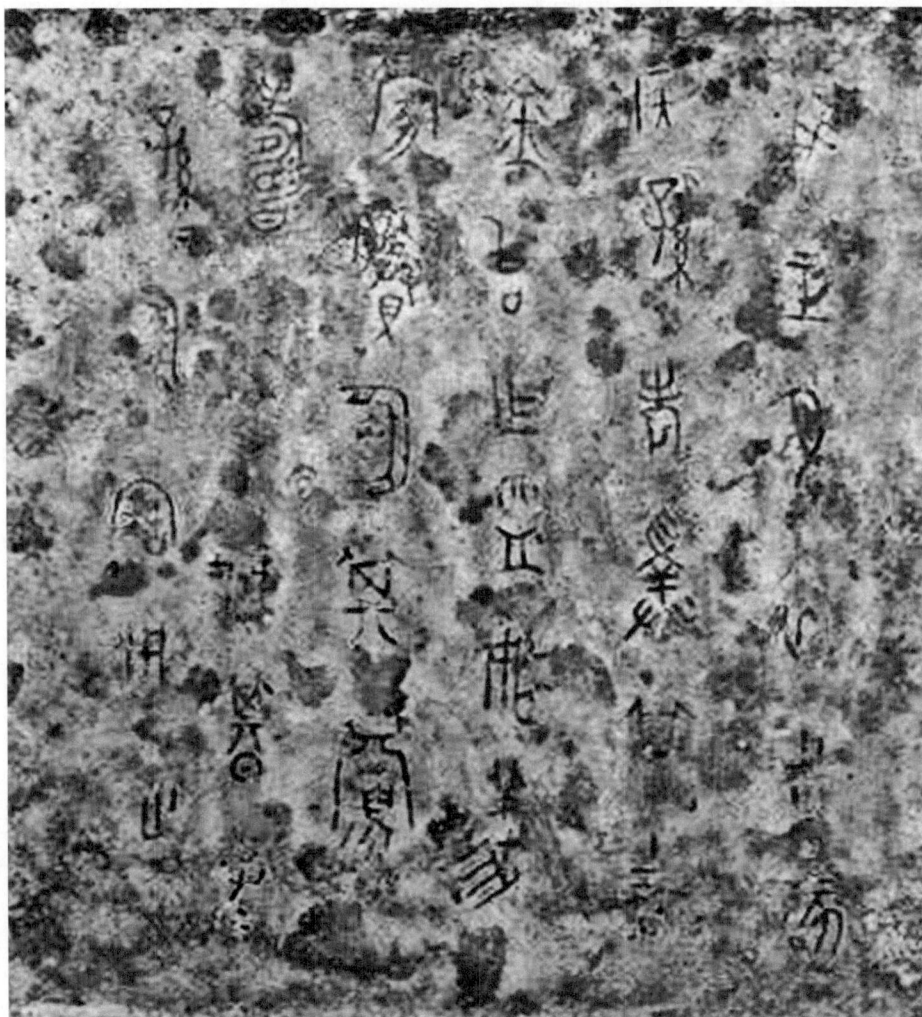

蓋銘

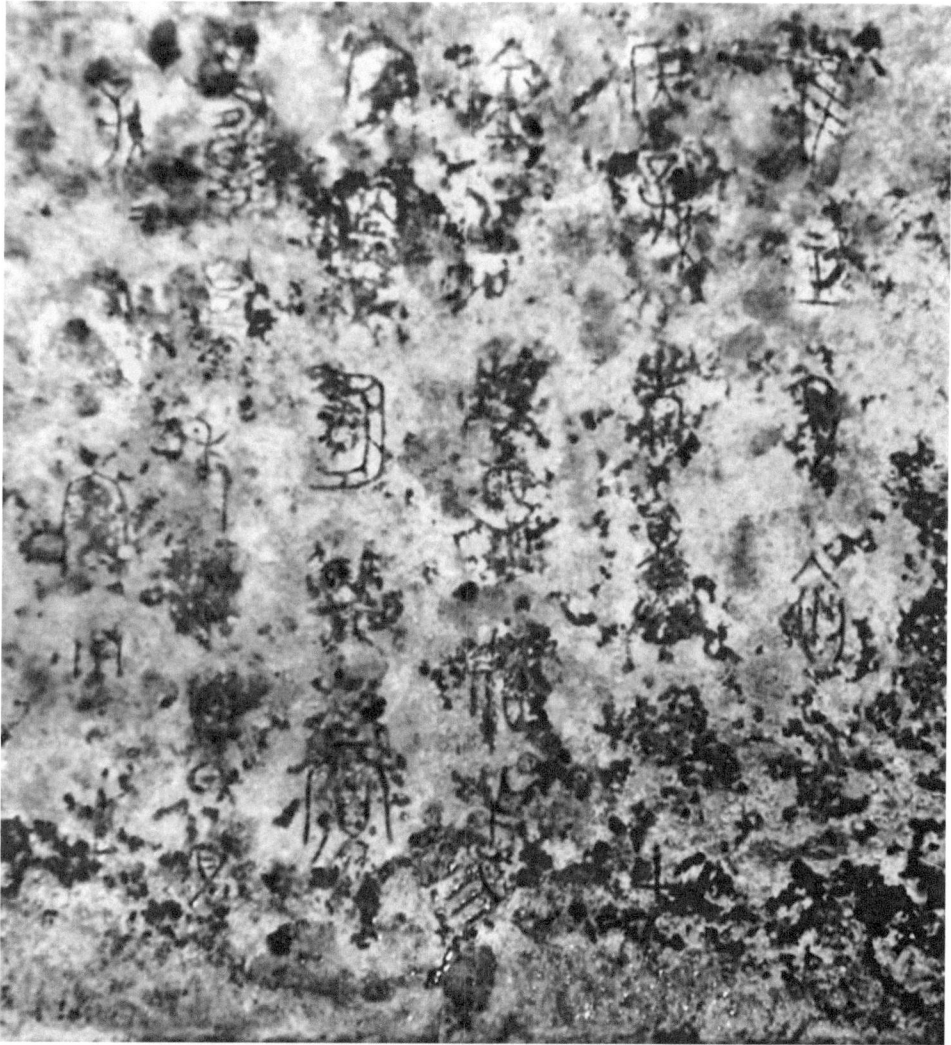

器銘

0587. 侯孫老簠

【時　　代】春秋中期。

【出土時地】2019 年 1 月河南潢川余樓墓地。

【收　藏　者】余樓考古隊。

【形制紋飾】直口短壁,斜腹坦底,兩短壁各有一個獸首耳,長方圈足,足沿呈坡狀外
　　　　　伸,每邊有一個長橢形缺口。蓋與器形制、紋飾、大小形同,唯蓋口沿的
　　　　　前後左右各有一個小卡扣。

【著　　錄】未著錄。

【銘文字數】蓋、器對銘,各 37 字。

【銘文釋文】隹(唯)正月初吉丁亥,矦(侯)孫老罤(擇)其吉金,㠯(以)乍(作)盂(孟)
　　　　　姬義家媵(媵)臣(簠),其釁(眉)嘼(壽)萬年無具(期),子=(子子)孫=
　　　　　(孫孫)永寶用之。

【備　　注】此爲蓋銘。

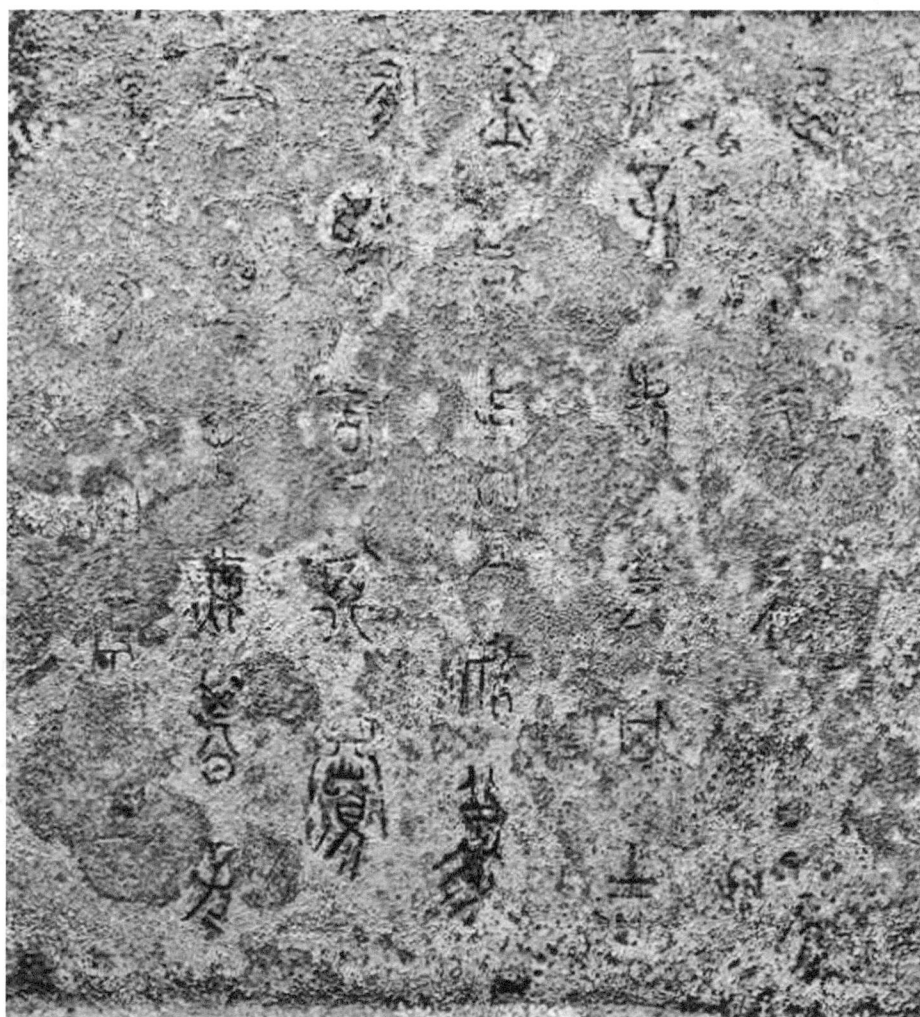

0588. 陳侯簠

【時　　代】春秋早期。

【收 藏 者】某收藏家。

【著　　録】未著録。

【銘文字數】蓋、器對銘,各 39 字(其中重文 2)。

【銘文釋文】隹(唯)正月初吉丁亥,㦷(陳)厌(侯)䍐(擇)甘(其)吉金,用盤(鑄)隣
(尊)臣(簠),用追孝于皇旻(祖)皇考,用蘄(祈)䚋(眉)壽(壽)無彊(疆),
子=(子子)孫=(孫孫)永寶用之。

【備　　注】銘文照片不知是器銘還是蓋銘。

0589. 黃子季庚臣簠

【時　　代】春秋早期。

【出土時地】2018 年 10 月潢川縣傅店鎮余樓村春秋墓（M10）。

【收　藏　者】河南省文物考古研究院。

【著　　録】銘照 195 頁 328。

【銘文字數】蓋、器對銘，各 43 字（其中重文 2）。

【銘文釋文】隹（唯）五月初吉庚申，黃子季庚臣，羃（擇）其吉金，自乍（作）匿（匡）臣
（簠），吕（以）征吕（以）行，用盛稻粱（粱），其齴（眉）壽（壽）萬年無彊（疆），
子＝（子子）孫＝（孫孫），永寶是尚。

0590. 弭仲簠

【時　　代】西周晚期。

【出土時地】"得於驪山白鹿原"（薛氏），"得於藍田"（考古圖）。

【收 藏 者】原藏劉原父。

【形制紋飾】窄沿方唇，直壁斜腹，圈足每面的正中有壺門式缺，腹兩側有一對獸首
　　　　　　耳，蓋爲斜壁，圈足與器同，兩側有一對豎環耳，口沿飾雷紋，蓋壁和腹壁
　　　　　　均飾獸面紋，圈足飾雲紋。

【著　　錄】薛氏 147、148，陝金石 3.1、2，陝金 2.220，集成 04627，陝集成 13 册 114
　　　　　　頁 1497。

【銘文字數】蓋、器對銘，各 51 字。

【銘文釋文】弭中（仲）乍（作）寶匿（璉），睪（擇）之金，鉎（礦）銑鏷鑄（鋁），其炱、其幺
　　　　　　（玄）、其黃，用成（盛）术
　　　　　　（秫）旒（稻）糕粘（粱），
　　　　　　用卿（饗）大正，音（歆）
　　　　　　王賓，餝（饋）鼎（俱）旨
　　　　　　飤，弭中（仲）受無彊
　　　　　　（疆）福，者（諸）友飪
　　　　　　飤鼎（俱）鞠（飽），弭中
　　　　　　（仲）甹壴（壽）。

蓋銘

器　銘

0591. 陳逆簠

【時　　代】戰國早期。

【收 藏 者】下落不明。

【著　　錄】彙編 145 頁 83b（拓本），彙編 77（摹本），疏要 123（拓本），綴遺 8.26（摹本）。

【銘文字數】內底鑄銘文 77 字（其中重文 2）。

【銘文釋文】隹（唯）王正月初吉丁亥，少子陳逆曰：余陳（田）趄（桓）子之裔孫，余寅（夤）事齊厌（侯），懽血（恤）宗家，羃（擇）旀（厥）吉金，台（以）乍（作）旀（厥）原配季姜之祥器，鑒（鑄）𢆶（茲）貟（寶）笑（簠），台（以）亯（享）台（以）耆（孝）于大宗、皇椘（聚、祖）、皇妣、皇𢀠（考）、皇母，乍（作）豕（遂）今命，湏（眉）耆（壽）薑（萬）年，子＝（子子）孫＝（孫孫），羕（永）保用。

【備　　注】《疏要》云："（彙編 145 頁 83b）見於史語所藏舊拓冊綜合編 17 冊 3 頁，拓本右及左下鈐有'孟慈'及'東卿持贈'印一方。'孟慈'是江熹孫（編者按：應作"汪喜孫"）的字。"此銘文拓本與綴遺 8.26 摹本相似，可能爲同一器。

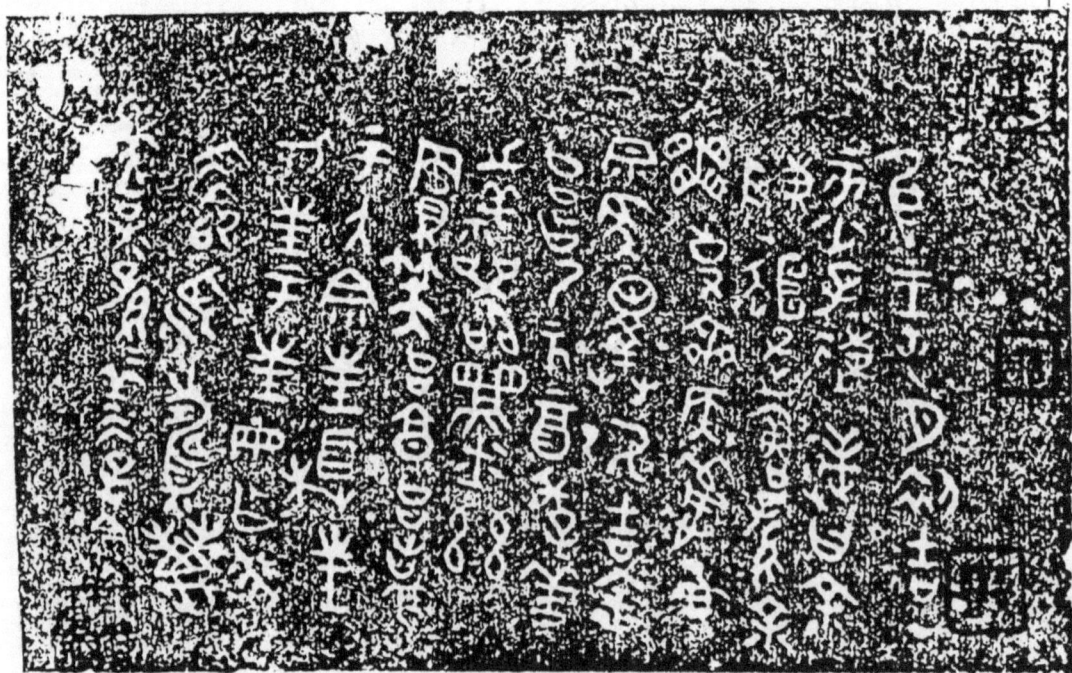

0592. 陳逆簠

【時　　代】戰國早期。

【收 藏 者】下落不明。

【著　　錄】彙編 145 頁 83a（拓本），疏要 124（拓本），通釋 4 卷 408 頁。

【銘文字數】內底鑄銘文 77 字（其中重文 2）。

【銘文釋文】隹（唯）王正月初吉丁亥，少子陳逆曰：余陳（田）趄（桓）子之裔孫，余寅（夤）事齊厌（侯），懽血（恤）宗家，羃（擇）乓（厥）吉金，台（以）乍（作）乓（厥）原配季姜之祥器，鼉（鑄）丝（茲）實（簠）笑（簠），台（以）亯（享）台（以）蒼（孝）于大宗、皇梗（聚、祖）、皇姚、皇丂（考）、皇母，乍（作）冢（遂）今命，湏（眉）壽（壽）蘆（萬）年，子＝（子子）孫＝（孫孫），羕（永）保用。

【備　　注】《疏要》云："（彙編 145 頁 83a）見於弘齋 21.7 與周存 3.121 摹本相似，可能爲同一器。"

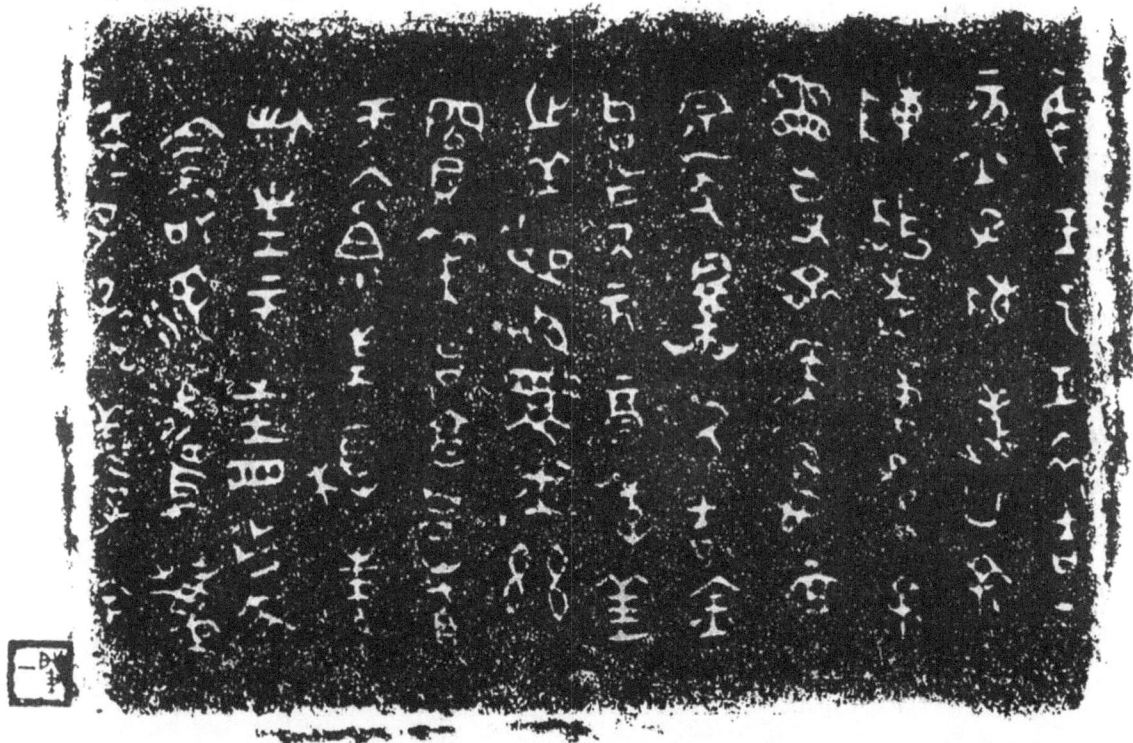

07. 敦

（0593–0595）

0593. 叔皇之孫鮻敦(叔坒之孫鮻盉)

【時　　代】春秋晚期。

【出土時地】2004 年 11 月 至 2005
　　　　　　年 7 月湖北襄陽市余
　　　　　　崗楚墓（M227.2）。

【收 藏 者】襄陽市文物考古研
　　　　　　究所。

【形制紋飾】整體呈球形，上下稍
　　　　　　扁，蓋與器各半，器口
　　　　　　沿下設一對圓環耳，下
　　　　　　設三條矮蹄足；蓋口
　　　　　　沿亦有一對圓環耳，上
　　　　　　有三個圓環鈕，上部已
　　　　　　磨平。通體素面。蓋打開卻置便成兩個器皿。

【著　　錄】余崗彩版 52.3、4。

【銘文字數】內壁鑄銘文 8 字。

【銘文釋文】弔（叔）坒（皇）之孫鮻（鮻）之飤盉。

0594. 膚公之孫賃丘子敦

【時　　代】春秋晚期。

【出土時地】傳出山東臨沭。

【收 藏 者】某收藏家。

【形制紋飾】子口內斂，腹部向下收斂成平底，口沿下有一對環鈕；蓋呈少半球形，口沿上方有一對環鈕，頂部有三個環鈕。通體光素。

【著　　錄】未著錄。

【銘文字數】器內壁鑄銘文 26 字（其中合文 1）。

【銘文釋文】隹（唯）正乙月初吉丁亥，夆取膚公之孫賃丘子［乍（作）］鋷（鑄）乓（厥）饡（齍）哭（器），孫=（子孫）是左。

【備　　注】"子孫"爲合文，有合文符號。同坑出土有甗 1、敦 1、豆 2、盤 1、匜 1。

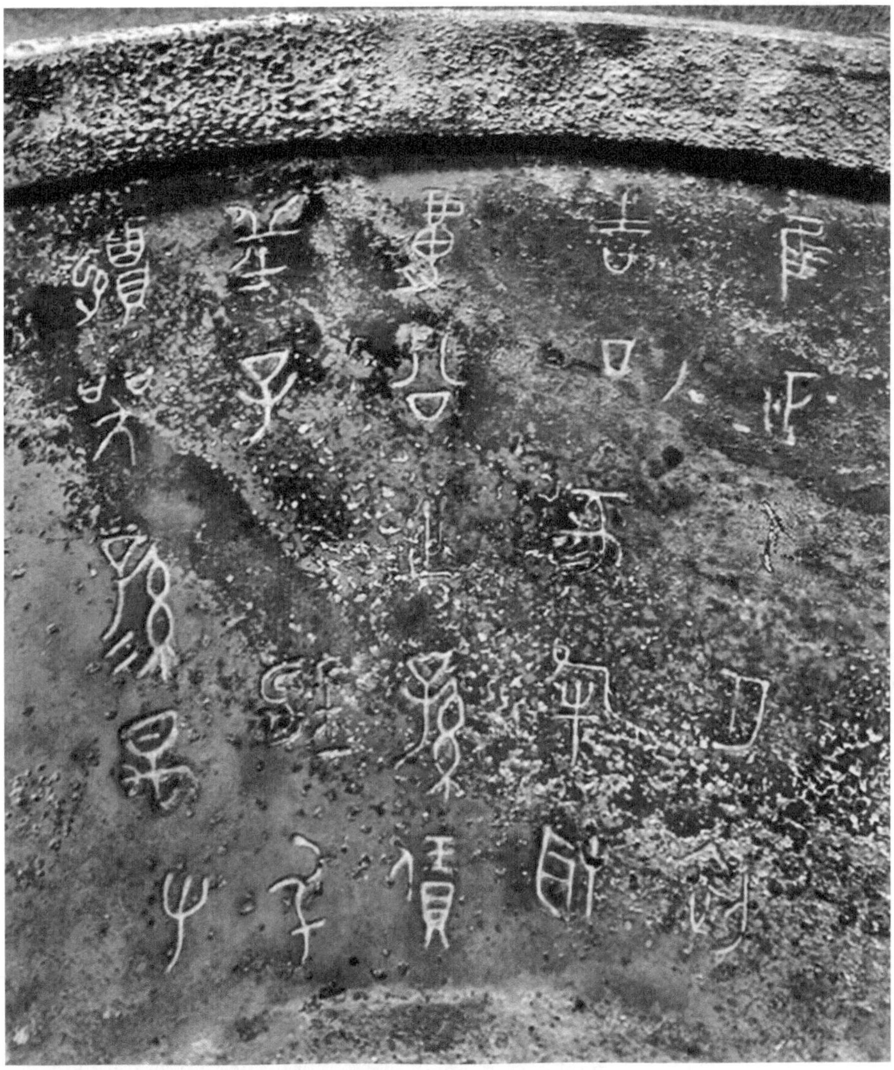

敦

0595. 槃可忌敦

【時　　代】春秋晚期。

【出土時地】2016 年 12 月出現在澳門漢唐雅集。

【收　藏　者】某收藏家。

【尺度重量】通高 9、口徑 21、兩耳相距 25 釐米,重 1.6 公斤。

【形制紋飾】斂口,寬平沿外折,折肩斂腹,小平底,底部留有窄長條澆鑄綫,肩部有一
　　　　　　對圓環形耳。肩下部飾兩道瓦溝紋。

【著　　錄】未著錄。

【銘文字數】內壁鑄銘文 43 字(其中重文 2)。

【銘文釋文】隹(唯)王正九月,脣(辰)杜(在)丁亥,槃可忌乍(作)乒(厥)元中(仲)
　　　　　　姑燮(媵)器寶鐎(錞一敦),用言(享)用孝,台(以)慫(祈)丂(考、老)壹
　　　　　　(壽),男子□□□咎,子＝(子子)孫＝(孫孫),永保用言(享)。

【備　　注】銘文中"姑"字變形,"孝"字範壞,僅存上部,第 7 行後 3 字壞,不識。

銘文拓本

銘文照片

08. 豆、鋪

（0596–0612）

0596. 凡父鋪

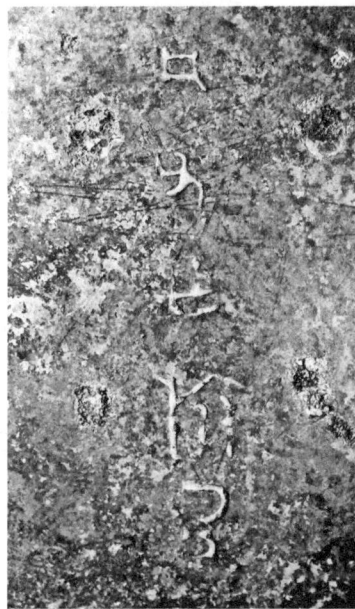

【時　　代】西周中期。
【出土時地】2017 年 5 月出現在澳門中濠典藏拍賣會。
【收　藏　者】某收藏家。
【尺度重量】通高 9.3 釐米。
【形制紋飾】此器小巧玲瓏,直口方唇,淺盤,底部近平,粗
　　　　　高柄,圈足外撇。盤壁飾卷尾長鳥紋,以雲雷
　　　　　紋填地,高柄鑄成鏤空環帶紋。
【著　　錄】未著錄。
【銘文字數】內底鑄銘文 5 字。
【銘文釋文】凡父乍(作)旅豆。

0597. 王季姜鋪甲

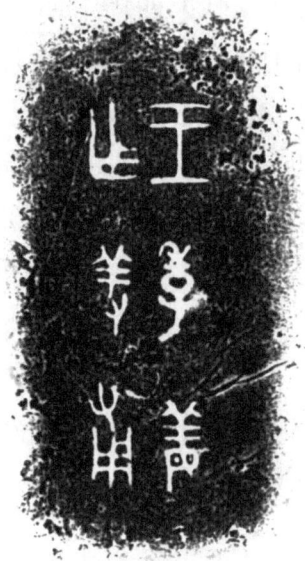

【時　　代】西周晚期。

【出土時地】山西新絳縣公安局打擊文物犯罪繳獲。

【收　藏　者】山西青銅器博物館。

【尺度重量】通高 16、口徑 25.5、足徑 18 釐米,重 2.4
　　　　　　公斤。

【形制紋飾】直口淺盤,窄沿方唇,底部近平,高柄形圈
　　　　　　足。盤壁飾大小相間的重環紋,圈足中部有
　　　　　　一道箍棱,上下均飾鏤空環帶紋。

【著　　錄】國寶(2019 二)110、111 頁。

【銘文字數】內底鑄銘文 6 字。

【銘文釋文】王季姜乍(作)羞甫(鋪)。

【備　　注】同墓出土一對,形制、紋飾、銘文相同。

0598. 王季姜鋪乙

【時　　代】西周晚期。
【出土時地】山西新絳縣公安局打擊文物犯罪繳獲。
【收　藏　者】山西青銅器博物館。
【尺度重量】通高 15、口徑 25.3、足徑 18 釐米，重 2.434
　　　　　　公斤。
【形制紋飾】直口淺盤，窄沿方唇，底部近平，高柄形圈足。
　　　　　　盤壁飾大小相間的重環紋，圈足中部有一道箍
　　　　　　棱，上下均飾鏤空環帶紋。
【著　　錄】國寶（2019 二）110 頁。
【銘文字數】內底鑄銘文 6 字。
【銘文釋文】王季姜乍（作）羞甫（鋪）。

0599. 郘子巽豆（䢊子巽豆）

【時　　代】戰國早期。

【收 藏 者】某收藏家。

【著　　録】未著録。

【銘文字數】内底鑄銘文6字。

【銘文釋文】郘（䢊）子巽之絭□。

0600. 曾公得豆

【時　　代】春秋早期。

【出土時地】山西省公安機關打擊文物犯罪繳獲。

【收　藏　者】山西青銅器博物館。

【尺度重量】通高 16.8、口徑 24.4 釐米。

【形制紋飾】直口,窄沿方唇,盤底近平,喇叭形高柄座。盤壁飾絢索紋,柄中部有一道箍棱,底座飾鏤空環帶紋和絢索紋。殘破經修復。

【著　　錄】未著錄。

【銘文字數】內底鑄銘文 7 字。

【銘文釋文】曾公復(得)自乍(作)盧(薦)盍(鋪)。

0601. 霸伯豆甲

【時　　代】西周中期。

【出土時地】2009-2010 年山西翼城縣隆化鎮大
　　　　　　河口西周墓葬（M1017.11-1）。

【收 藏 者】山西省大河口墓地聯合考古隊。

【尺度重量】通高 21.4、口徑 16.8、足徑 15.5
　　　　　　釐米，重 3.005 公斤。

【形制紋飾】斂口尖唇，鼓腹淺盤，束腰高圈足。
　　　　　　盤腹飾圓渦紋間以四瓣花，圈足上
　　　　　　下飾三角形變形夔紋，中部飾獸面
　　　　　　紋，均以雲雷紋填地。

【著　　錄】考古學報 2018 年 1 期 110 頁 圖
　　　　　　24.2。

【銘文字數】內底鑄銘文 14 字（其中重文 2）。

【銘文釋文】霸白（伯）乍（作）大（太）廟障（尊）
　　　　　　彝，其子＝（子子）孫＝（孫孫）永寶。

【備　　注】同墓出土 4 件，《銘續》已著錄 1 件（0529）。

0602. 霸伯豆乙

【時　　代】西周中期。

【出土時地】2009-2010 年山西翼城縣隆化鎮大河口西周墓葬（M1017.34）。

【收　藏　者】山西省大河口墓地聯合考古隊。

【尺度重量】通高 21.4、口徑 16.5、足徑 15 釐米，重 2.875 公斤。

【形制紋飾】斂口尖唇，鼓腹淺盤，束腰高圈足。盤腹飾圓渦紋間以四瓣花，圈足上下飾三角形變形夔紋，中部飾獸面紋，均以雲雷紋填地。

【著　　録】考古學報 2018 年 1 期 110 頁圖 24.4。

【銘文字數】內底鑄銘文 14 字（其中重文 2）。

【銘文釋文】霸白（伯）乍（作）大（太）廟䜌（尊）彝，其子=（子子）孫=（孫孫）永寶。

0603. 霸伯豆丙

【時　　代】西周中期。

【出土時地】2009-2010 年山西翼城縣隆化鎮大河口西周墓葬。

【收 藏 者】山西省大河口墓地聯合考古隊。

【尺度重量】通高 21.4 釐米。

【形制紋飾】斂口尖唇，鼓腹淺盤，束腰高圈足。盤腹飾圓渦紋間以四瓣花，圈足上下
　　　　　飾三角形變形夔紋，中部飾獸面紋，均以雲雷紋填地。

【著　　錄】未著錄。

【銘文字數】內底鑄銘文 14 字（其中重文 2）。

【銘文釋文】霸白（伯）乍（作）大（太）廟隩（尊）彝，其子＝（子子）孫＝（孫孫）永寶。

0604. 申比父豆（郫比父豆）

【時　　代】春秋早期。

【收 藏 者】下落不明。

【尺度重量】高 7、口徑 7.1、足徑 4.5寸。

【形制紋飾】體呈球形，口沿旁有一對圓環耳，蓋上有圈狀捉手，細高柄，柄下連鑄圓盤形底座。蓋和器口沿下、蓋上、捉手上以及座面均飾帶狀蟠虺紋，器腹飾葉狀雲雷紋。

【著　　錄】善齋 9.17。

【銘文字數】蓋、器對銘，各 14 字（其中重文 2）。

【銘文釋文】郫（申）比父乍（作）孟姜豆，子＝（子子）孫＝（孫孫）永㽒（享）用。

蓋銘

器銘

0605. 孟免旁豆

【時　　代】西周中期。

【收　藏　者】日本東京台東區立書道博
物館。

【形制紋飾】斂口尖唇，淺盤圜底，高柄
束腰，下部呈喇叭形。盤壁
飾浮雕目紋，其間粗綫雷
紋，柄座飾鏤空環帶紋。

【著　　錄】書道圖 30。

【銘文字數】口沿外壁鑄銘文 15 字。

【銘文釋文】孟 ⽈（免）旁乍（作）父旅（？）
母豆，鬘（眉）壽（壽）萬年
永寶用。

【備　　注】銘文似應讀爲“孟免旁作父
母旅豆，眉壽萬年永寶用”。

0606. 黃君孟豆

【時　　代】春秋中期。

【出土時地】1983 年 4 月河南光山縣寶相寺上官崗春秋墓葬（G1. A4）。

【收　藏　者】原藏信陽地區文物管理委員會，現藏信陽博物館。

【形制紋飾】寬折沿，束頸，折肩斜腹，小平底，三角形鏤空高圈足。通體光素。

【著　　錄】信陽藏銅 119 頁，銘照 197 頁 335。

【銘文字數】肩部鑄銘文 15 字（其中重文 2）。

【銘文釋文】黃君孟自乍（作）行器，子=（子子）孫=（孫孫）
剈（則）永宿（祐）𥚃（福）。

【備　　注】同墓出同銘豆兩件，《銘圖》06146 著錄一件。

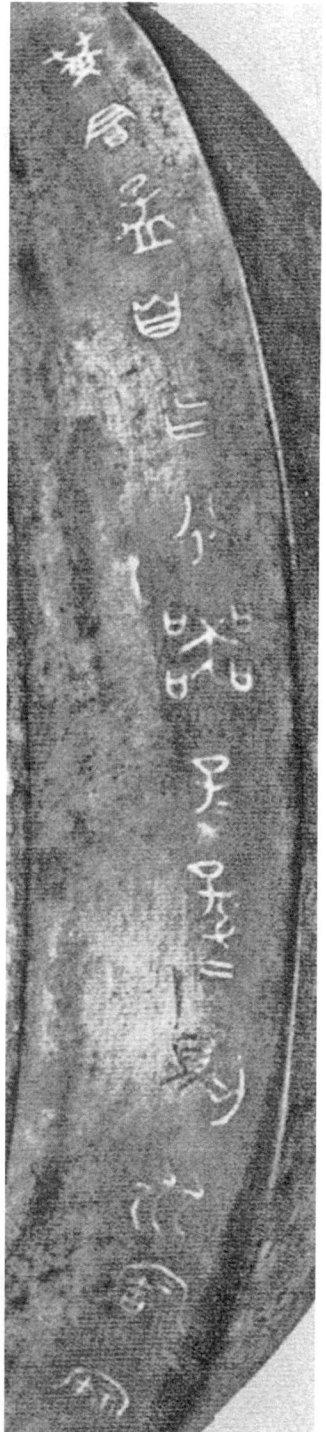

0607. 史盉父豆

【時　　代】西周晚期。

【收 藏 者】武漢九州藝術博物館。

【尺度重量】通高 13.5、肩徑 17.5
　　　　　　釐米。

【形制紋飾】侈口束頸，折肩斂腹，
　　　　　　圜底，喇叭形座。上腹
　　　　　　飾夔龍紋，間以四個浮
　　　　　　雕虎頭。圈足光素。

【著　　錄】未著錄。

【銘文字數】內底鑄銘文 16 字（其
　　　　　　中重文 2）。

【銘文釋文】史盉父乍（作）寶豆，
　　　　　　甘（其）萬年子=（子子）孫=（孫孫）永寶用。

0608. 黄子豆（黄夫人豆）

【時　　代】春秋中期。

【出土時地】1983 年 4 月河南光山縣寶相寺上官崗春秋墓葬（G2.A8）。

【收 藏 者】原藏信陽地區文物管理委員會,現藏信陽博物館。

【尺度重量】通高 29、口徑 24.2、盤深 10.8 釐米。

【形制紋飾】斂口寬平沿,折肩斜腹,下有高柄,柄上有鏤空"人"字形紋,隆蓋上有四個長方小鈕。通體光素無飾。

【著　　錄】中原文物 1991 年 2 期 102 頁圖一：65,新收 93,信博銅 120 頁 20。

【銘文字數】内鑄銘文 16 字。

【銘文釋文】黄子乍（作）黄甫（夫）人行器,鄑（則）永祰（祐）窟（福）霝（令）冬（終）霝（靈）後。

【備　　注】同墓出同銘豆兩件,《銘圖》06148 著錄一件。

銘文拓本

銘文照片

0609. 聱子豆

【時　　代】春秋晚期。

【收 藏 者】某收藏家。

【形制紋飾】豆盤呈半球形,蓋亦呈半球形,上有撇沿圈形捉手,喇叭形高圈足。通體光素。

【著　　錄】未著錄。

【銘文字數】蓋、器對銘,各 21 字(其中重文 2)。

【銘文釋文】隹(唯)王正月丁亥日,聱子盥(鑄)其餻(饋)鉦(豆),子〓(子子)孫〓(孫孫)永保用之。

【備　　注】同墓出土一對,形制、大小基本相同,銘文略異。該豆作器者第一字有銹掩蓋,此據另一件豆銘補錄,器銘照片上面一列字未拍全。

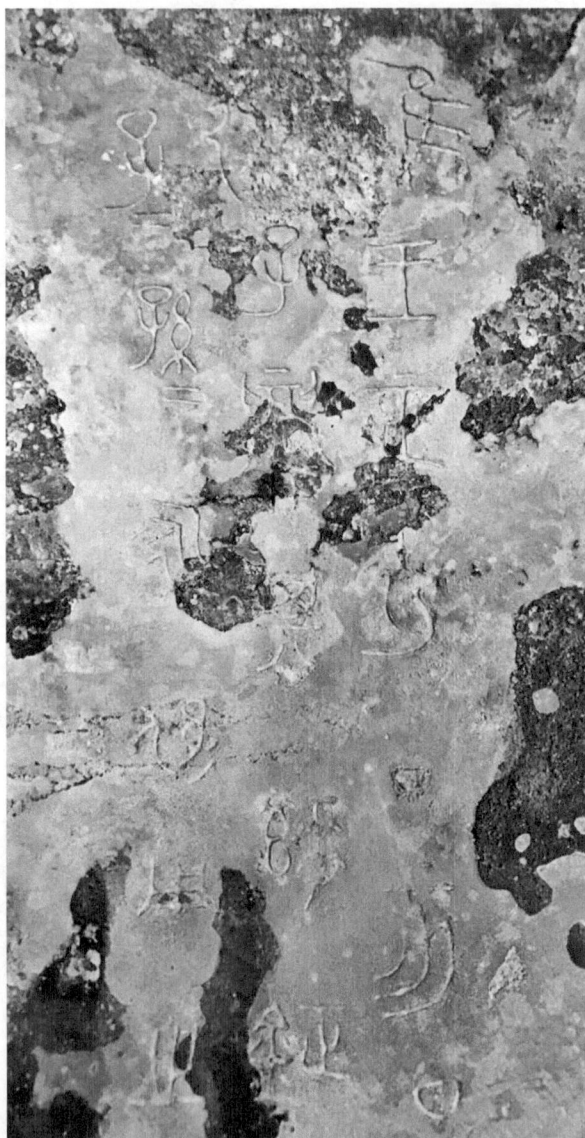

蓋銘

器銘

0610. 醽子豆

【時　　代】春秋晚期。

【收 藏 者】某收藏家。

【形制紋飾】豆盤呈半球形,蓋亦呈半球形,上有撇沿圈形捉手,喇叭形高圈足。通體
　　　　　光素。

【著　　錄】未著錄。

【銘文字數】內底鑄銘文 23 字。

【銘文釋文】隹(唯)正月吉日［丁］亥,醽子盥(鑄)乍(作)饎(饙)鉦(豆),賢(眉)
　　　　　壽(壽)亡(無)［彊(疆)］,子孫永保用［之］。

【備　　注】蓋銘及器形照片藏家未公布。

器銘照片

0611. 楸大叔弁鋪

【時　　代】春秋早期。

【收 藏 者】某收藏家。

【形制紋飾】窄折沿,直壁平底,束腰形高圈足。

【著　　錄】未著錄。

【銘文字數】内底鑄銘文 25 字(其中重文 2)。

【銘文釋文】楸大弔(叔)弁乍(作)鼺(雷)弔(叔)姜寶鋪,其禼(萬)年瀆(眉)竇(壽) 無畺(疆),子=(子子)孫=(孫孫)永保用言(享)。

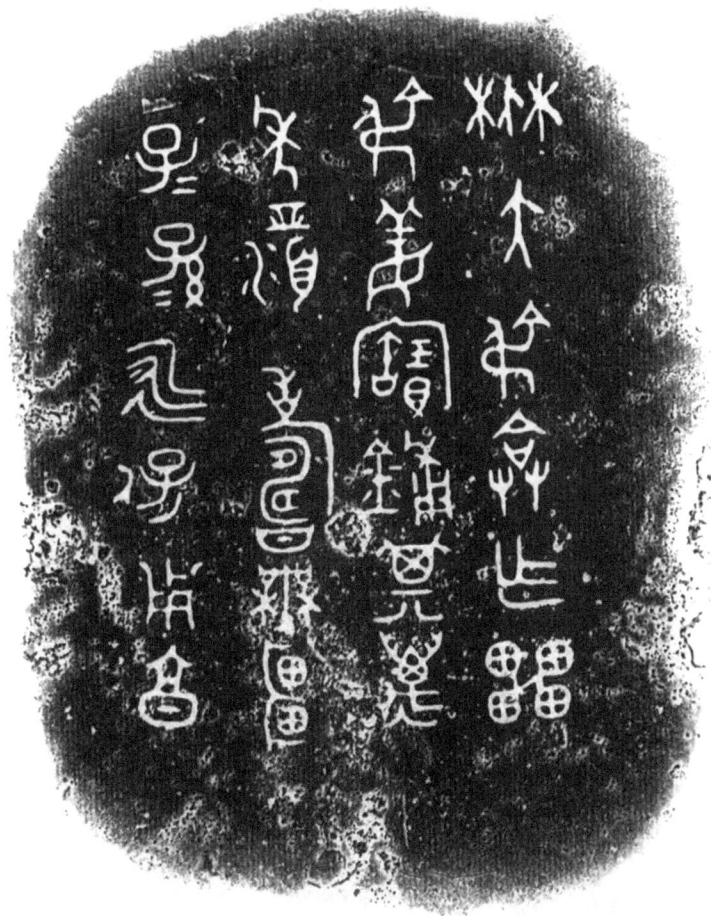

0612. 宋公圍鋪（宋公固鋪）

【時　　代】春秋晚期。

【出土時地】2009 年 5 月山東棗莊市嶧城區徐樓村東周墓（M1）。

【收 藏 者】棗莊市博物館。

【形制紋飾】直口，窄平沿，淺盤平底，喇叭形高座，覆鉢形蓋，亦窄平沿方唇，口沿有
　　　　　　四個卡扣，頂部有八個花瓣形裝飾，花瓣飾鏤空蟠蛇紋。盤壁、蓋面中部
　　　　　　以及周邊均飾蛇紋，相互交攀，高座有七排長方鏤孔。

【著　　錄】未著錄。

【銘文字數】蓋、器對銘，各 28 字（其中重文 2）。

【銘文釋文】有殷天乙唐（湯）孫宋公圍（固）乍（作）淺（瀏—瀏）弔（叔）子鐈箭（鋪），
　　　　　　
　　　　　　才（其）賫（眉）壽（壽）蕫（萬）年，子＝（子子）孫＝（孫孫）永保用之。

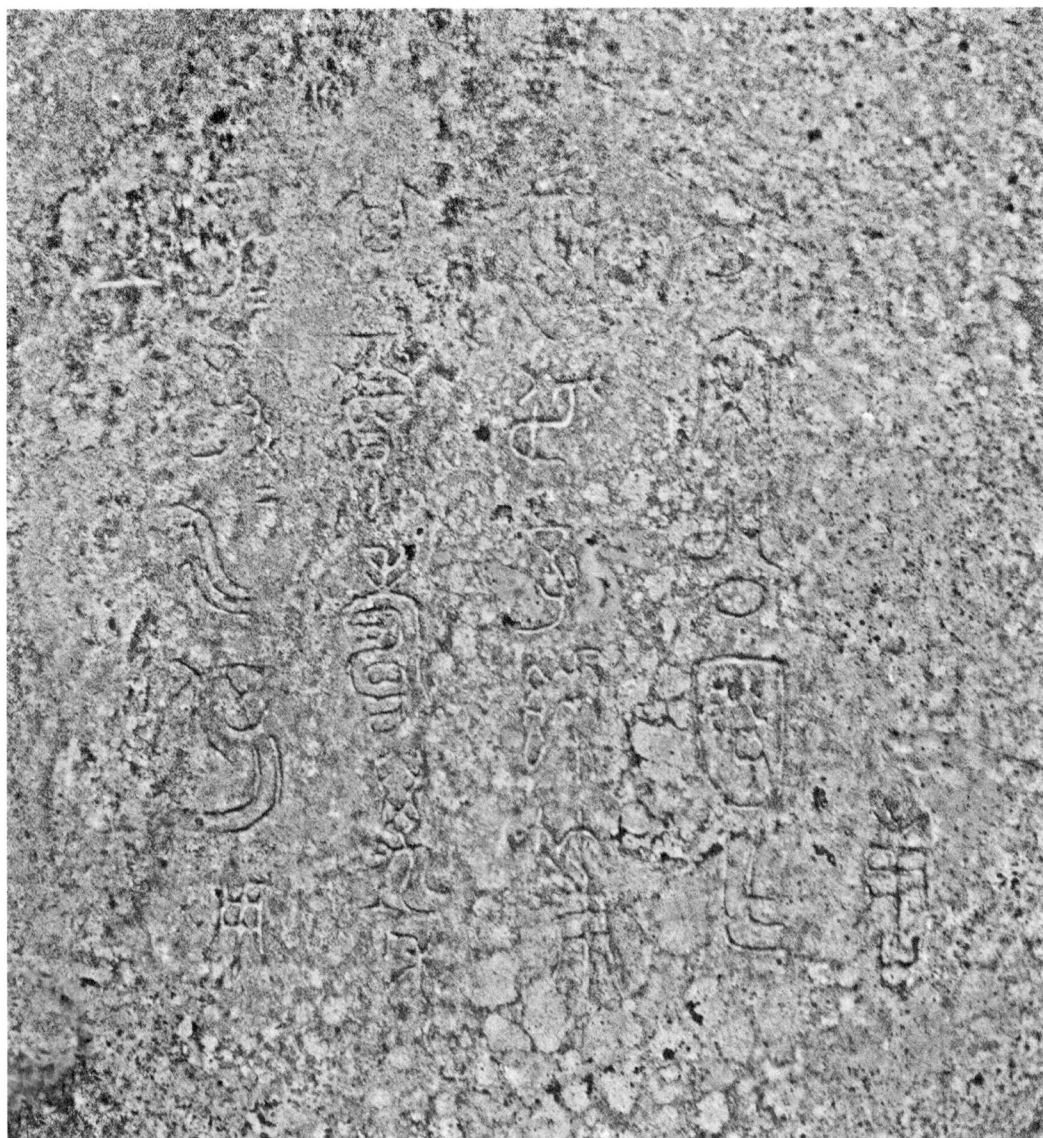

蓋銘

器銘

09. 盂

（0613-0614）

0613. 子盂

【時　　代】西周中期。

【出土時地】早年陝西扶風縣出土。

【收　藏　者】陝西歷史博物館。

【尺度重量】通高 31.8、口徑 37.5、腹深 18.2 釐米。

【形制紋飾】侈口斂腹，一對附耳，圈足沿外撇。頸、腹之間有一道粗弦紋，頸部飾雲
雷紋填地的竊曲紋，圈足飾兩道粗弦紋。

【著　　録】陝集成 5 册 233 頁 0556。

【銘文字數】内底鑄銘文 1 字。

【銘文釋文】子。

【備　　注】館藏號：七一 662。

盂

0614. △盂

【時　　代】西周晚期。

【出土時地】1973 年 3 月陝西扶風
　　　　　縣法門鎮劉家村出土。

【收　藏　者】扶風縣博物館。

【尺度重量】通高 44.5、口徑 56 釐
　　　　　米,重 36.7 公斤。

【形制紋飾】侈口深腹,一對附耳高
　　　　　出器口,圈足沿下折
　　　　　形成一道邊圈。頸部
　　　　　飾 "S" 形竊曲紋,前後
　　　　　增飾圓雕象頭,象鼻殘
　　　　　缺,腹部飾環帶紋,圈
足飾垂冠回首尾上卷的夔龍紋,均以雲雷紋填地。

【著　　錄】陝集成 5 册 234 頁 0557。

【銘文字數】外底鑄陽文 1 字。

【銘文釋文】△。

【備　　注】館藏號:七三 643。

（字符原寬 13 釐米）

10. 盆

（0615−0624）

0615. 二觳盆(二𡪁盆)

【時　　代】戰國晚期・燕。

【出土時地】1972 年陝西西安市灞橋磚瓦廠。

【收　藏　者】陝西歷史博物館。

【尺度重量】通高 8.5、口徑 33.1 釐米，重 0.957 公斤。

【形制紋飾】敞口，寬平沿，斜壁折腹，小平底。通體光素。

【著　　録】西部考古第 12 輯（2017 年 1 期）198 頁圖 11。

【銘文字數】外壁刻銘文 3 處，共 6 字。

【銘文釋文】二𡪁（觳），左，六十刀。

0616. 倗伯盆甲

【時　　　代】西周中期前段。

【出土時地】2009-2010 年山西翼城縣隆化鎮大河口西周墓葬（M1017.9）。

【收　藏　者】山西省大河口墓地聯合考古隊。

【尺度重量】通高 12.8、口徑 19.6、腹深 12.1、底徑 12.8 釐米，重 2.5 公斤。

【形制紋飾】侈口圓唇，束頸溜肩，斂腹平底。肩部飾鳥紋，前後增飾浮雕獸頭，以雲
　　　　　　雷紋填地。

【著　　　錄】考古學報 2018 年 1 期 113 頁圖 28.1。

【銘文字數】內底鑄銘文 11 字。

【銘文釋文】倗白（伯）肁（肇）乍（作）旅分（盆），甘（其）萬年永用。

【備　　　注】同墓出土 2 件，形制、紋飾，銘文相同。

0617. 倗伯盆乙

【時　　代】西周中期前段。

【出土時地】2009-2010 年山西翼城縣隆化鎮大河口西周墓葬（M1017.26）。

【收　藏　者】山西省大河口墓地聯合考古隊。

【尺度重量】通高 12.6、口徑 19.4-19.7、腹深 12.1、底徑 12.8 釐米，重 2.015 公斤。

【形制紋飾】侈口圓唇，束頸溜肩，斂腹平底。肩部飾鳥紋，前後增飾浮雕獸頭，以雲雷紋填地。

【著　　錄】考古學報 2018 年 1 期 113 頁圖 28.2。

【銘文字數】內底鑄銘文 11 字。

【銘文釋文】倗白（伯）改（肇）乍（作）旅㳄（盆），寽（其）萬年永用。

0618. 妝盎

【時　　代】春秋早期。

【收　藏　者】下落不明。

【著　　錄】寒金 142.1。

【銘文字數】內壁鑄銘文 12 字（其中重文 2）。

【銘文釋文】妝乍（作）旅盎，子=（子子）孫=（孫孫）永寶用盲（享）。

0619. 仲阪父盆

【時　　代】春秋早期。

【出土時地】1951 年衛聚賢先生捐贈給西南博物院。

【收　藏　者】現藏中國三峽博物館。

【尺度重量】通高 20.5、蓋高 7、器高 13.5、口徑 23.5 釐米。

【形制紋飾】弇口寬平沿，折肩收腹，平底，蓋面呈弧形隆起，寬平沿，頂部有圈狀捉手，捉手亦有寬沿。蓋上和肩部各有四個獸首小鈕銜環耳，彼此一一對應，器上兩個小鈕失環。蓋面飾兩周四道凹弦紋，紋帶間飾直棱紋，肩部飾瓦溝紋，腹部飾兩道“V”字形連續折綫紋，其下有一道弦紋，均屬陰紋。

【著　　錄】善齋 8.58，文物 2018 年 10 期封三：1-3。

【銘文字數】蓋、器對銘，各 17 字（其中重文 2）。

【銘文釋文】中（仲）阪父乍（作）玖白（伯）寶盆（益），萬年子＝（子子）孫＝（孫孫）永旹（享）用。

【備　　注】館藏號：15002。銘文中的“盆”字與王臣簋“益公”的“益”字、牧簋“益伯”的“益”字，構形完全相同，或以爲“盆”，乃“盆”字之訛。

器形照片

器形拓本

蓋銘拓本　　　　　　　　器銘拓本

蓋銘照片　　　　　　　　器銘照片

0620. 叔無段盆

【時　　代】春秋早期。

【收藏者】某收藏家。

【尺度重量】通高 10.2、口徑 22
　　　　　釐米。

【形制紋飾】直口,平折沿,方唇,束
　　　　　頸折肩,腹部向下圜
　　　　　收,平底。頸部飾蟠螭
　　　　　紋,其下有一周箍棱,
　　　　　腹部有一對銜環鋪首。

【著　　錄】未著錄。

【銘文字數】内壁鑄銘文 20 字。

【銘文釋文】弔(叔)無段乍(作)其飤盆,其譽(眉)耆(壽)萬年無彊(疆),子孫永寶
　　　　　用之。

0621. 嬰同盆

【時　　　代】春秋晚期。

【出土時地】1993 年春江蘇邳州市戴莊鎮九女墩春秋墓（M3.34）。

【收　藏　者】邳州市博物館。

【形制紋飾】斂口折沿，束頸，肩稍斜，弧腹平底。頸部及上腹均飾蟠虺紋，下腹飾兩
　　　　　　周內填蟠虺紋的三角紋，三組紋飾間以兩周絢紋。

【著　　　録】文物 2019 年 10 期 79 頁圖一、80 頁圖三。

【銘文字數】內底鑄銘文 20 字。

【銘文釋文】龖句郐（徐）之孫，啟旨郿之子，僮郊公之妻晜（嬰）同盠（鑄）用鍺。

【備　　　注】盆銘文字大多模糊不清，釋文中"啟""郿""僮郊"未必準確，僅供參考。

盆

0622. 作文考盆

【時　　代】西周中期。

【出土時地】2004-2007 年山西絳
縣橫水鎮橫北村西周
墓地（M2606）。

【收　藏　者】山西青銅器博物館。

【形制紋飾】口微斂，寬平沿，方唇
折肩，頸部有一對獸首
銜環耳，斂腹平底。頸
部飾垂冠回首尾上卷
的長鳥紋，以雲雷紋
填地。

【著　　録】未著録。

【銘文字數】內壁鑄銘文 25 字。

【銘文釋文】□乍（作）朕（朕）文考隣（尊）盆，用夙（夙）夜用喜（享）孝于宗室，甘（其）
萬年鬚（眉）喜（壽），永寶用喜（享）。

0623. 兌盆

【時　　代】西周中期。

【出土時地】2010 年山西翼城縣大河口西周墓地（M6096.21）。

【收　藏　者】山西省考古研究所。

【尺度重量】通高 13.3、口徑 21.5、最大腹徑 20.9、底徑 11.1 釐米，重 1.585 公斤。

【形制紋飾】侈口尖唇，圓折肩，斂腹平底，肩部有一對小鈕銜環耳，一環缺失。耳面飾四條陰綫紋，肩下部飾一周弦紋，肩部飾竊曲紋。

【著　　錄】文物 2020 年 1 期 12 頁圖 16.2,13 頁圖 19、20。

【銘文字數】內壁鑄銘文 46 字。

【銘文釋文】唯王二祀，王令（命）雁（應）白（伯）正（征）淮南尸（夷），兌從，率乒（厥）友專（搏）于爲山，休又（有）禽（擒），無叹（咒）。用對，乍（作）饙（饋）段（簋），兌揬（拜）頡（稽）首，用蘄（祈）永靁（靈）冬（終）于厥文且（祖）致（敬）季。

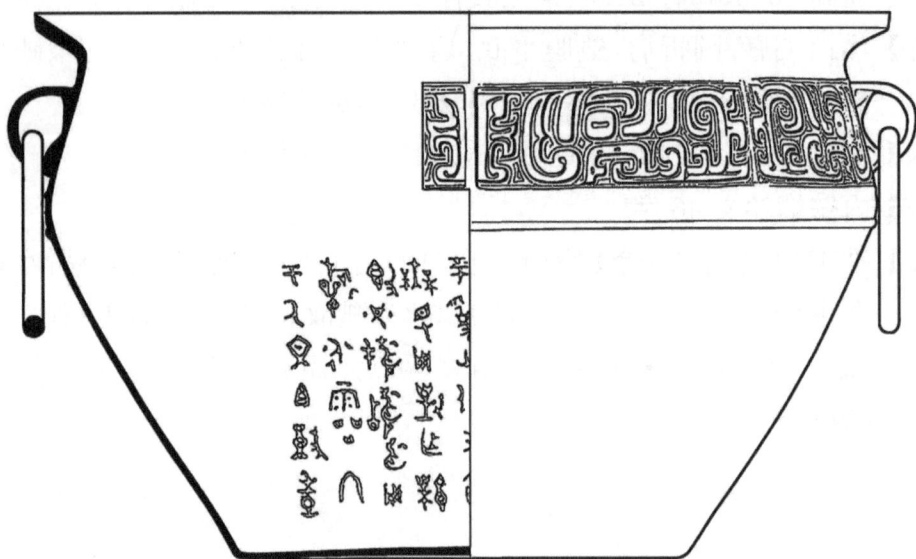

0624. 九月既朢盆

【時　　代】西周中期。

【收　藏　者】海外某收藏家。

【尺度重量】通高 14.5、口徑 24.5、腹深 13.8 釐米。

【形制紋飾】敞口，口沿外撇，束頸折肩，腹壁斜收，平底，頸部有一對半環形鈕。頸部
　　　　　　飾粗獷的夔龍紋，無地紋。

【著　　錄】未著錄。

【銘文字數】內壁鑄銘文 47 字。

【銘文釋文】隹（唯）九月既朢丁亥，王才（在）□□大（太）室，即立（位），丼（邢）白（伯）
　　　　　　入右□，王乎（呼）尹册易（錫）□□斎市（韍）。□拜（拜）頁（稽）首，敢（敢）
　　　　　　對飄（揚）天子□休，用乍（作）朕（朕）皇且（祖）寶殷（簋）。

【備　　注】殘破修復，傷及數字，惜器主的名字已損壞。

銘文拓本

銘文照片

銘文 X 光照片

11. 匕、俎

（0625–0627）

0625. 鹿禾匕

【時　　代】春秋晚期。

【收　藏　者】某收藏家。

【形制紋飾】淺匙長柄,匙呈橢圓形,後部有獸頭柄,獸頭高浮雕,僅餘前半部;柄前
　　　　　　段作圓柱形,後部呈扁平的梯形。匙內飾雙龍紋,以雲雷紋填地。

【著　　錄】未著錄。

【銘文字數】柄上鑄銘文3字。

【銘文釋文】鹿禾匕。

0626. 楚王酓悗俎

【時　　代】春秋晚期。

【收 藏 者】某收藏家。

【尺度重量】通高 22.5、面橫 31.5、面縱 18 釐米。

【形制紋飾】面板呈長方形,弧形下凹,中部飾鏤空夔龍紋,四周飾以相互盤纏的夔龍
　　　　　紋。面板下設四條高足,足的橫截面呈曲尺形,足與足頂部以橫梁相連。

【著　　錄】未著錄。

【銘文字數】面板右邊刻銘文 6 字。

【銘文釋文】楚王酓(熊)悗乍(作)寺(持)。

0627. 無諅俎（無忌俎）

【時　　代】春秋晚期。

【收 藏 者】某收藏家。

【尺度重量】通高 23、面橫 31.5、面
縱 18.5 釐米。

【形制紋飾】面板呈長方亞腰形，呈
弧形下凹，中部有四組
鏤空短身回首夔龍紋，
四周飾"S"形雙頭夔
龍紋。面板下設四條
高足，足的橫截面呈曲

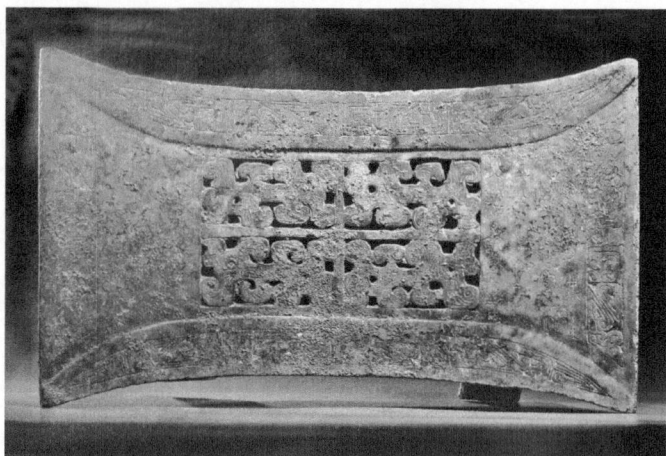

尺形，足與足頂部以橫梁相連，兩端橫梁各有一對長方孔。四足表面和
橫梁均飾"S"形雙頭夔龍紋。俎的外底四周及足內留存範土。

【著　　錄】未著錄。

【銘文字數】面板右邊刻銘文 20 字。

【銘文釋文】無諅（忌）罞（擇）其吉金，自乍（作）鄝（齍）俎，無諅（忌）矏（眉）耆（壽）
麻（麻—無）諅（期），永保用之。

12. 爵

（0628–0794）

0628. 弜爵

【時　　代】商代晚期。

【出土時地】2016 年 7 月河南安陽市龍安區劉家莊北地（M44.6）。

【收 藏 者】中國社會科學院考古研究所安陽工作隊。

【尺度重量】通高 18.3、流至尾長 17.5、口寬 7.5、壁厚 0.4 釐米，重 0.69 公斤。

【形制紋飾】曲口較緩，窄長流，尾較短，流折處有一對矮立柱，卵圓形杯體，內側有半
　　　　　環形扁條鋬，三條三棱錐足外撇。腹部飾兩組獸面紋，身尾由雲雷紋
　　　　　組成。

【著　　錄】考古 2018 年 10 期 26 頁圖 6.1、圖 9。

【銘文字數】鋬下腹壁鑄陽文 1 字。

【銘文釋文】弜。

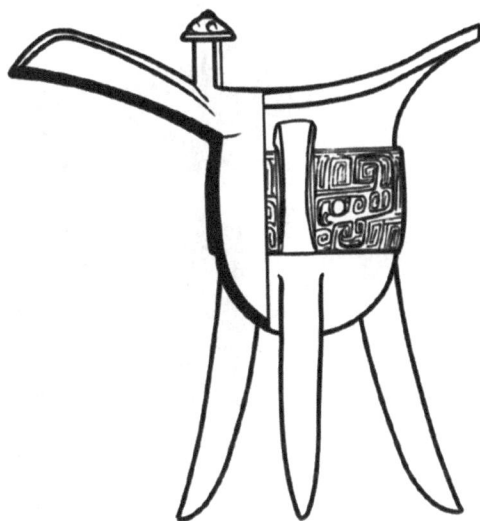

爵

0629. 堯爵（剌爵）

【時　　代】商代晚期。

【收 藏 者】某收藏家。

【形制紋飾】曲口，窄長流槽，流折處有一對菌狀柱，尖尾上翹，卵圓形杯體，內側有帶
　　　　　　狀鋬。上腹飾三道弦紋。

【著　　錄】未著錄。

【銘文字數】鋬內腹壁鑄銘文 1 字。

【銘文釋文】堯（矗—剌）。

【備　　注】同坑出土還有一件同銘文的觚。

0630. 堯爵（剌爵）

【時　　代】商代晚期。

【收 藏 者】某收藏家。

【形制紋飾】曲口，窄長流槽，流折處有一對菌狀柱，尖尾上翹，卵圓形杯體，內側有帶
狀鋬。腹部飾上卷角獸面紋。

【著　　録】未著録。

【銘文字數】鋬內腹壁鑄銘文 1 字。

【銘文釋文】堯（嚳—剌）。

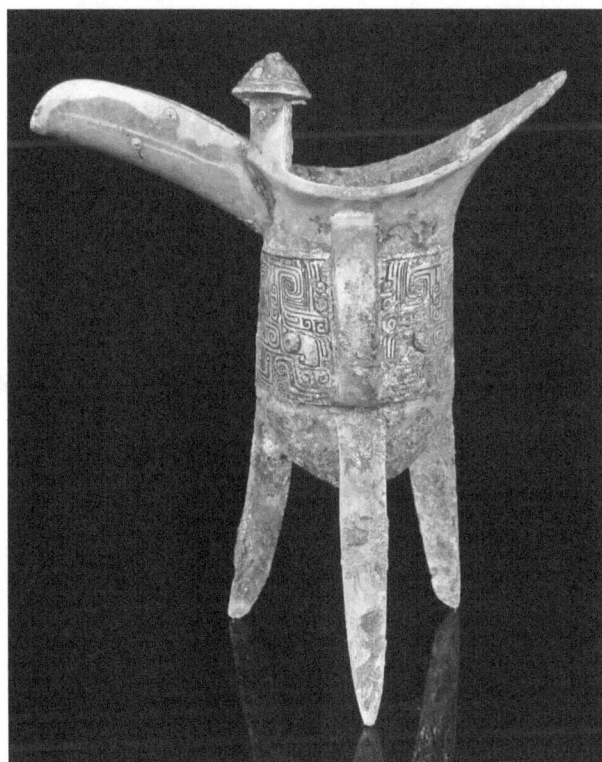

0631. 正爵（囸爵）

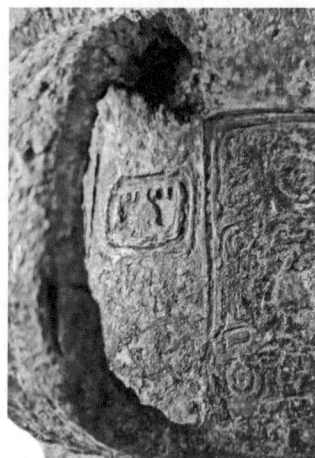

【時　　代】商代晚期。

【收　藏　者】某收藏家。

【尺度重量】通高 19、流至尾長 17 釐米，重 659 克。

【形制紋飾】曲口平緩，窄長流，流折處有一對較矮的菌狀立柱，尖尾上翹，卵圓形杯體，内側有牛首半環形鋬，三條三棱錐足外撇。腹部飾獸面紋。

【著　　録】未著録。

【銘文字數】鋬下腹壁鑄銘文 1 字。

【銘文釋文】囸（正）。

0632. 正爵（呰爵）

【時　　代】商代晚期。

【收 藏 者】法國東坡齋。

【尺度重量】通高 20.3 釐米。

【形制紋飾】曲口，流槽上揚，後有尖尾，流折處有一對菌狀柱，長卵形杯體，內側有牛首半環形鋬，三條三棱錐足外撇。腹部飾獸面紋，以雲雷紋填地。

【著　　錄】未著錄。

【銘文字數】鋬下腹壁鑄銘文 1 字。

【銘文釋文】呰（正）。

0633. 弓爵

【時　　代】商代晚期。

【收　藏　者】原藏捷克斯洛伐克某私家，1980年捷克共和國布拉格國立美術館購藏。

【尺度重量】通高18釐米。

【形制紋飾】曲口較淺，流槽甚窄，尖尾較寬，流折處有一對矮立柱，圜底，腹壁較直，三條三棱錐足外撇。腹部飾兩組雲雷紋組成的獸面紋，獸面僅見目和角，圈足上部有兩道弦紋。

【著　　錄】青與金第2輯457頁圖6.7。

【銘文字數】鋬下腹壁鑄銘文1字。

【銘文釋文】弓。

【備　　注】館藏號：Vp2909。

0634. 葡爵（葡爵）

【時　　代】商代晚期。

【收　藏　者】某收藏家。

【形制紋飾】曲口窄長流,尖尾較短,流折處有一對菌狀矮柱,長卵形杯體,內側有扁條半環形鋬,三條三棱錐足外撇。柱帽飾渦紋,腹部飾獸面紋。

【著　　錄】未著錄。

【銘文字數】鋬內腹壁鑄銘文 1 字。

【銘文釋文】葡（葡）。

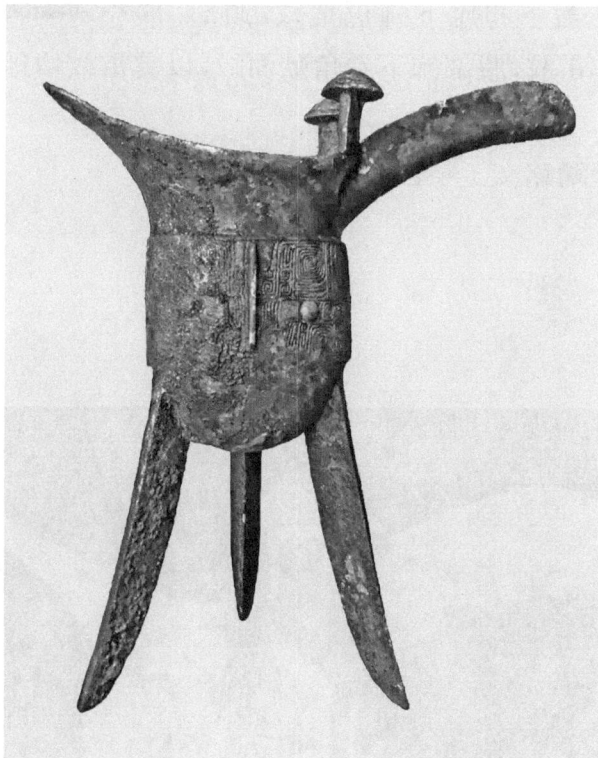

爵

0635. 爻爵

【時　　代】商代晚期。

【出土時地】2017 年 11 月出現在香港大唐西市拍
賣會。

【收　藏　者】某收藏家。

【尺度重量】通高 22.7 釐米。

【形制紋飾】曲口長流槽,尖尾上翹,流折處有一對
菌狀立柱,卵圓形杯體,內側有牛首半
環形鋬,三條三棱錐足外撇,腹部有三
道扉棱。流下和尾下飾蕉葉紋,頸部
飾三角雲雷紋,腹部飾下卷角獸面紋,以雲雷紋填地。

【著　　錄】未著錄。

【銘文字數】鋬內腹壁鑄銘文 1 字。

【銘文釋文】爻。

0636. 貯爵

【時　　代】商代晚期。

【收 藏 者】天津博物館。

【尺度重量】通高 19.4、流至尾長 18.6 釐米。

【形制紋飾】曲口窄流槽,尖尾上翹,流折處有一對菌狀矮柱,卵圓形杯體,內側有扁
條半環形鋬,三條三棱錐足外撇。柱帽飾渦紋,腹部飾曲折角獸面紋,頸
部飾三角雷紋,流下及尾下飾蕉葉紋。

【著　　錄】津銅 46 頁 015。

【銘文字數】鋬下腹壁鑄銘文 1 字。

【銘文釋文】貯。

爵

0637. 羍爵（奱爵）

【時　　代】商代晚期。

【收　藏　者】某收藏家。

【形制紋飾】曲口窄長流，尖尾上翹，流折處
　　　　　　有一對菌狀柱，長卵形杯體，內
　　　　　　側有牛首半環形鋬，三條三棱
　　　　　　錐足外撇。柱帽飾渦紋，腹部
　　　　　　飾連珠紋鑲邊的雷紋帶。

【著　　錄】未著錄。

【銘文字數】鋬內腹壁鑄銘文1字。

【銘文釋文】羍（奱）。

0638. 子爵

【時　　代】商代晚期。

【收　藏　者】某收藏家。

【形制紋飾】曲口長流槽，尖尾上翹，流折處有
　　　　　　一對菌狀柱，長卵形杯體，內側有
　　　　　　半環形鋬，三條三棱錐足外撇。腹
　　　　　　部飾三周弦紋。

【著　　錄】未著錄。

【銘文字數】鋬下腹壁鑄銘文1字。

【銘文釋文】子。

0639. 文爵

【時　　代】商代晚期。

【出土時地】2018年山西聞喜縣河底鎮酒務頭商代墓地（M1）。

【收　藏　者】山西省考古研究所。

【形制紋飾】曲口長流槽，尖尾上翹，口沿上有一對束傘形立柱，長卵形杯體，內側有半環形鋬，三條三棱錐足外撇。頸部飾三道弦紋。

【著　　録】未著録。

【銘文字數】鋬下腹壁鑄銘文1字。

【銘文釋文】文。

0640. 獸爵

【時　　代】商代晚期。

【收　藏　者】某收藏家。

【尺度重量】通高 19.8、流至尾長 16 釐米。

【形制紋飾】曲口窄長流,流折處有一對菌狀柱,尖尾上翹,長卵形杯體,內側有牛首半環形鋬,三條三棱錐足外撇。頸部飾三角雲紋,腹部飾雲雷紋組成的獸面紋。

【著　　錄】未著錄。

【銘文字數】鋬下腹壁鑄銘文 1 字。

【銘文釋文】獸。

0641. 狄爵

【時　　代】商代晚期。
【收　藏　者】下落不明。
【著　　錄】錄遺389，總集3325。
【銘文字數】鋬內腹壁鑄銘文1字。
【銘文釋文】狄。

0642. 𦥔爵

【時　　代】商代晚期。
【收　藏　者】某收藏家。
【形制紋飾】曲口長流槽，尖尾上翹，口沿上有一對菌狀柱，長卵形杯體，內側有扁環
　　　　　　形鋬，三條錐足。柱帽飾陰綫渦紋，腹上部飾三道弦紋。
【著　　錄】未著錄。
【銘文字數】鋬內腹壁鑄銘文1字。
【銘文釋文】𦥔（昇）。
【備　　注】藏家未提供器物圖像。

0643. 息爵

【時　　代】商代晚期。

【出土時地】1980 年 11 月河南羅山縣蟒張鄉後李村商代墓（M11.1）。

【收　藏　者】原藏信陽地區文物管理委員會，現藏信陽博物館。

【尺度重量】通高 20、口徑 7.8 釐米。

【形制紋飾】長流尖尾，口沿上近流折處有一對菌狀柱，直腹圓底，腹上有三道扉棱，三條三棱錐足，內側有獸首形鋬。柱帽飾渦紋，口下飾三角紋，流下飾夔紋，腹部飾獸面紋。

【著　　錄】中原文物 1991 年 2 期 96 頁圖一：9，新收 609。

【銘文字數】鋬內腹壁鑄銘文 1 字。

【銘文釋文】息。

【備　　注】《銘圖》06425 著錄的息爵，見於銅全 4.53、考古學報 1986 年 2 期 173 頁圖 22.2、近出 784，這是同一拓本，出土編號爲 M11.2。新收 609（亦云出土編號爲 M11.2）拓本與上述三書不同，而與中原文物 1991 年 2 期 96 頁圖一：9 拓本相同，但《中原文物》標注出土編號爲 M11.4，《羅山天湖商周墓地》報告云另一件爵編號 M11.1，故此爵當爲 M11.1 的拓本。故補錄於此。

0644. 需爵

【時　　代】商代晚期。

【收　藏　者】某收藏家。

【形制紋飾】杯體內側有牛首半環形鋬，腹部飾獸面紋。

【著　　錄】未著錄。

【銘文字數】鋬內腹壁鑄銘文 1 字。

【銘文釋文】需。

0645. 需爵

【時　　代】商代晚期。

【出土時地】2017年10月出現在香港大唐國際拍賣會。

【收　藏　者】某收藏家。

【尺度重量】通高24釐米。

【形制紋飾】曲口較平緩,窄長流槽,尖尾上翹,流折處有一對菌狀矮立柱,卵圓形杯
　　　　　　體,內側有牛首半環形鋬,腹壁有三道扉棱,三條三棱錐足較高。流下和
　　　　　　尾下飾蕉葉紋,頸部飾三角雲雷紋,腹部飾獸面紋。

【著　　録】未著録。

【銘文字數】鋬內腹壁鑄銘文1字。

【銘文釋文】需。

0646. 取爵

【時　　代】商代晚期。

【出土時地】山東萊蕪市萊城區羊里鎮城子縣村贏城遺址。

【收　藏　者】萊蕪市博物館。

【尺度重量】通高 19 釐米。

【形制紋飾】曲口，窄長流槽，尖尾較短，流折處有一對菌狀立柱，長卵形杯體，內側有半環形鋬，三條三棱錐足外撇。柱帽飾渦紋，器腹飾獸面紋。

【著　　錄】國博館刊 2016 年 11 期 60 頁圖 4。

【銘文字數】鋬內腹壁鑄銘文 1 字。

【銘文釋文】取。

【備　　注】館藏號：萊博 044。

0647. 先爵

【時　　代】商代晚期。

【收　藏　者】某收藏家。

【尺度重量】通高 25.5、流至尾長 20.3 釐米。

【形制紋飾】曲口長流槽,尖尾上翹,流折處有一對束傘形立柱,斜腹平底,體內側有牛首半環形鋬,三條三棱錐足較高,腹部三道扉棱直通流和尾尖。柱帽飾三角雷紋,流尾飾蕉葉紋,腹部飾獸面紋。

【著　　錄】未著錄。

【銘文字數】鋬下鑄陽文 1 字。

【銘文釋文】先。

0648. 先爵

【時　　代】商代晚期。

【收　藏　者】某收藏家。

【尺度重量】通高 22、流至尾長 19 釐米。

【形制紋飾】曲口寬流槽,尖尾上翹,流折處有一對菌狀柱,長卵形杯體,內側有扁條
　　　　　　半環形鋬,三條三棱錐足較高,腹部三道扉棱直通流和尾尖。柱帽飾渦
　　　　　　紋,流尾飾蕉葉紋,頸部飾三角雷紋,腹部飾獸面紋。

【著　　　錄】未著錄。

【銘文字數】內壁鑄陽文 1 字。

【銘文釋文】先。

0649. 戈爵

【時　　代】商代晚期。

【收 藏 者】原藏李蔭軒，現藏上海博物館。

【尺度重量】通高 18.6、流至尾長 15.2 釐米，重 0.6 公斤。

【形制紋飾】曲口較平緩，前有流槽斜向上出，後有尖尾，流折處有一對菌狀立柱，杯
　　　　　　體鑄有三道扉棱，內側設牛首半環形鋬，三條三棱錐足外撇。

【著　　錄】陳論集 288 頁。

【銘文字數】鋬內腹壁鑄銘文 1 字。

【銘文釋文】戈。

0650. 眉爵

【時　　代】商代晚期。

【收 藏 者】某收藏家。

【形制紋飾】曲口長流槽,尖尾上翹,口沿上有一對菌狀立柱,長卵形杯體,內側有牛首半環形鋬,腹部有三道矮扉棱,三條三棱錐足外撇。頸部飾三角雷紋,流槽和尖尾外側飾蕉葉紋,腹部飾曲折角獸面紋。

【著　　錄】未著錄。

【銘文字數】內壁鑄銘文1字。

【銘文釋文】眉。

0651. 卯爵

【時　　代】商代晚期。

【收 藏 者】某收藏家。

【形制紋飾】曲口,流槽較長,尖尾上翹,流折處有一對菌狀柱,長卵形杯體,內側有牛首半環形鋬,三條三棱錐足外撇。腹部飾單綫獸面紋。

【著　　録】未著録。

【銘文字數】鋬內腹壁鑄銘文 1 字。

【銘文釋文】𤔲(卯)。

0652. 耳爵

【時　　代】商代晚期。

【出土時地】日本京都大學人文研究所考古資料。

【收　藏　者】下落不明。

【尺度重量】通高 21 釐米。

【形制紋飾】曲口,長流槽,尖尾,流折處有一對菌狀柱,卵形杯體,内側有牛首半環形鋬,腹部有三道扉棱,三條三棱錐足外撇。腹部飾獸面紋。

【著　　録】綜覽・爵 126。

【銘文字數】鋬内腹壁鑄銘文 1 字。

【銘文釋文】耳。

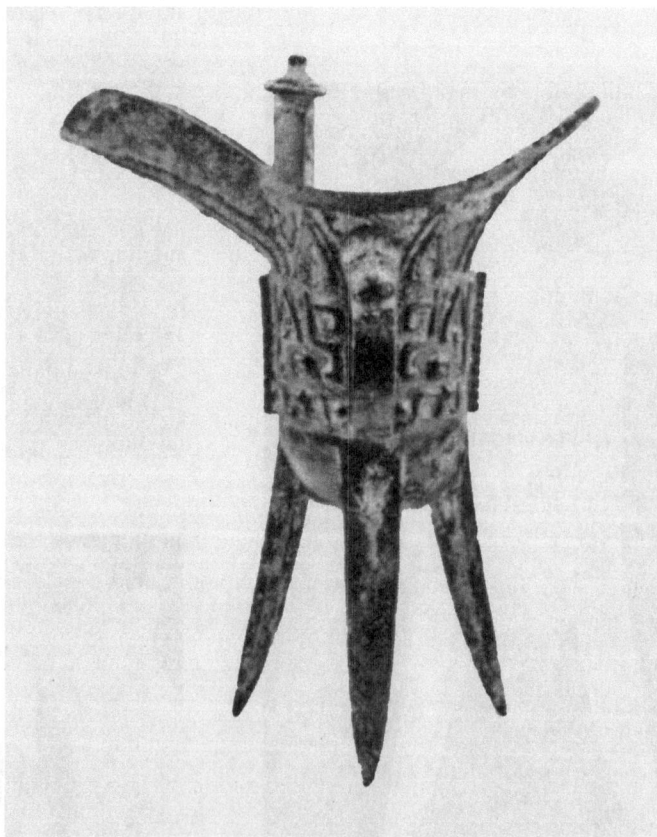

0653. 弔爵（叔爵）

【時　　代】商代晚期。

【收 藏 者】日本奈良國立博物館。

【尺度重量】通高 19.7、流至尾長 17.1 釐米。

【形制紋飾】曲口窄長流，尖尾，流折處有一對菌狀矮柱，直壁凸底，體內側有一牛首
　　　　　半環形鋬，三條三棱錐足較高，且向外撇。柱帽飾渦紋，腹部飾雲雷紋組
　　　　　成的獸面紋。

【著　　錄】坂本清賞 6,奈良銅 2 頁 5。

【銘文字數】鋬下腹壁鑄銘文 1 字。

【銘文釋文】弔（叔）。

【備　　注】館藏號：爵 05。

爵

0654. 戈爵

【時　　代】商代晚期。

【出土時地】2009-2010 年河南安陽劉家莊北地商代墓葬（M33.12）。

【收 藏 者】安陽市文物考古研究所。

【尺度重量】通高 23.8、流至尾長 19.8 釐米。

【形制紋飾】出土時殘斷，銹蝕嚴重，可修復。曲口長流槽，尖尾上翹，流折處有一對
　　　　　　束傘形立柱，平底。三條三棱錐足較高，扁條半環形鋬，腹壁較直，通體
　　　　　　有三道扉棱，尾部扉棱超出尾尖。頸部飾三角雷紋，流、尾之下飾蕉葉紋，
　　　　　　腹部飾兩組獸面紋，銹蝕不清。

【著　　錄】文物 2017 年 6 期 28 頁圖 53.2。

【銘文字數】鋬內腹壁鑄銘文 1 字。

【銘文釋文】戈。

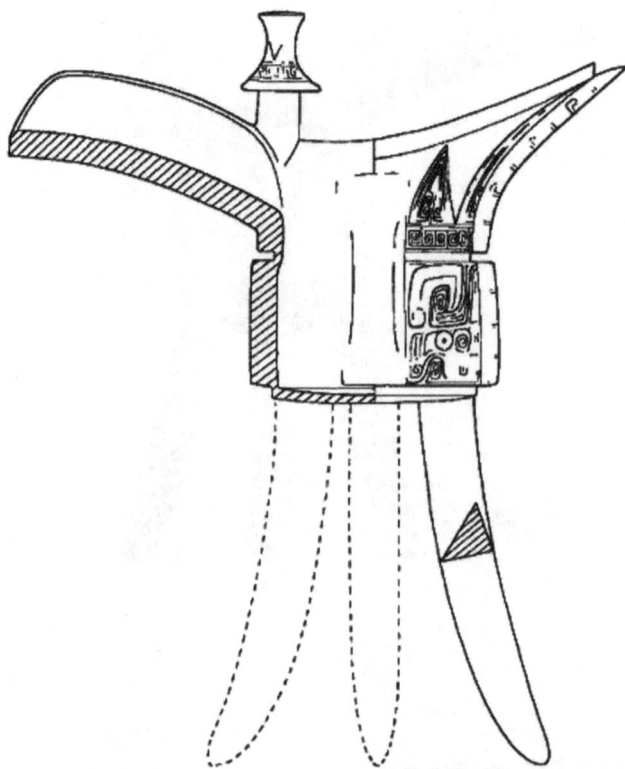

0655. 啟爵

【時　　代】商代晚期。

【出土時地】2009-2010 年河南安陽劉家莊北地商代墓葬（M94.2）。

【收　藏　者】安陽市文物考古研究所。

【尺度重量】通高 19.4、流至尾長 18.8 釐米。

【形制紋飾】曲口長流槽，尖尾上翹，流折處有一對菌狀立柱，長卵形杯體，內側有牛首半環形鋬，三條三棱錐足外撇。柱帽飾渦紋，腹部飾連珠紋鑲邊的獸面紋。

【著　　錄】文物 2017 年 6 期 28 頁圖 53.6。

【銘文字數】鋬內腹壁鑄銘文 1 字。

【銘文釋文】戉（啟）。

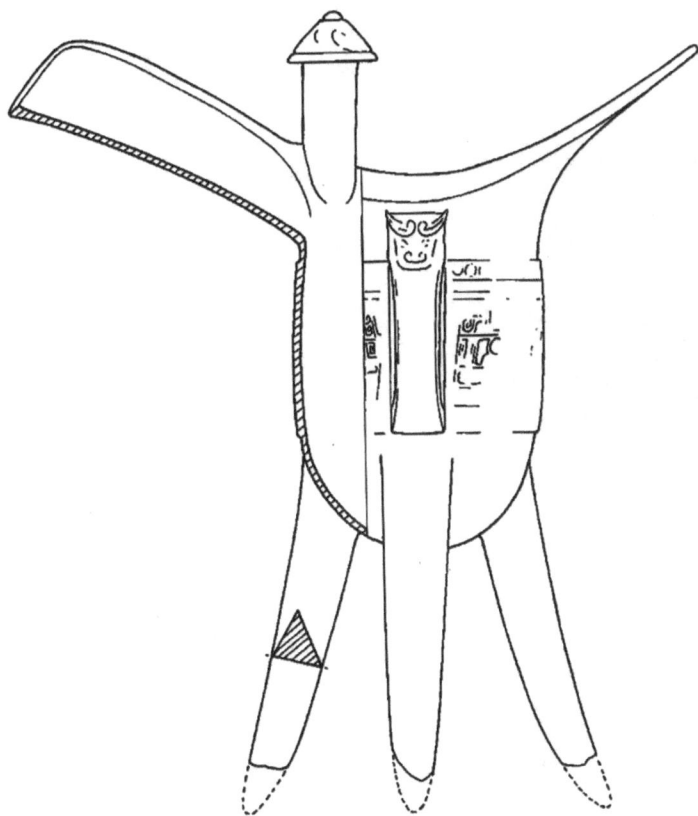

0656. 啟爵

【時　　代】商代晚期。

【出土時地】2009-2010 年河南安陽劉家莊北地商代墓葬（M89.2）。

【收 藏 者】安陽市文物考古研究所。

【尺度重量】通高 17.3、流至尾長 14.9 釐米。

【形制紋飾】曲口寬流槽，尖尾上翹，流折處有一對菌狀立柱，長卵形杯體，腹部有三道扉棱，內側有牛首半環形鋬，三條三棱錐足較矮，且外撇。柱帽飾渦紋，流下及尾下飾蕉葉紋，腹部飾獸面紋。

【著　　錄】文物 2017 年 6 期 28 頁圖 53.4。

【銘文字數】鋬內腹壁鑄銘文 1 字。

【銘文釋文】攼（啟）。

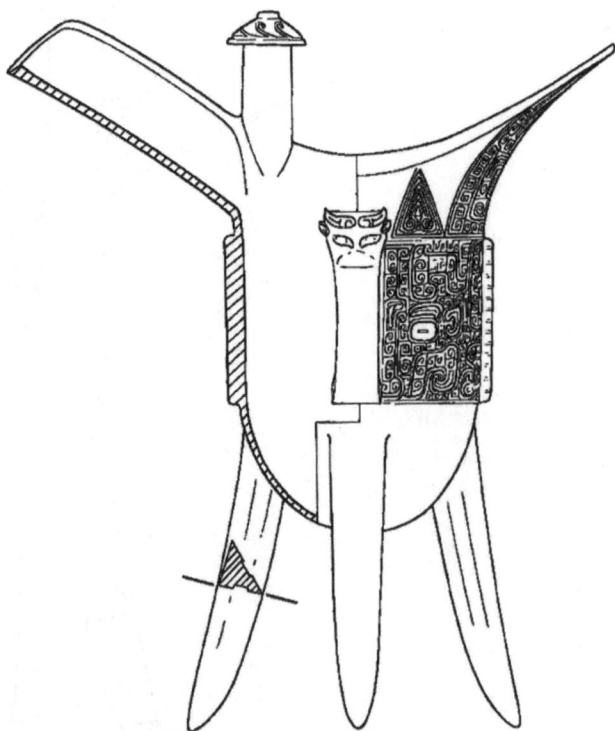

0657. 鄉爵

【時　　代】商代晚期。

【出土時地】2009-2010 年河南安陽劉家莊北地商代墓葬（M88.2）。

【收 藏 者】安陽市文物考古研究所。

【尺度重量】通高 18、流至尾長 16.1 釐米。

【形制紋飾】曲口長流槽，尖尾上翹，流折處有一對菌狀立柱，長卵形杯體，內側有牛
　　　　　　首半環形鋬，三條三棱錐足外撇。柱帽飾渦紋，腹部飾曲折角獸面紋。

【著　　錄】文物 2017 年 6 期 28 頁圖 53.3。

【銘文字數】鋬內腹壁鑄銘文 1 字。

【銘文釋文】鄉。

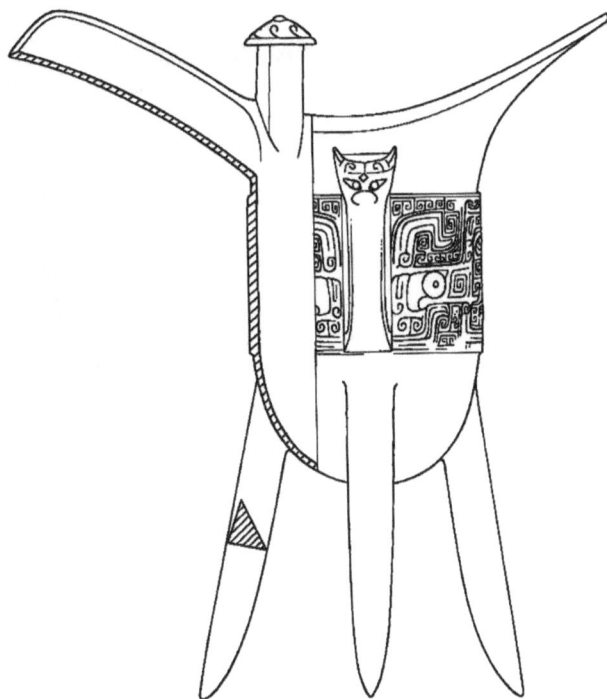

0658. 執爵

【時　　代】商代晚期。

【收 藏 者】日本奈良國立博物館。

【尺度重量】通高 21、流至尾長 18.1 釐米。

【形制紋飾】曲口窄長流,尖尾上翹,流折處有一對菌狀矮立柱,卵圓形杯體,內側有牛首半環形鋬,三條三棱錐足較高,且向外撇。柱帽飾渦紋,腹部飾三道弦紋。

【著　　錄】坂本清賞 18,奈良銅 4 頁 10。

【銘文字數】鋬下腹壁鑄銘文 1 字。

【銘文釋文】執。

【備　　注】館藏號: 爵 09。

0659. 旅爵（㫃爵）

【時　　代】商代晚期。

【收 藏 者】日本奈良國立博物館。

【尺度重量】通高 17.3、流至尾長 14.2 釐米。

【形制紋飾】曲口窄流槽，尖尾上翹，口沿上有一對菌狀立柱，長卵形杯體，内側有牛首半環形鋬，三條三棱錐足外撇。柱帽飾渦紋，腹部飾三道弦紋。

【著　　録】坂本清賞 19，奈良銅 15 頁 31。

【銘文字數】鋬下腹壁鑄銘文 1 字。

【銘文釋文】㫃（旅）。

【備　　注】館藏號：爵 31。

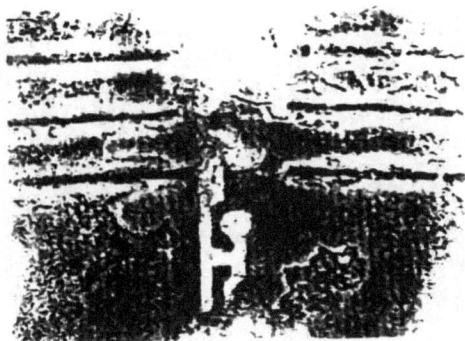

爵

309

0660. 旅爵（㫃爵）

【時　　代】商代晚期。

【收　藏　者】日本奈良國立博物館。

【尺度重量】通高 18.1、流至尾長 15 釐米。

【形制紋飾】曲口窄流槽，尖尾上翹，口沿上有一對菌狀立柱，長卵形杯體，內側有牛
　　　　　首半環形鋬，三條三棱錐足外撇。柱帽飾渦紋，腹部飾曲折角獸面紋。

【著　　錄】坂本清賞 16，奈良銅 15 頁 32。

【銘文字數】鋬下腹壁鑄銘文 1 字。

【銘文釋文】㫃（旅）。

【備　　注】館藏號：爵 32。

0661. 嚣爵

【時　　代】商代晚期。

【收 藏 者】臺北蔡春隆德能堂。

【尺度重量】通高 20.3、流至尾長 18、口寬 7.8
　　　　　　釐米,重 1.185 公斤。

【形制紋飾】曲口長流槽,尖尾上翹,流折處有
　　　　　　一對菌狀柱,長卵形杯體,内側有
　　　　　　牛首半環形鋬,三條三棱錐足稍向
　　　　　　外撇,腹部有三道扉棱。柱帽飾渦
　　　　　　紋,腹部飾分解式獸面紋。

【著　　録】璀璨 22、23 頁。

【銘文字數】鋬下腹壁鑄銘文 1 字。

【銘文釋文】嚣。

【備　　注】真僞存疑。

爵

0662. 爵

【時　　代】商代晚期。

【出土時地】2010 年 7 月至 2011 年 2 月濟南市古城區劉家莊商代墓葬（M121.37）。

【收 藏 者】濟南市考古研究所。

【尺度重量】通高 20.4 釐米,重 0.74 公斤。

【形制紋飾】曲口窄長流,尖尾較短,流折處有一對菌狀立柱,長卵形杯體,内側有牛首半環形鋬,腹部有三道扉棱,三條三棱錐足外撇。頸部飾三角雷紋,流與尾飾蕉葉紋,腹部飾曲折角獸面紋,以雲雷紋填地。

【著　　録】國博館刊 2016 年 7 期 90 頁圖 16.4、92 頁圖 23,海岱考古 11 輯 305 頁圖 79B3.5、彩版 4.3。

【銘文字數】鋬内腹壁鑄銘文 1 字。

【銘文釋文】爵。

0663. 𝍩爵

【時　　代】商代晚期。

【出土時地】2010 年 7 月至 2011 年 2 月濟南市古城區劉家莊商代墓葬（M121.5）。

【收 藏 者】濟南市考古研究所。

【形制紋飾】曲口窄長流，尖尾上翹，流折處有一對菌狀立柱，長卵形杯體，内側有牛首半環形鋬，腹部有三道扉棱，三條三棱錐足外撇。頸部飾三角雷紋，流與尾飾蕉葉紋，腹部飾曲折角獸面紋，以雲雷紋填地。

【著　　錄】國博館刊 2016 年 7 期 92 頁圖 24、25。

【銘文字數】鋬内腹壁鑄銘文 1 字。

【銘文釋文】𝍩。

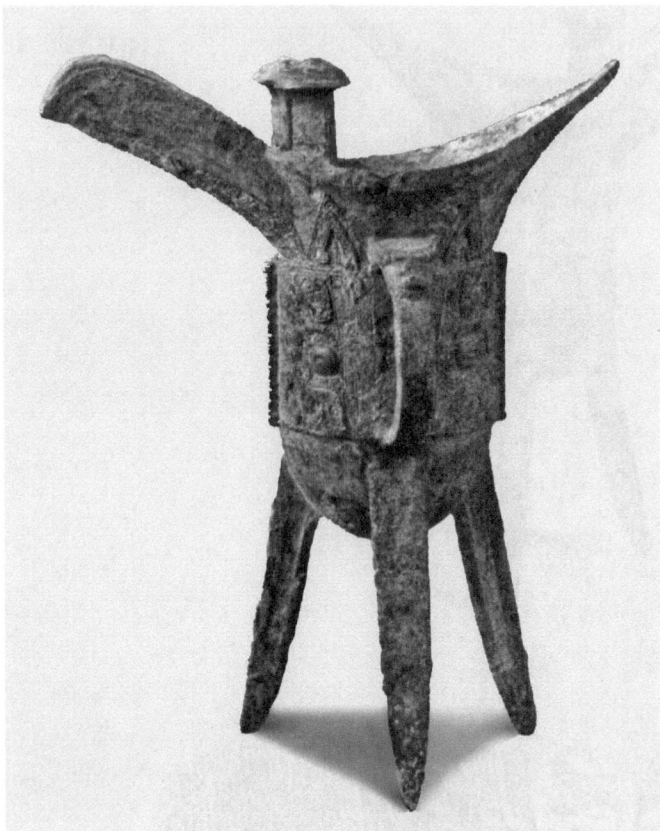

0664. □爵

【時　　代】商代晚期。

【收　藏　者】日本奈良國立博物館。

【尺度重量】通高 17.7、流至尾長 14.8 釐米。

【形制紋飾】曲口長流槽,尖尾上翹,口沿上有一對菌狀立柱,長卵形杯體,內側有牛首半環形鋬,三條三棱錐足外撇。柱帽飾渦紋,腹部飾雲雷紋組成的獸面紋。

【著　　錄】坂本清賞 13,奈良銅 9 頁 20。

【銘文字數】鋬下腹壁鑄銘文 1 字。

【銘文釋文】□。

【備　　注】館藏號:爵 20。

0665. 卵爵（𠨎爵）

【時　　代】商代晚期。

【出土時地】2006年河南安陽殷墟鐵三路北段商代墓葬（M89.2）。

【收　藏　者】中國社會科學院考古研究所安陽工作隊。

【尺度重量】通高24.8、口徑14.5、足徑9.2釐米。

【形制紋飾】曲口窄長流，寬尾，流折處有一對菌狀柱，卵圓形腹杯體，內側有扁條半
　　　　　　環形鋬，三條三棱錐足外撇。頸部飾三周凸弦紋。

【著　　錄】考古2017年3期35頁圖38.2、40。

【銘文字數】鋬內腹壁鑄銘文1字。

【銘文釋文】𠨎（卵、卵）。

0666. 文爵

【時　　代】商代晚期。

【收 藏 者】日本奈良國立博物館。

【尺度重量】通高 17.3、流至尾長 14.5 釐米。

【形制紋飾】曲口窄流槽,尖尾上翹,流折處有一對菌狀立柱,長卵形杯體,內側有半
　　　　　　環形鋬,三條三棱錐足外撇。柱帽飾渦紋,腹部飾雲雷紋組成的獸面紋。

【著　　錄】坂本清賞 8,奈良銅 10 頁 21。

【銘文字數】鋬下腹壁鑄銘文 1 字。

【銘文釋文】文。

【備　　注】館藏號:爵 21。

0667. 人爵

【時　　代】商代晚期。

【出土時地】2009-2010 年河南安陽劉家莊北地商代墓葬（M20.2）。

【收　藏　者】安陽市文物考古研究所。

【尺度重量】通高 21.5、流至尾長 17 釐米。

【形制紋飾】曲口窄流槽，尖尾上翹，流折處有一對菌狀立柱，長卵形杯體，內側有獸首半環形鋬，三條三棱錐足外撇。柱帽飾渦紋，腹部飾獸面紋，以雲雷紋填地。一條立柱斷掉，未修復。

【著　　録】文物 2017 年 6 期 9 頁圖 1、28 頁圖 53.1。

【銘文字數】鋬內腹壁鑄銘文 1 字。

【銘文釋文】人。

0668. 束爵

【時　　代】西周早期前段。

【出土時地】2016 年 12 月打擊盜墓繳獲。

【收　藏　者】陝西澄城縣公安局。

【尺度重量】通高 20、流至尾長 18 釐米。

【形制紋飾】曲口窄長流，尖尾上翹，口沿上有一對菌狀立柱，長卵形杯體，内側有牛首半環形鋬，三條三棱錐足外撇，腹部有三條扉棱。腹部飾獸面紋。

【著　　録】未著録。

【銘文字數】鋬内腹壁鑄銘文 1 字。

【銘文釋文】束。

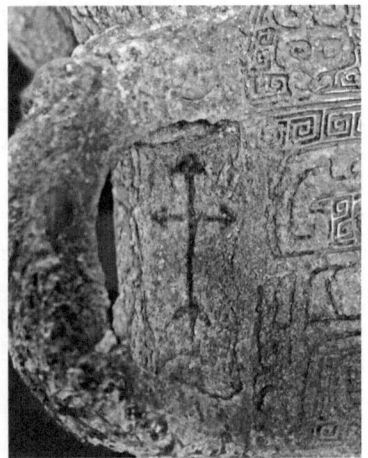

0669. 庚爵

【時　　代】西周早期。

【出土時地】2019 年 9 月出現在美國紐約佳士得拍
　　　　　　賣會。

【收　藏　者】某收藏家。

【尺度重量】通高 21 釐米。

【形制紋飾】曲口長流槽,尖尾上翹,口沿上有一對菌
　　　　　　狀立柱,長卵形杯體,內側有牛首半環形
　　　　　　鋬,三條三棱錐足外撇。腹部飾曲折角
　　　　　　獸面紋,以雲雷紋填地。

【著　　錄】未著錄。

【銘文字數】鋬下腹壁鑄銘文 1 字。

【銘文釋文】庚。

0670. 冉爵

【時　　代】西周早期。

【收　藏　者】日本奈良國立博物館。

【尺度重量】通高 22.3、流至尾長 18.1 釐米。

【形制紋飾】曲口寬流槽，尖尾上翹，口沿上有一對菌狀立柱，卵圓形杯體，内側有牛首半環形鋬，三條刀足外撇。柱帽飾渦紋，腹部飾獸面紋，上下以連珠紋鑲邊。

【著　　錄】坂本清賞 33，奈良銅 11 頁 23。

【銘文字數】鋬下腹壁鑄銘文 1 字。

【銘文釋文】冉。

【備　　注】館藏號：爵 23。

0671. 木爵

【時　　代】西周早期。

【收 藏 者】日本奈良國立博物館。

【尺度重量】通高 22.7、流至尾長 18.5 釐米。

【形制紋飾】曲口寬流槽,尖尾上翹,口沿上有一對菌狀立柱,卵圓形杯體,内側有
　　　　　　牛首半環形鋬,三條刀足外撇。柱帽飾渦紋,腹部飾連珠紋鑲邊的獸
　　　　　　面紋。

【著　　録】坂本清賞 34,奈良銅 11 頁 24。

【銘文字數】内柱上鑄銘文 1 字。

【銘文釋文】木。

【備　　注】館藏號: 爵 24。

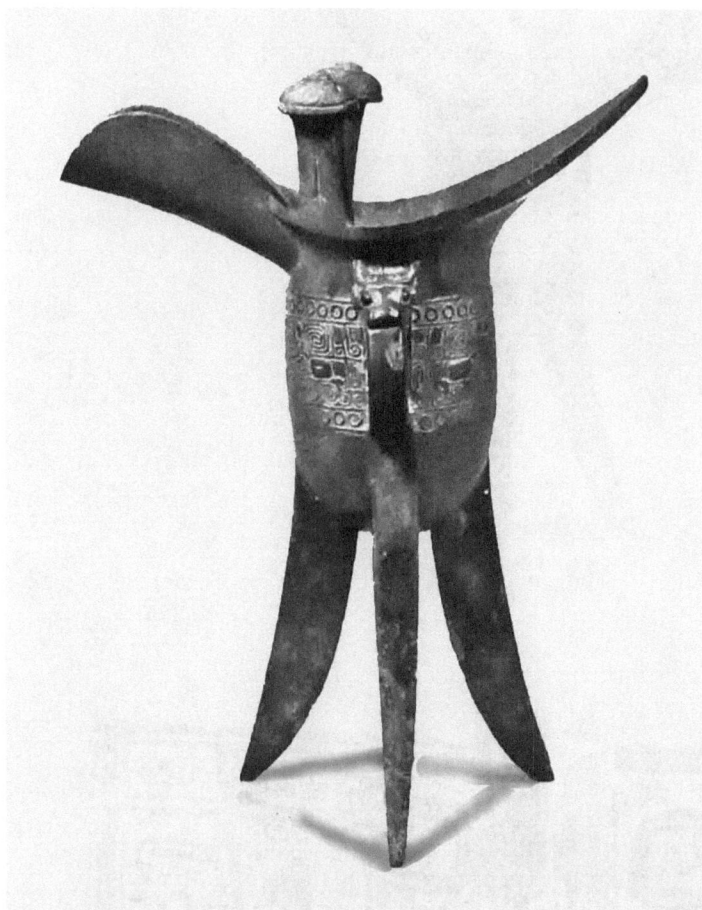

0672. 戈爵

【時　　代】西周早期。

【收 藏 者】日本奈良國立博物館。

【尺度重量】通高 22.7、流至尾長 16.9 釐米。

【形制紋飾】曲口寬流槽，尖尾上翹，口沿上有一對束傘形立柱，長卵形杯體，內側有牛首半環形鋬，三條三棱錐足外撇。柱帽飾渦紋，腹部飾卷唇夔龍紋，以雲雷紋填地。

【著　　録】坂本清賞 28，奈良銅 13 頁 24。

【銘文字數】鋬下腹壁鑄銘文 1 字。

【銘文釋文】戈。

【備　　注】館藏號：爵 28。

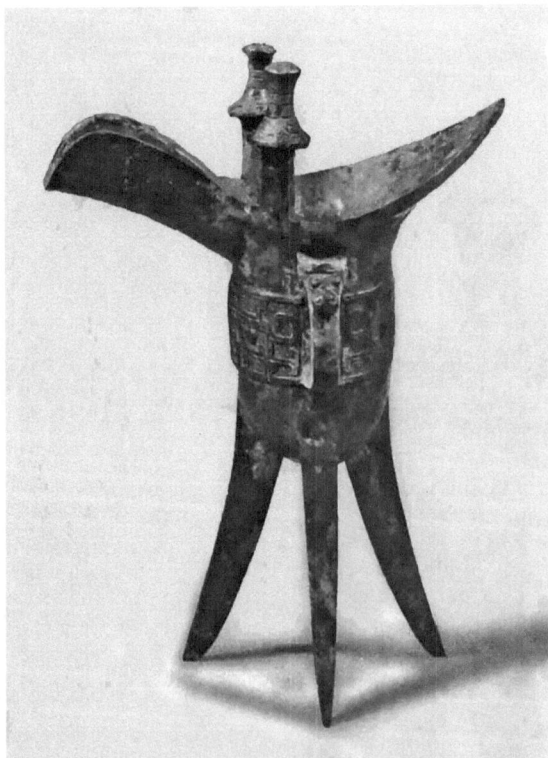

0673. 子爵

【時　　代】西周早期。

【收　藏　者】某收藏家。

【形制紋飾】曲口寬流槽,尖尾上翹,口沿上有一對菌狀柱,長卵形杯體,内側有半環形鋬,三條三棱錐足外撇。上腹飾三道弦紋。

【著　　録】未著録。

【銘文字數】鋬内腹壁鑄銘文 1 字。

【銘文釋文】子。

0674. 子爵

【時　　代】西周早期。

【出土時地】山西曲沃縣盜墓出土，山西省打擊
　　　　　　文物犯罪繳獲。

【收　藏　者】山西青銅器博物館。

【形制紋飾】曲口寬流槽，尖尾上翹，口沿上有一
　　　　　　對菌狀柱，長卵形杯體，內側有牛首
　　　　　　半環形鋬，三條三棱錐足外撇。柱
　　　　　　帽飾渦紋，腹部飾下卷角獸面紋。

【著　　録】未著録。

【銘文字數】鋬下腹壁鑄銘文1字。

【銘文釋文】子。

0675. 若爵

【時　　代】西周早期。

【出土時地】2016 年 12 月出現在杭州西泠印社秋季拍賣會。

【收 藏 者】原藏日本龍泉堂,現藏不明。

【尺度重量】通高 20.3 釐米。

【形制紋飾】曲口寬流槽,尖尾上翹,口沿上有一對菌狀立柱,卵圓形杯體,內側有牛
首半環形鋬,三條三棱錐足較高。腹部飾獸面紋。

【著　　録】未著録。

【銘文字數】鋬內腹壁鑄銘文 1 字。

【銘文釋文】若。

0676. 史爵

【時　　代】西周早期。

【出土時地】1980 年山東滕州市前掌大遺址。

【收 藏 者】滕州市博物館。

【尺度重量】通高 19.5、流至尾長 15 釐米。

【形制紋飾】曲口寬流槽,尖尾上翹,口沿上有一對菌狀立柱,長卵形杯體,內側有半
　　　　　環形扁條鋬,三條三棱錐足外撇。柱帽飾渦紋,腹部飾列旗紋,上下鑲以
　　　　　連珠紋。

【著　　錄】薛序 23 頁下。

【銘文字數】鋬下腹壁鑄銘文 1 字。

【銘文釋文】史。

0677. 聑爵甲

【時　　代】西周早期。

【出土時地】2017 年 12 月見於杭州西泠印社拍賣會。

【收　藏　者】某收藏家。

【尺度重量】通高 20.4 釐米。

【形制紋飾】曲口寬流槽,尖尾上翹,口沿上有一對菌狀立柱,長卵形杯體,内側有牛
　　　　　　首半環形鋬,三條刀足外撇。腹部飾窄獸面紋帶。

【著　　錄】未著錄。

【銘文字數】鋬内腹壁鑄銘文 1 字。

【銘文釋文】聑。

爵

0678. 珥爵乙

【時　　代】西周早期。

【出土時地】2017 年 12 月見於杭州西泠印社拍賣會。

【收 藏 者】某收藏家。

【尺度重量】通高 20.3 釐米。

【形制紋飾】曲口寬流槽，尖尾上翹，口沿上有一對菌狀立柱，長卵形杯體，內側有牛
首半環形鋬，三條刀足外撇。腹部飾窄獸面紋帶。

【著　　錄】未著錄。

【銘文字數】鋬內腹壁鑄銘文 1 字。

【銘文釋文】珥。

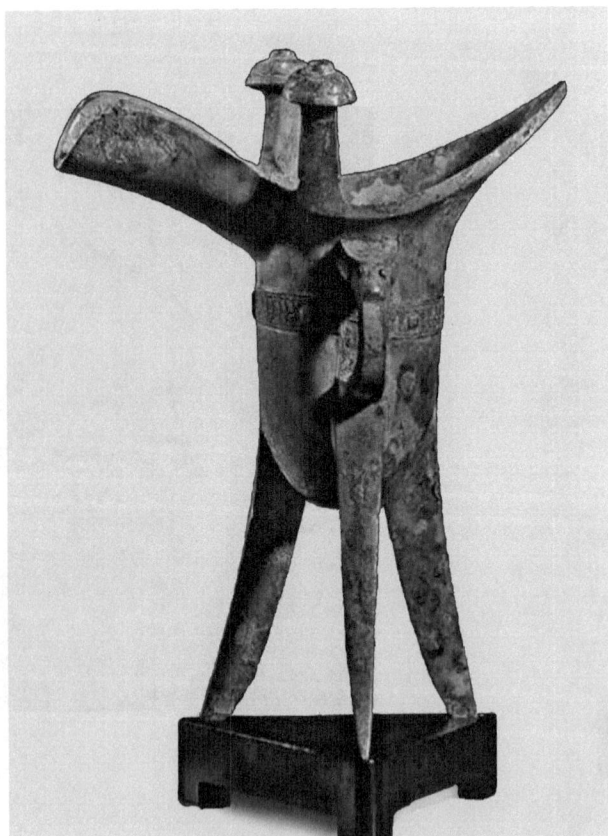

0679. 盉爵

【時　　代】西周早期。

【出土時地】2009-2010 年山西翼城縣隆化鎮大河口西周墓葬（M1017.17）。

【收　藏　者】山西省大河口墓地聯合考古隊。

【尺度重量】通高 21.9、流尾相距 17、腹深 9.4 釐米，重 0.855 公斤。

【形制紋飾】曲口寬流槽，口沿上有一對菌狀立柱，長卵形杯體，內側有牛首半環形
　　　　　鋬，三條三棱錐足外撇。柱帽飾雲紋和凹弦紋，腹部飾獸面紋，已磨損
　　　　　較甚。

【著　　　錄】考古學報 2018 年 1 期 118 頁圖 33.6。

【銘文字數】鋬下腹壁鑄銘文 1 字。

【銘文釋文】盉。

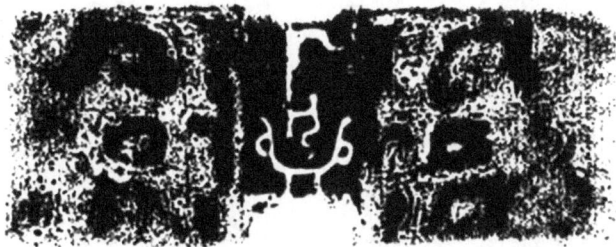

爵

0680. 己爵

【時　　代】西周早期。

【收 藏 者】某收藏家。

【形制紋飾】曲口長流槽，尖尾上翹，口沿有一對菌
　　　　　狀柱，長卵形杯體，內側有牛首半環形
　　　　　鋬，三條三棱錐足外撇，腹部有三道扉
　　　　　棱。頸部飾三角雷紋，流下飾蕉葉紋，
　　　　　腹部飾獸面紋，以雲雷紋填地。

【著　　錄】未著錄。

【銘文字數】鋬內腹壁鑄銘文1字。

【銘文釋文】己。

0681. （爵

【時　　代】西周早期。

【出土時地】山東滕州市官橋鎮大韓村。

【收　藏　者】滕州市博物館。

【尺度重量】通高 21、口寬 8、流至尾長 17 釐米。

【形制紋飾】曲口寬流槽，尖尾上翹，口沿上有一對菌狀柱，長卵形杯體，內側有扁條
　　　　　　半環形鋬，三條三棱錐足外撇。腹上部飾兩周弦紋。

【著　　　錄】棗莊英 164 頁。

【銘文字數】鋬內腹壁鑄銘文 1 字。

【銘文釋文】（。

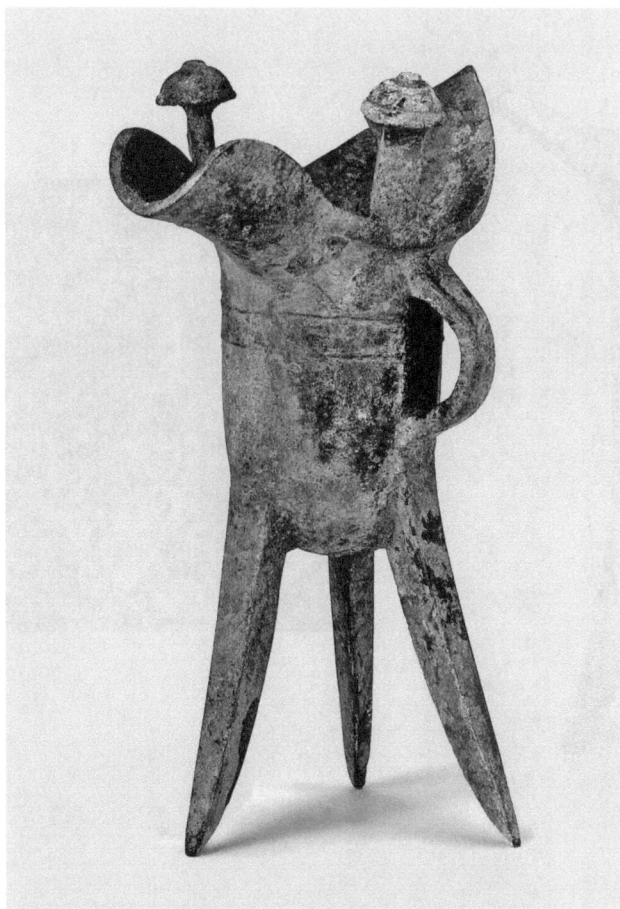

0682. 亞盂爵

【時　　代】商代晚期。

【收 藏 者】香港某收藏家。

【尺度重量】通高 21.2、流尾相距 17 釐米。

【形制紋飾】曲口,窄長流槽,流折處有一對菌狀立柱,尖尾上翹,卵圓形杯體,內側有
　　　　　牛首半環形鋬,三條三棱錐足外撇。腹部飾下卷角獸面紋。

【著　　錄】青與金第 2 輯 390 頁圖 5。

【銘文字數】鋬下腹壁鑄銘文 2 字。

【銘文釋文】亞盂。

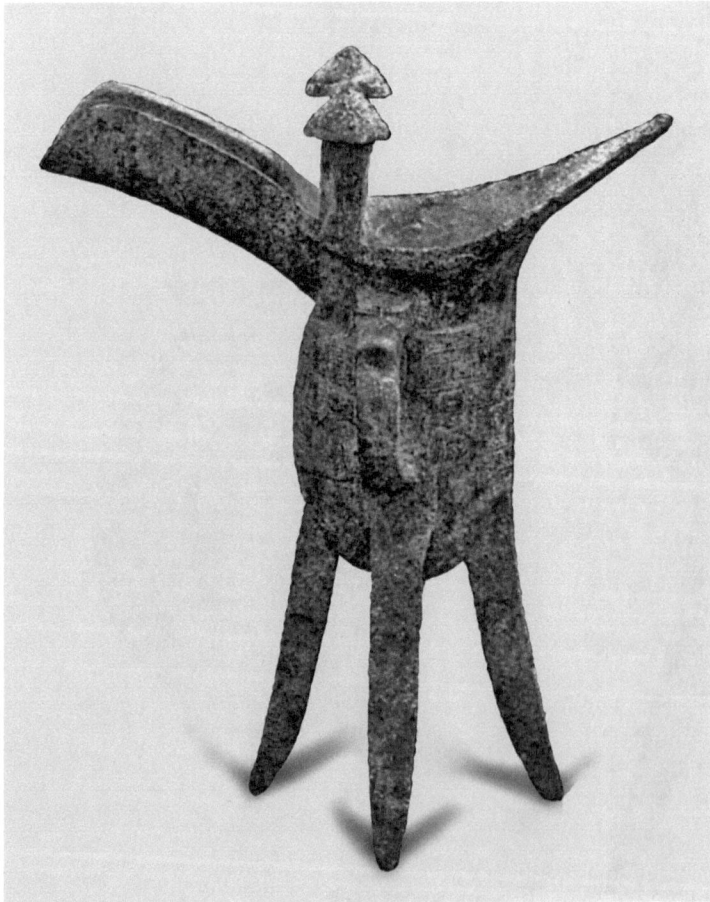

0683. 弔龜爵

【時　　代】商代晚期。

【收　藏　者】天津博物館。

【尺度重量】通高 20.5 釐米。

【形制紋飾】曲口窄流槽,尖尾較短,流折處有一對菌狀矮柱,卵圓形杯體,內側有扁
　　　　　條半環形鋬,三條三棱錐足較長。柱帽飾渦紋,腹部飾圓渦紋,頸部飾三
　　　　　角雷紋,流下和尾下飾蕉葉紋。

【著　　錄】津銅 49 頁 017。

【銘文字數】鋬下腹壁鑄陽文 2 字。

【銘文釋文】弔龜。

0684. 倗舟爵

【時　　代】商代晚期。

【收 藏 者】日本奈良國立博物館。

【尺度重量】通高 10.8、流至尾長 18.3 釐米。

【形制紋飾】窄長流，曲口尖尾，流折處有一對菌狀柱，長卵形杯體，內側有半環形鋬，
三條三棱錐足外撇。柱帽飾渦紋，腹部飾雲雷紋組成的獸面紋。

【著　　錄】坂本清賞 7，奈良銅 3 頁 7。

【銘文字數】鋬下腹壁鑄銘文 2 字。

【銘文釋文】倗舟。

【備　　注】館藏號：爵 07。

0685. 参乙爵（乙参爵）

【時　　代】商代晚期。

【收 藏 者】海外某收藏家。

【尺度重量】通高 20.1、流至尾長
　　　　　　17.1、腹深 9.5 釐米。

【形制紋飾】曲口長流槽，尖尾上
　　　　　　翹，流折處有一對菌狀
　　　　　　柱，長卵形杯體，內側
　　　　　　有牛首半環形鋬，三條
　　　　　　三棱錐足外撇，腹部有
　　　　　　三道扉棱。柱帽飾渦
　　　　　　紋，頸部飾三角雷紋，
　　　　　　流和尾下部飾蕉葉紋，
　　　　　　腹部飾下卷角獸面紋，
　　　　　　以雲雷紋填地。

【著　　錄】未著錄。

【銘文字數】鋬內腹壁鑄銘文 2 字。

【銘文釋文】乙参。

【備　　注】銘文應讀爲“参乙”。

0686. 克永爵

【時　　代】商代晚期。

【出土時地】2019年9月出現在保利香港秋季拍賣會。

【收　藏　者】日本關西某收藏家。

【尺度重量】通高20.5、流至尾長19.6釐米。

【形制紋飾】曲口較緩,窄長流槽,流折處有一對矮菌狀立柱,尖尾上翹,卵圓形杯體,內側有扁條半環形鋬,三條三棱錐足外撇。頸部飾三角雲雷紋,流和尾下飾蕉葉紋,腹部有三條扉棱,飾雲雷紋組成的獸面紋。

【著　　錄】未著錄。

【銘文字數】鋬下腹壁鑄銘文2字。

【銘文釋文】克永。

0687. 卒葡爵（卒簠爵）

【時　　代】商代晚期。

【收　藏　者】海外某收藏家。

【尺度重量】通 高 20.6、流 至 尾 長
　　　　　　16.7、腹深 9.5 釐米。

【形制紋飾】曲口，窄長流槽，尖尾上
　　　　　　翹，流折處有一對菌狀
　　　　　　柱，長卵形杯體，内側有
　　　　　　牛首半環形鋬，三條三棱
　　　　　　錐足外撇，腹部有三道扉
　　　　　　棱。柱帽飾渦紋，頸部飾
　　　　　　三角雷紋，流下、尾下飾
　　　　　　蕉葉紋，腹部飾曲折角獸
　　　　　　面紋，以雲雷紋填地。

【著　　録】未著録。

【銘文字數】鋬内腹壁鑄銘文 2 字。

【銘文釋文】卒葡（簠）。

【備　　注】銘文中"卒葡"係複合族氏，爲求對稱，故左右各置一"卒"。

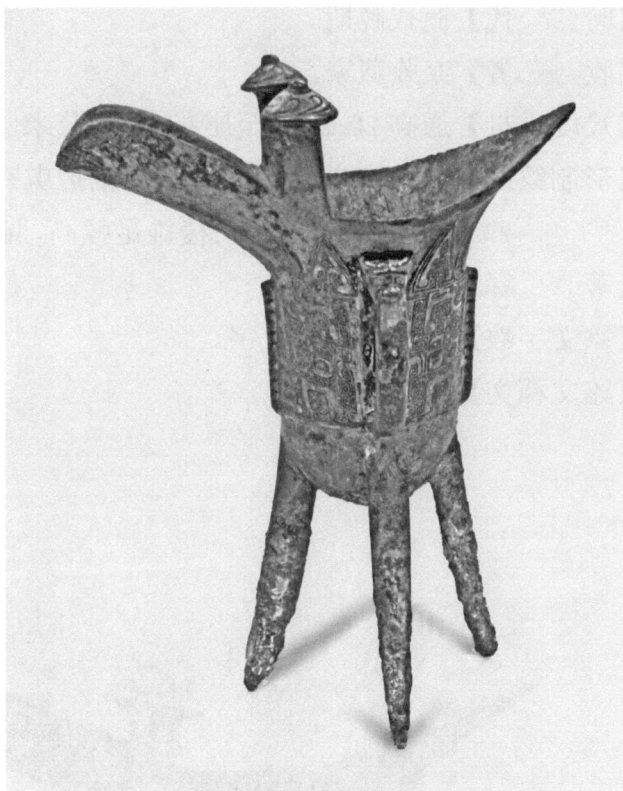

0688. 子𠫑爵

【時　　代】商代晚期。

【收　藏　者】某收藏家。

【尺度重量】通高 20.5、流至尾長 18.5 釐米。

【形制紋飾】曲口窄長流,尖尾較短,流折處有一對菌狀矮柱,卵形杯體,內側有扁條
　　　　　　半環形鋬,三條三棱錐足較高,腹部有三道扉棱。腹部飾曲折角獸面紋。

【著　　錄】未著錄。

【銘文字數】鋬下鑄銘文 2 字。

【銘文釋文】子𠫑。

0689. 堯父爵（剌父爵）

【時　　代】商代晚期。

【收 藏 者】某收藏家。

【形制紋飾】曲口長流槽，尖尾上翹，
口沿上有一對菌狀立
柱，長卵形杯體，内側有
牛首半環形鋬。三條三
棱錐足外撇，腹部有三
道扉棱。柱帽飾渦紋，
頸部飾三角紋，流、尾飾
蕉葉紋，腹部飾曲折角
獸面紋。

【著　　録】未著録。

【銘文字數】鋬内腹壁鑄銘文 2 字。

【銘文釋文】堯（嶨—剌）父。

【備　　注】銘文中"父"字之下可
能還有一個天干字，如、甲、乙、丙、丁之類，未拓出。

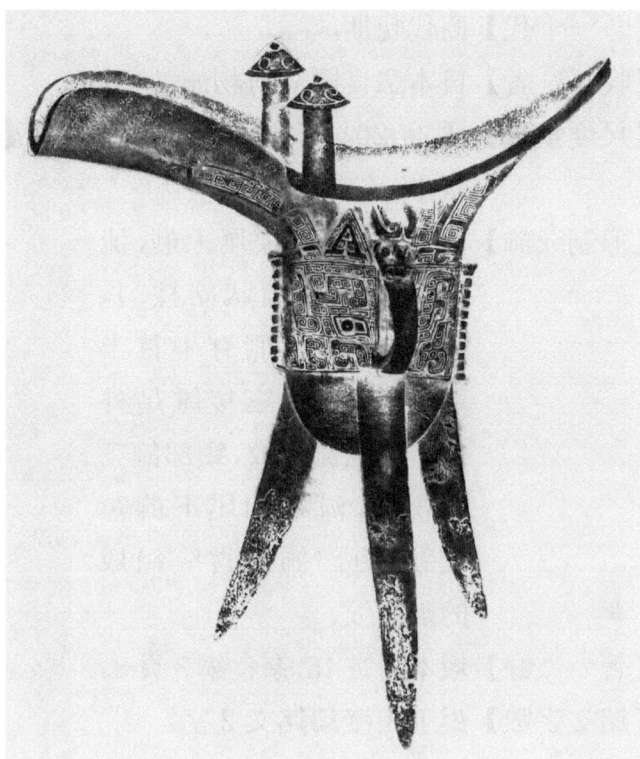

0690. 钐父爵

【時　　　代】商代晚期。

【收 藏 者】日本奈良國立博物館。

【尺度重量】通高 20、流至尾長 17.5 釐米。

【形制紋飾】曲口窄長流,尖尾上翹,流折處有一對菌狀立柱,長卵形杯體,內側有牛首半環形鋬,三條三棱錐足外撇。柱帽飾渦紋,頸部飾三角雷紋,流下和尾下飾蕉葉紋,腹部飾雲雷紋組成的獸面紋。

【著　　　錄】坂本清賞 15,奈良銅 3 頁 8。

【銘文字數】鋬下腹壁鑄銘文 2 字。

【銘文釋文】钐父。

【備　　　注】館藏號:爵 07。

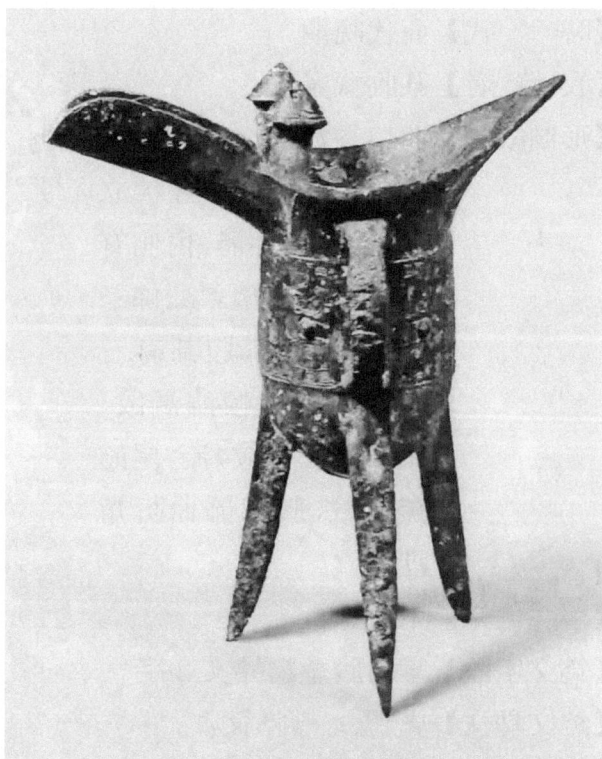

0691. 亞(魚隹)爵（亞禽爵、(魚隹)亞爵）

【時　　代】商代晚期。

【出土時地】2007-2008 年間河南正陽縣閏樓商代墓地出土，後流失，2011 年秋季出現在香港大唐國際拍賣會，2017 年出現在澳門中濠典藏春季拍賣會。

【收 藏 者】某收藏家。

【尺度重量】通高 24 釐米。

【形制紋飾】曲口較淺，窄流槽，尾翼較短，流折處有一對立柱，柱帽作四坡式屋頂形，上飾雲雷紋，長卵形杯體，內側有獸首半環形鋬，三棱錐足較高。流下和尾翼飾蕉葉紋，頸部飾三角雲雷紋，腹部有三道扉棱，飾浮雕狀長頸鹿角獸面紋，闊口獠牙，以雲雷紋填地。

【著　　錄】未著錄。

【銘文字數】鋬內腹壁鑄銘文 2 字。

【銘文釋文】(魚隹)（禽）亞。

【備　　注】銘文應讀爲 “亞(魚隹)（禽）”。

0692. 亞眀爵（眀亞爵）

【時　　代】商代晚期。

【出土時地】2019 年 6 月出現在杭
　　　　　　州西泠印社拍賣會。

【收 藏 者】原藏美國紐約蘭捷里。

【尺度重量】通高 20 釐米。

【形制紋飾】曲口窄長流槽，尖尾上
　　　　　　翹，口沿上有一對菌狀
　　　　　　柱，長卵形杯體，内側
　　　　　　有牛首半環形鋬，三條
　　　　　　三棱錐足外撇。腹部
　　　　　　飾獸面紋。

【著　　錄】未著錄。

【銘文字數】鋬下腹壁鑄銘文 2 字。

【銘文釋文】眀亞。

【備　　注】銘文應讀爲"亞眀"。

銘文拓本

銘文照片

0693. 冎止爵（丙止爵）

【時　　代】商代晚期。

【收 藏 者】某收藏家。

【形制紋飾】曲口長流槽，尖尾較短，流折處有一對菌狀柱，長卵形杯體，內側有扁條牛首半環形鋬，腹部有三道扉棱，前後兩道直通流口和尾下，三條三棱形錐足外撇。頸部飾三角雷紋，腹部飾獸面紋。

【著　　録】未著録。

【銘文字數】鋬內腹壁鑄銘文 2 字。

【銘文釋文】冎（丙）止。

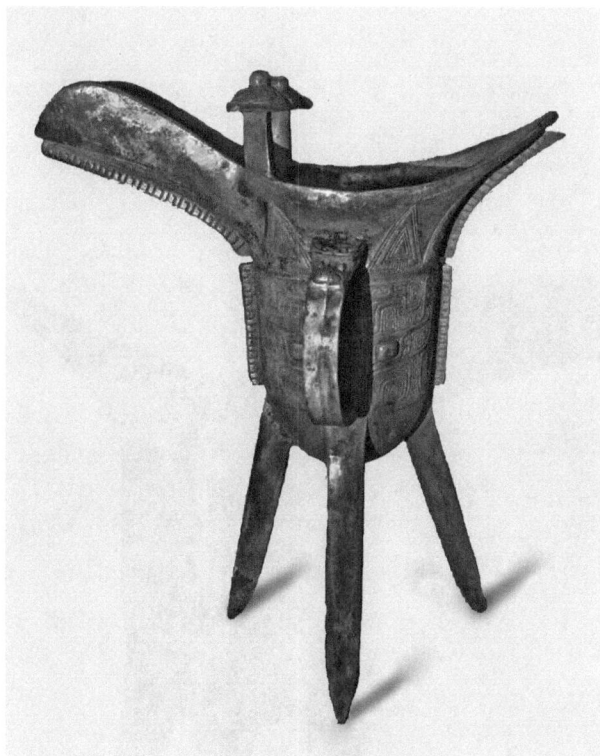

0694. 册止爵

【時　　代】商代晚期。

【出土時地】2016年10月出現在北京。

【收　藏　者】某收藏家。

【形制紋飾】曲口窄流槽,尖尾上翹,流折處有一對
　　　　　　低矮的菌狀柱,卵圓形杯體,內側有扁
　　　　　　條半環形鋬,三條三棱錐足外撇。腹
　　　　　　部飾雲雷紋組成的獸面紋。

【著　　錄】未著錄。

【銘文字數】鋬內腹壁鑄銘文2字。

【銘文釋文】册止。

0695. 耳竹爵

【時　　代】商代晚期。

【出土時地】見於英國劍橋大學費茨威廉博物館網。

【收　藏　者】劍橋大學費茨威廉博物館。

【著　　錄】銘照 201 頁 367。

【銘文字數】鋬下腹壁鑄銘文 2 字。

【銘文釋文】耳竹。

0696. 祖癸爵

【時　　代】商代晚期。

【收　藏　者】下落不明。

【形制紋飾】腹內側有牛首半環形鋬，腹部飾獸面紋。

【著　　錄】湖湘 82 頁 107。

【銘文字數】鋬內腹壁鑄銘文 2 字。

【銘文釋文】且（祖）癸。

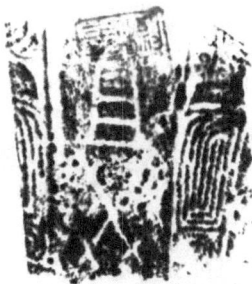

0697. 祖己爵

【時　　　代】商代晚期。

【收　藏　者】原藏陝西省博物館,現藏陝西歷史博物館。

【尺度重量】通高 18.1、流至尾長 16.5 釐米,重 0.585 公斤。

【形制紋飾】曲口,窄長流槽,尖尾上翹,流折處有一對菌狀矮立柱,卵圓形杯體,內側
　　　　　　有半環形鋬,三條三棱錐足外撇。紋飾不清。

【著　　　錄】陝集成 16 册 56 頁 1842。

【銘文字數】鋬內腹壁鑄銘文 2 字。

【銘文釋文】且(祖)己。

【備　　　注】館藏號: 七六 115。

0698. 戈▼爵

【時　　代】商代晚期。

【出土時地】2016 年 10 月首都機場海關繳獲。

【收　藏　者】暫存魯迅博物館。

【尺度重量】通高 18.5 釐米。

【形制紋飾】曲口窄長流槽，尖尾上翹，流折處有一對菌
　　　　　狀柱，長卵形杯體，內側有牛首半環形鋬，
　　　　　三條三棱錐足外撇。頸部飾三角紋，流及尾
　　　　　飾蕉葉紋，腹部飾獸面紋。

【著　　　錄】未著錄。

【銘文字數】鋬內腹壁鑄銘文 2 字。

【銘文釋文】戈▼。

爵

0699. 丫木爵

【時　　代】商代晚期。

【收 藏 者】某收藏家。

【形制紋飾】曲口長流槽,尖尾上翹,流折處有一對菌狀立柱,長卵形杯體,內側有牛首半環形鋬,三條三棱形錐足外撇,腹部有三道扉棱。頸部飾三角雲雷紋,流槽外側和尾飾蕉葉紋,腹部飾獸面紋。

【著　　錄】未著錄。

【銘文字數】鋬內腹壁鑄銘文 2 字。

【銘文釋文】丫木。

0700. 合口爵

【時　　代】商代晚期。

【出土時地】2018 年 9 月出現在美國紐約佳士得秋
　　　　　　季拍賣會。

【收 藏 者】某收藏家。

【形制紋飾】曲口窄長流,尖尾上翹,流折處有一對菌
　　　　　　狀矮立柱,長卵形杯體,內側有牛首半
　　　　　　環形鋬,三條三棱錐足較高。頸部飾三
　　　　　　角雷紋,流和尾下飾蕉葉紋,腹部飾夔龍
　　　　　　紋,以雲雷紋填地。

【著　　錄】未著錄。

【銘文字數】鋬下腹壁鑄銘文 2 字。

【銘文釋文】合口。

0701. 兴父爵

【時　　代】商代晚期。

【收 藏 者】日本奈良國立博物館。

【尺度重量】通高 21、流至尾長 18.1 釐米。

【形制紋飾】曲口窄流槽,尖尾上翹,流折處有一對菌形立柱,長卵形杯體,內側有半
　　　　　　環形鋬,三條三棱錐足外撇。柱帽飾渦紋,腹部飾雲雷紋組成的獸面紋。

【著　　錄】坂本清賞 32,奈良銅 10 頁 22。

【銘文字數】鋬下腹壁鑄銘文 2 字。

【銘文釋文】兴父。

【備　　注】館藏號: 爵 22。

0702. 口干爵

【時　　代】商代晚期。

【收藏者】武漢九州藝術博物館。

【尺度重量】通長 20、闌高 10 釐米。

【形制紋飾】曲口，窄長流槽，尖尾上翹，流折處有一對菌狀柱，長卵形杯體，内側有一牛首半環形鋬，三條三棱錐足外撇。柱帽飾圓渦紋，腹部飾獸面紋。

【著　　録】未著録。

【銘文字數】鋬内腹壁鑄銘文 2 字。

【銘文釋文】口干。

0703. 子口爵

【時　　代】商代晚期。

【收藏者】天津博物館。

【尺度重量】通高 17.3、流至尾長 15.7 釐米。

【形制紋飾】曲口長流槽,尖尾上翹,流折處有一對菌狀柱,長卵形杯體,內側有扁條半環形鋬,三條三棱錐足外撇。柱帽飾渦紋,腹部飾三周弦紋,頸部飾三角雷紋。

【著　　錄】津銅 48 頁 016。

【銘文字數】鋬下腹壁鑄銘文 2 字。

【銘文釋文】子口。

0704. 䇂乙爵（乙䇂爵）

【時　　代】商代晚期。

【出土時地】2002 年安陽北徐家橋村北商代墓葬（M120.3）。

【收　藏　者】安陽市文物考古研究所。

【尺度重量】通高 18.7、流至尾長 15.3 釐米。

【形制紋飾】曲口窄流槽，尖尾上翹，口沿近流折處有一對菌狀立柱，長卵形杯體，內
側有牛首半環形鋬，三條三棱錐足外撇。柱帽飾渦紋，流與尾下飾三角
蟬紋，頸部飾三角雲雷紋，腹部飾兩組獸面紋。

【著　　錄】中原文物 2017 年 5 期 9 頁圖 9。

【銘文字數】鋬內腹壁鑄銘文 2 字。

【銘文釋文】乙䇂。

【備　　注】銘文“乙䇂”應讀為“䇂乙”。

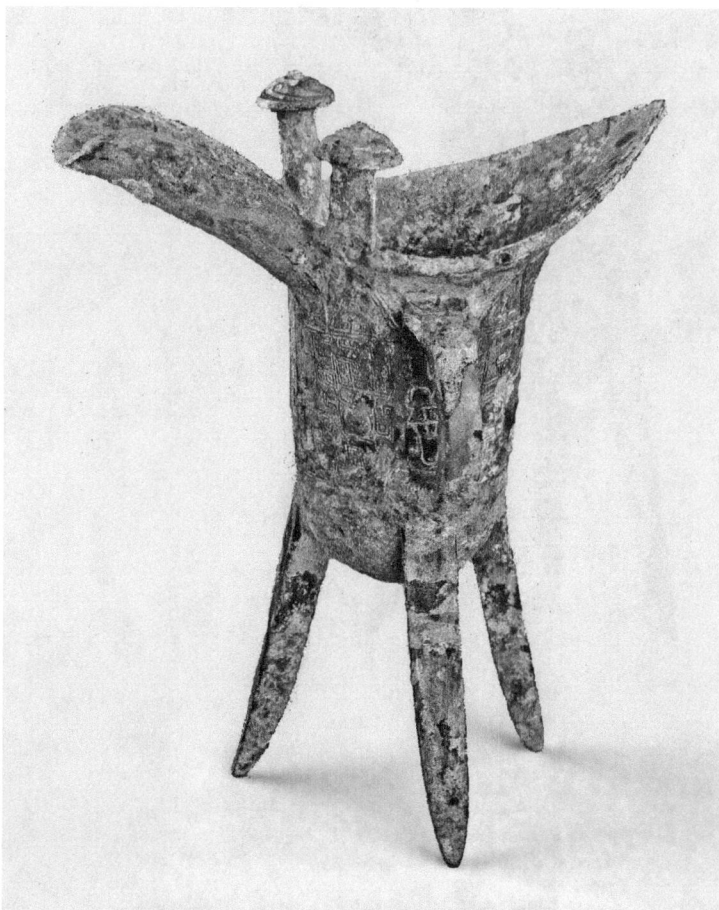

爵

353

0705. 戈己爵（己戈爵）

【時　　代】商代晚期。

【收 藏 者】下落不明。

【形制紋飾】曲口長流槽，尖尾較短，流折處有一對菌狀柱，長卵形杯體，內側有牛首半環形鋬，三條三棱錐足外撇。腹部飾獸面紋。

【著　　録】頌續圖82。

【銘文字數】鋬內腹壁鑄銘文2字。

【銘文釋文】己戈。

【備　　注】銘文應讀爲"戈己"。

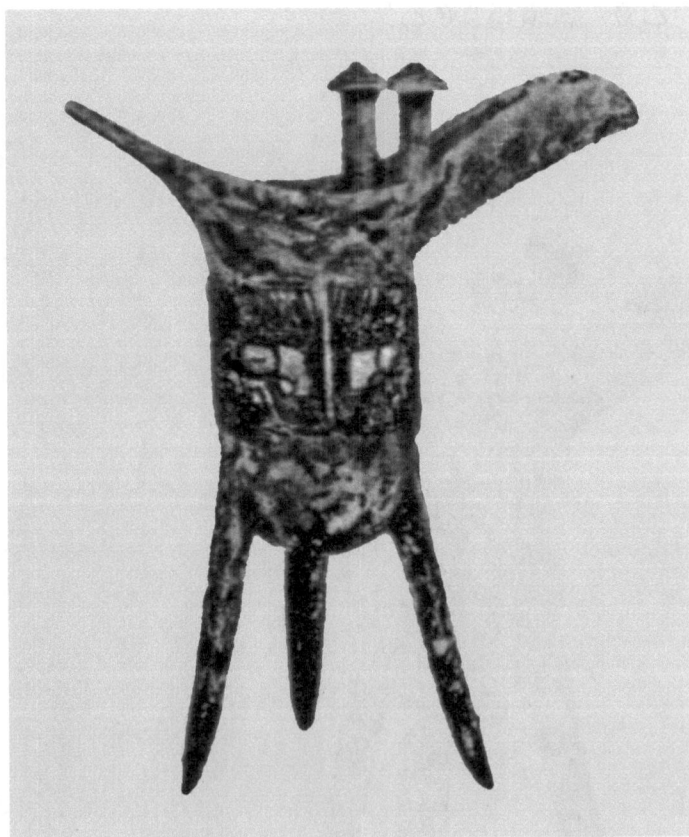

0706. 父乙爵

【時　　代】商代晚期。

【出土時地】2017 年 8 月 1 日見於盛世收藏網。

【收　藏　者】某收藏家。

【尺度重量】通高 18.8 釐米。

【形制紋飾】曲口，窄長流槽，尖尾上翹，流折處有一對菌狀立柱，長卵形杯體，內側有牛首形半環形鋬，三條三棱錐足外撇。流尾之下飾蕉葉紋，頸部飾三角雲雷紋，腹部飾獸面紋。

【著　　錄】未著錄。

【銘文字數】鋬內腹壁鑄銘文 2 字。

【銘文釋文】父乙。

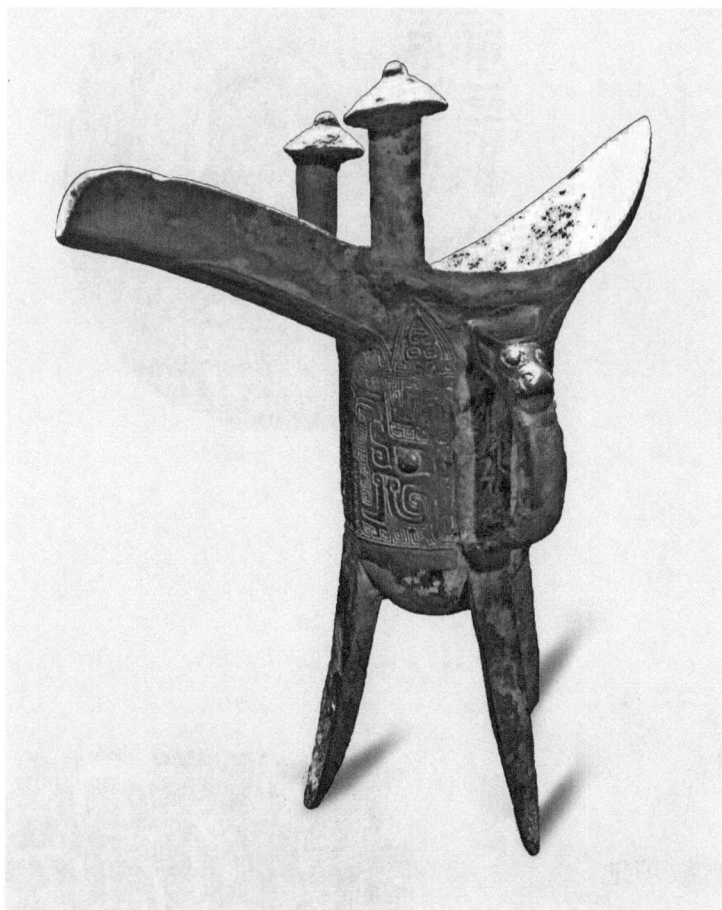

0707. 父丁爵

【時　　代】商代晚期。

【出土時地】2019 年 3 月出現在美國紐約蘇富比拍賣會。

【收 藏 者】某收藏家。

【形制紋飾】曲口長流槽,尖尾上翹,流折處有一對菌狀立柱,長卵形杯體,內側有牛
首半環形鋬,三條三棱錐足外撇。柱帽飾渦紋,腹部飾雲雷紋組成的獸
面紋。

【著　　錄】未著錄。

【銘文字數】鋬下腹壁鑄銘文 2 字。

【銘文釋文】父丁。

0708. 父丁爵

【時　　代】商代晚期或西周早期。

【收 藏 者】原藏盠榭。

【形制紋飾】腹部飾獸面紋,以雲雷紋填地。

【著　　錄】鬱華閣 321.2。

【銘文字數】鋬內腹壁鑄銘文 2 字。

【銘文釋文】父丁。

0709. 父辛爵

【時　　代】商代晚期。

【收 藏 者】日本奈良國立博物館。

【尺度重量】通高 19.7、流至尾長 15.9
　　　　　　釐米。

【形制紋飾】曲口，窄長流槽，尖尾上
　　　　　　翹，流折處有一對菌狀立
　　　　　　柱，長卵形杯體，腹部有三
　　　　　　道扉棱，内側有牛首半環
　　　　　　形鋬，三條三棱錐足外撇。
　　　　　　柱帽飾渦紋，頸部飾三角
　　　　　　蟬紋，流尾飾蕉葉紋，腹部
　　　　　　飾曲折角獸面紋。

【著　　録】坂本清賞 10，奈良銅 7 頁
　　　　　　15。

【銘文字數】鋬下腹壁鑄銘文 2 字。

【銘文釋文】父辛。

【備　　注】館藏號：爵 15。

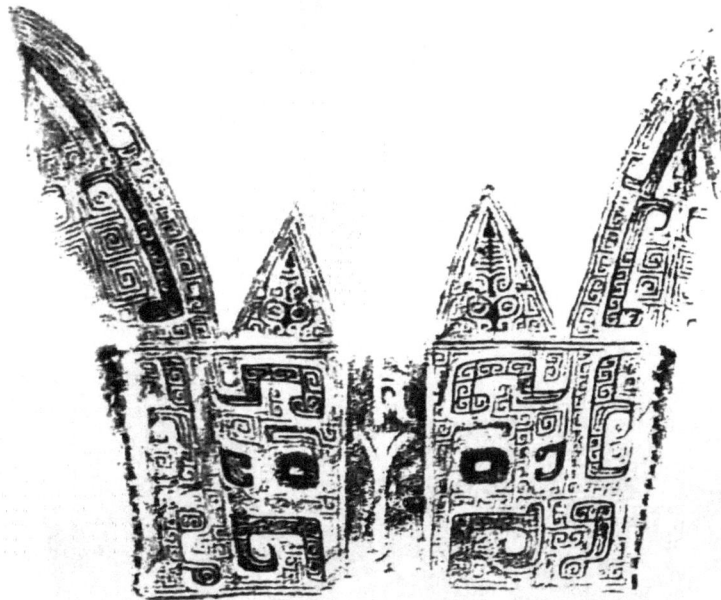

0710. 父癸爵

【時　　代】商代晚期。

【收 藏 者】日本奈良國立博物館。

【尺度重量】通高 20.7、流至尾長 17.4 釐米。

【形制紋飾】曲口長流槽,尖尾上翹,口沿上有一對束傘形立柱,卵圓形杯體,內側有牛首半環形鋬,三條三棱錐足外撇。柱帽飾渦紋,腹部飾曲折角獸面紋。

【著　　錄】坂本清賞 22,奈良銅 7 頁 16。

【銘文字數】鋬下腹壁鑄銘文 1 字。

【銘文釋文】父癸。

【備　　注】館藏號: 爵 16。

0711. 母癸爵

【時　　代】商代晚期。

【收　藏　者】香港朱氏（朱昌言）九如園。

【尺度重量】通高 21、流至尾長 18.8 釐米。

【形制紋飾】曲口長流槽，尖尾上翹，口沿上有一對菌狀立柱，卵圓形杯體，內側有牛首半環形鋬，三條三棱錐足外撇。柱帽飾渦紋，腹部飾雲雷紋組成的獸面紋。

【著　　錄】九如園 6 頁 3。

【銘文字數】鋬內腹壁鑄銘文 2 字。

【銘文釋文】母癸。

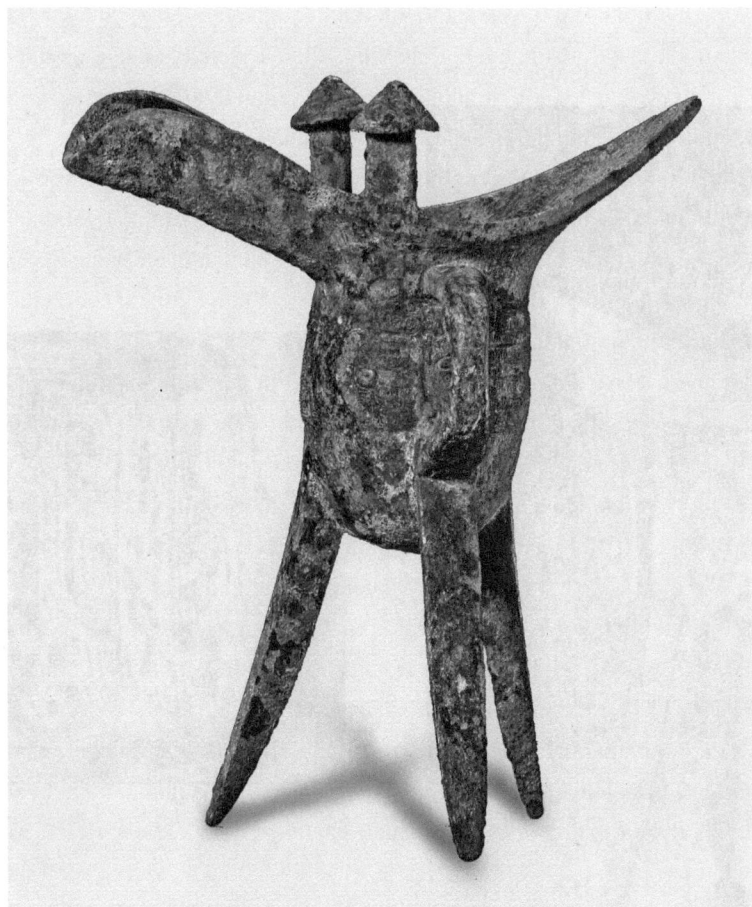

0712. 朱口爵

【時　　代】商代晚期。

【出土時地】2019 年 4 月出現在日本美協春季拍賣會。

【收　藏　者】原藏日本關西某收藏家。

【尺度重量】通高 26 釐米。

【形制紋飾】方體，侈口方唇，口沿前兩角各有一根方形束傘立柱，直壁平底，一側有長流槽，與之對應的一側有上翹的尖尾，內側有扁條半環形鋬，四條三棱錐足外撇，體有七條扉棱，前後兩條直通到流口和尾尖。柱帽飾三角雲雷紋，頸部飾蕉葉紋，四壁各飾一對倒置的夔龍，以雲雷紋填地。

【著　　錄】未著録。

【銘文字數】鋬下腹壁鑄銘文 2 字。

【銘文釋文】朱口。

0713. 夼口爵

【時　　代】商代晚期。

【出土時地】2018 年 10 月出現在美國紐約佳士得拍賣會。

【收 藏 者】某收藏家。

【尺度重量】通高 21.3 釐米。

【形制紋飾】曲口，窄長流槽，尖尾上翹，流折處有一對菌狀矮立柱，卵圓形杯體，內側
有牛首半環形鋬，三條三棱錐足外撇。腹部飾夔龍紋，流尾飾蕉葉紋，頸
部飾三角雲雷紋。

【著　　録】未著録。

【銘文字數】鋬下腹壁鑄銘文 2 字。

【銘文釋文】夼口。

0714. 齒乙爵

【時　　代】商代晚期。

【出土時地】2013 年 11–12 月，安陽市殷
　　　　　都區任家莊南地"熙城都匯"
　　　　　商住小區（M114.4）。

【收 藏 者】安陽市文物考古研究所。

【尺度重量】通高 28.3、口徑 16.、足高
　　　　　10.3 釐米。

【形制紋飾】曲口，流槽寬淺，尖尾上翹，口沿上有一對菌狀立柱，長卵形杯體，一側有
　　　　　牛首半環形鋬，腹部有三道扉棱，三條三棱錐足外撇。腹部飾下卷角獸
　　　　　面紋。

【著　　錄】中原文物 2018 年 5 期 24 頁圖 19.3。

【銘文字數】鋬內腹壁鑄銘文 2 字。

【銘文釋文】齒古。

0715. 亞盃爵

【時　　代】西周早期。

【出土時地】2016 年 5 月出現在中國嘉德香港藝術品拍賣會。

【收 藏 者】原藏鴻燊堂,現藏不明。

【尺度重量】通高 24.2、流至尾長 19.3 釐米。

【形制紋飾】曲口寬流槽,尖尾上翹,口沿上有一對菌狀立柱,長卵形杯體,內側有牛
　　　　　首半環形鋬,三條三棱錐足外撇。腹部飾曲折角獸面紋。

【著　　錄】未著錄。

【銘文字數】鋬下腹壁鑄銘文 2 字。

【銘文釋文】亞盃。

【備　　注】一對,形制、紋飾、銘文相同,大小相若。

0716. 天黽爵

【時　　代】西周早期。

【出土時地】2016 年 12 月見於盛世收藏網。

【收　藏　者】某收藏家。

【形制紋飾】曲口長流槽，尖尾較短，口沿上有一對菌狀立柱，長卵形杯體，內側有半
　　　　　　環形鋬，三條三棱錐足外撇。腹部飾獸面紋。

【著　　錄】未著錄。

【銘文字數】鋬內腹壁鑄銘文 2 字。

【銘文釋文】天黽。

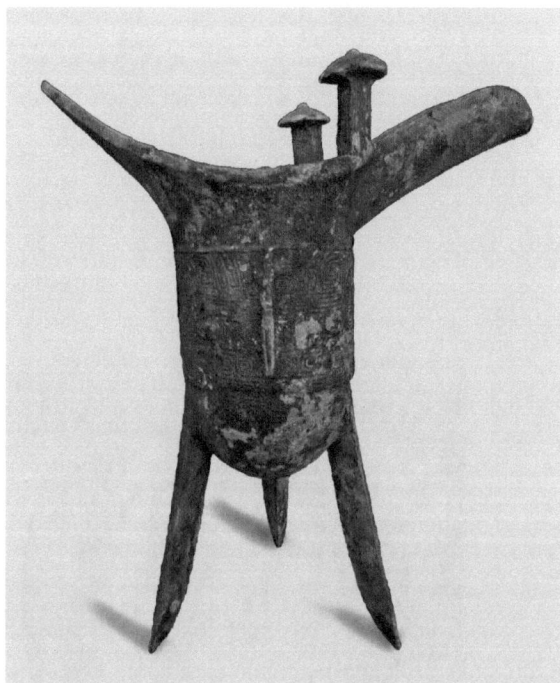

0717. 囬鬼爵

【時　　代】西周早期。

【出土時地】陝西西安市長安區豐鎬遺址。

【收　藏　者】西安博物院。

【尺度重量】通高 17.8、流至尾長 14.8 釐米，重 0.53 公斤。

【形制紋飾】曲口寬流槽，尖尾較短，口沿上有一對菌狀柱，長卵形杯體，內側有扁條半環形鋬，三條三棱錐足外撇。上腹飾三道弦紋。

【著　　錄】陝集成 12 册 75 頁 1355。

【銘文字數】鋬內腹壁鑄銘文 2 字。

【銘文釋文】囬鬼。

【備　　注】館藏號：3gtA260。

0718. 邊冊爵

【時　　代】西周早期。

【收 藏 者】日本奈良國立博物館。

【尺度重量】通高 19.9、流至尾長 15.3
　　　　　　釐米。

【形制紋飾】曲口，流槽寬短，尖尾上翹，口
　　　　　　沿上有一對菌形立柱，長卵形
　　　　　　杯體，内側有牛首半環形鋬，
　　　　　　三條刀足外撇。柱帽飾渦紋，
　　　　　　腹部飾雲雷紋組成的獸面紋。

【著　　錄】坂本清賞 31，奈良銅 8 頁 18。

【銘文字數】鋬下腹壁鑄銘文 2 字。

【銘文釋文】邊冊。

【備　　注】館藏號：爵 18。

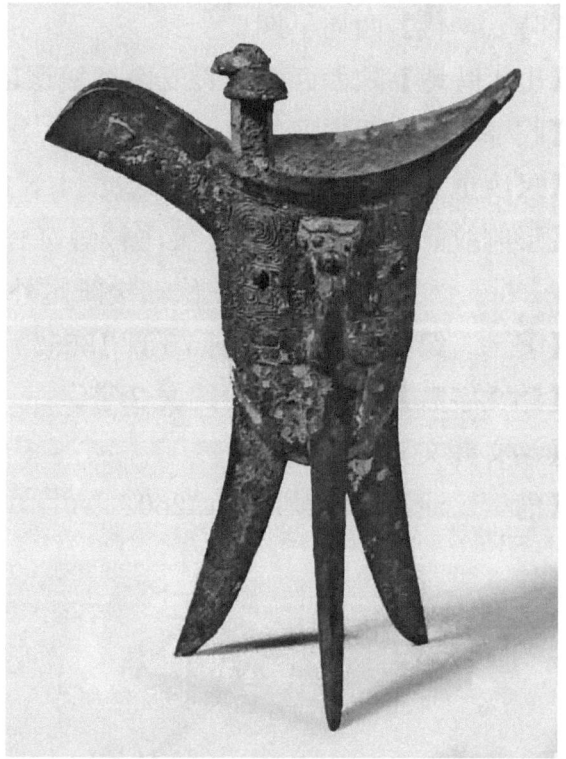

0719. 祖丙爵

【時　　代】西周早期。

【收 藏 者】某收藏家。

【形制紋飾】曲口長流槽,尖尾上翹,口沿上有一對束傘形立柱,卵圓形杯體,內側有
牛首半環形鋬,三條三棱錐足外撇。腹壁飾下卷角獸面紋。

【著　　錄】未著錄。

【銘文字數】鋬下腹壁鑄銘文 2 字。

【銘文釋文】且(祖)丙。

a　　　　　　　　　　　　　　　　b

爵

0720. 祖丙爵

【時　　代】西周早期。

【收　藏　者】某收藏家。

【形制紋飾】曲口寬流槽，尖尾上翹，口沿上有一對束傘形立柱，卵圓形杯體，內側有
　　　　　　牛首半環形鋬，三條刀足外撇。腹壁飾曲折角獸面紋。

【著　　錄】未著錄。

【銘文字數】鋬內腹壁鑄銘文 2 字。

【銘文釋文】且（祖）丙。

0721. 祖丁爵

【時　　代】西周早期。

【收藏者】某收藏家。

【形制紋飾】曲口寬流槽,尖尾上翹,口沿上有一
對束傘形立柱,腹壁較直,內側有牛
首半環形鋬,圜底設三條刀足。流
槽和尾下飾獸面紋,腹部上下亦飾
獸面紋,其下有一周雲雷紋。

【著　　錄】未著錄。

【銘文字數】內柱鑄銘文 2 字。

【銘文釋文】且(祖)丁。

0722. 父乙爵

【時　　代】西周早期。

【出土時地】陝西西安市長安區豐鎬遺址。

【收 藏 者】西安博物院。

【尺度重量】通高 21、流至尾長 17.8 釐米，重 0.78 公斤。

【形制紋飾】曲口寬流槽，尖尾較短，口沿上有一對菌狀柱，長卵形杯體，內側有牛首半環形鋬，三條三棱錐足外撇。腹部飾雲雷紋組成的獸面紋帶，上下以連珠紋鑲邊。

【著　　錄】陝集成 12 冊 75 頁 1353。

【銘文字數】鋬內腹壁鑄銘文 2 字。

【銘文釋文】父乙。

【備　　注】館藏號：3gtA261。

0723. 父戊爵

【時　　代】西周早期。

【收 藏 者】日本奈良國立博物館。

【尺度重量】通高21.3、流至尾長15.7釐米。

【形制紋飾】曲口窄長流,尖尾上翹,口沿上
　　　　　有一對束傘形立柱,卵圓形杯
　　　　　體,內側有牛首半環形鋬,三條
　　　　　刀足外撇。柱帽飾渦紋,腹部飾
　　　　　獸面紋。

【著　　錄】坂本清賞30,奈良銅9頁19。

【銘文字數】鋬下腹壁鑄銘文2字。

【銘文釋文】父戊。

【備　　注】館藏號:爵19。

爵

0724. 父辛爵

【時　　代】西周早期。

【出土時地】2019 年 3 月 28 日出現在盛世收藏
　　　　　　網資訊欄目。

【收 藏 者】瑞士玫茵堂。

【尺度重量】通高 18.5 釐米。

【形制紋飾】曲口寬流槽，尖尾上翹，口沿上有一
　　　　　　對束傘形立柱，長卵形杯體，內側有
　　　　　　牛首半環形鋬，三條刀足外撇。流
　　　　　　尾之下及腹部飾鳳鳥紋，以雲雷紋
　　　　　　填地。

【著　　録】未著録。

【銘文字數】內柱鑄銘文 2 字。

【銘文釋文】父辛。

0725. 父辛爵

【時　　代】西周早期。

【收　藏　者】北京某收藏家。

【出土時地】2016 年 5 月 1 日出現在北京漢唐雅集。

【形制紋飾】曲口寬流槽，近流處有一對束傘形立柱，尾較短，上翹較甚，卵形杯體，內側有牛首半環形鋬，三條三棱錐足外撇。腹部飾浮雕雙身龍紋。

【著　　錄】未著錄。

【銘文字數】鋬內腹壁鑄銘文 2 字。

【銘文釋文】父辛。

0726. 父辛爵

【時　　代】西周早期。

【收　藏　者】原藏陝西省博物館,現藏陝西歷史博物館。

【尺度重量】通高 18.65 釐米,重 0.589 公斤。

【形制紋飾】曲口長流槽,尖尾殘,口沿上有一對菌狀矮立柱,長卵形杯體,内側有牛首半環形鋬,三條三棱錐足外撇。腹部飾雲雷紋組成的夔龍紋。

【著　　錄】陝集成 16 册 59 頁 1844。

【銘文字數】鋬内腹壁鑄銘文 2 字。

【銘文釋文】父辛。

【備　　注】館藏號:六四 459。

銘文拓本

銘文照片

0727. 父癸爵（癸父爵）

【時　　代】西周早期。

【出土時地】1998 年陝西西安市長安區五星鄉進步村西周墓葬。

【收 藏 者】西安市長安博物館。

【尺度重量】通高 20 釐米。

【形制紋飾】曲口長流槽，尖尾上翹，口沿上有一對菌狀柱，卵圓形杯體，內側有牛首半環形鋬，三條三棱錐足外撇。腹部飾獸面紋。

【著　　録】未著録。

【銘文字數】鋬內腹壁鑄銘文 2 字。

【銘文釋文】癸父。

【備　　注】銘文應讀爲"父癸"。

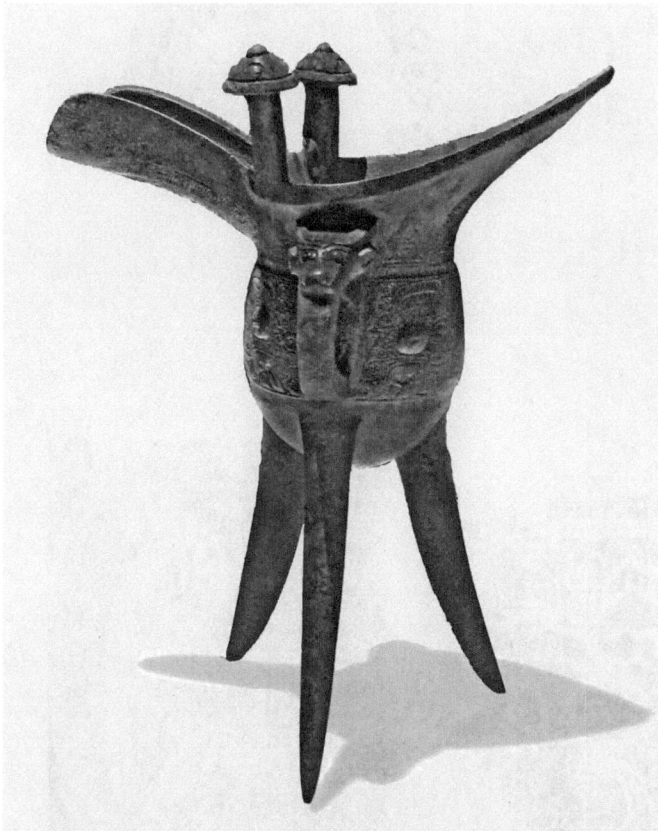

0728. 叀父爵

【時　　代】西周早期。

【出土時地】2018 年 7 月出現在杭州西
　　　　　　泠印社春季拍賣會。

【收 藏 者】原藏雷蒙德‧彼得維爾
　　　　　　(1876-1954)，1962 年歸於
　　　　　　美國馬薩諸塞州春田市藝
　　　　　　術博物館，現藏不明。

【尺度重量】通高 22 釐米。

【形制紋飾】曲口長流槽，尖尾上翹，口
　　　　　　沿上有一對菌狀柱，長卵
　　　　　　形杯體，內側有牛首半環
　　　　　　形鋬，腹部有三條矮扉棱，
　　　　　　三條三棱錐足外撇。流下
　　　　　　和尾下飾蕉葉紋，頸部飾
　　　　　　三角雷紋，腹部飾獸面紋。

【著　　錄】未著錄。

【銘文字數】鋬內腹壁鑄銘文 2 字。

【銘文釋文】叀父。

銘文拓本

銘文照片

0729. 仲父爵

【時　　代】商代晚期。

【出土時地】山西新絳縣公安局打擊文物犯罪繳獲。

【收藏者】山西青銅器博物館。

【尺度重量】通高 18、流至尾長 15.3 釐米，重 0.64 公斤。

【形制紋飾】曲口，窄長流槽，口沿上有一對菌狀矮柱，尖尾上翹，卵圓形杯體，內側有扁條半環形鋬，三條三棱錐足較高。腹部飾兩道弦紋。

【著　　録】國寶（2019 二）43 頁。

【銘文字數】鋬下腹壁鑄銘文 2 字。

【銘文釋文】中（仲）父。

【備　　注】同墓出土一對，形制、紋飾、銘文相同，另一件通高 18、流至尾長 16 釐米，重 0.66 公斤。

爵

0730. 魯侯爵

【時　　代】西周早期前段。

【出土時地】山西新絳縣公安局打擊文物犯罪
　　　　　　繳獲。

【收 藏 者】山西青銅器博物館。

【尺度重量】通高18、流至尾長16釐米，重0.56
　　　　　　公斤。

【形制紋飾】曲口較緩，窄長流槽，流折處有一對
　　　　　　菌狀矮柱，尖尾上翹，長卵形杯體，內
　　　　　　側有扁條半環形盤，三條三棱錐足外
　　　　　　撇。腹部飾獸面紋。

【著　　錄】國寶（2019 二）90、91 頁。

【銘文字數】鋬下腹壁鑄銘文 2 字。

【銘文釋文】魯厌（侯）。

0731. 母己爵

【時　　代】西周早期。

【出土時地】甘肅涇川縣玉都鎮下坳村。

【收　藏　者】涇川博物館。

【形制紋飾】曲口寬流槽,尖尾上翹,口沿上有一對菌狀柱,卵圓形杯體,內側有牛首
　　　　　　半環形鋬,三條三棱錐足外撇。腹部飾獸面紋。

【著　　錄】西部考古第 8 輯（2014 年）102 頁圖 3.7、8。

【銘文字數】鋬下腹壁鑄銘文 2 字。

【銘文釋文】母己。

0732. 亞口爵

【時　　代】西周早期。

【收 藏 者】原藏陝西省博物館,現藏陝西歷史博物館。

【形制紋飾】曲口長流槽,尖尾較短,口沿上有一對束傘形立柱,卵圓形杯體,內側有
牛首半環形鋬,三條刀足外撇。腹部飾獸面紋。

【著　　錄】陝集成 16 册 63 頁 1847。

【銘文字數】頸部鋬側鑄銘文 2 字。

【銘文釋文】亞口。

0733. □丁爵

【時　　代】西周早期。

【收 藏 者】原藏陝西省博物館,現藏陝西歷史博物館。

【形制紋飾】曲口長流槽,尖尾上翹,口沿上有一對菌狀立柱,長卵形杯體,內側有半
環形鋬,三條三棱錐足外撇。腹部飾三道弦紋。

【著　　錄】陝集成 16 冊 60 頁 1845。

【銘文字數】鋬內腹壁鑄銘文 2 字。

【銘文釋文】□丁。

【備　　注】館藏號：五七 190。

0734. □鄧爵

【時　　代】西周早期。

【出土時地】2017 年 11 月出現在澳門中
濠秋季拍賣會。

【收　藏　者】某收藏家。

【尺度重量】通高 21.5 釐米。

【形制紋飾】曲口,窄長流槽,尖尾上翹,
口沿上有一對菌狀柱,長卵
形杯體,內側有牛首半環形
鋬,三條三棱錐足,腹部有
三道扉棱。柱帽飾渦紋,流下和尾下飾蕉葉紋,頸部飾三角雷紋,腹部飾
曲折角獸面紋。

【著　　錄】未著錄。

【銘文字數】鋬內腹壁鑄銘文 2 字。

【銘文釋文】□异(鄧)。

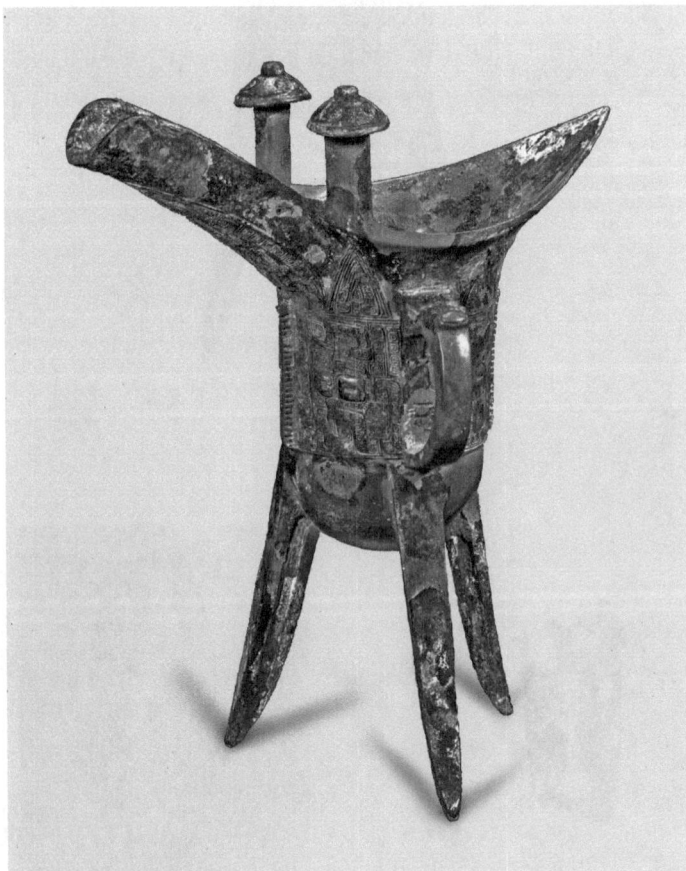

0735. 亞禽示爵（亞羋示爵、示亞羋爵）

【時　　代】商代晚期。

【出土時地】2008-2009 年間河南正陽縣傅寨鄉傅寨村閆樓商代墓地（M71.2）。

【收　藏　者】河南駐馬店市文物考古管理所。

【尺度重量】通高 21、流至尾長 17.7、口寬 9.3、流長 8.2、腹徑 6.4-6.75、腹深 10 釐米，重 825 克。

【形制紋飾】曲口寬流槽，尖尾上翹，口沿上有一對菌狀柱，長卵形杯體，內側有半環形鋬，三條三棱錐足外撇。柱帽頂部飾圓渦紋，腹部飾三周凸弦紋。

【著　　錄】考古學報 2018 年 4 期 283 頁圖 26.2。

【銘文字數】鋬內腹壁鑄銘文 3 字。

【銘文釋文】示亞羋（禽）。

【備　　注】銘文應讀爲“亞禽示”。

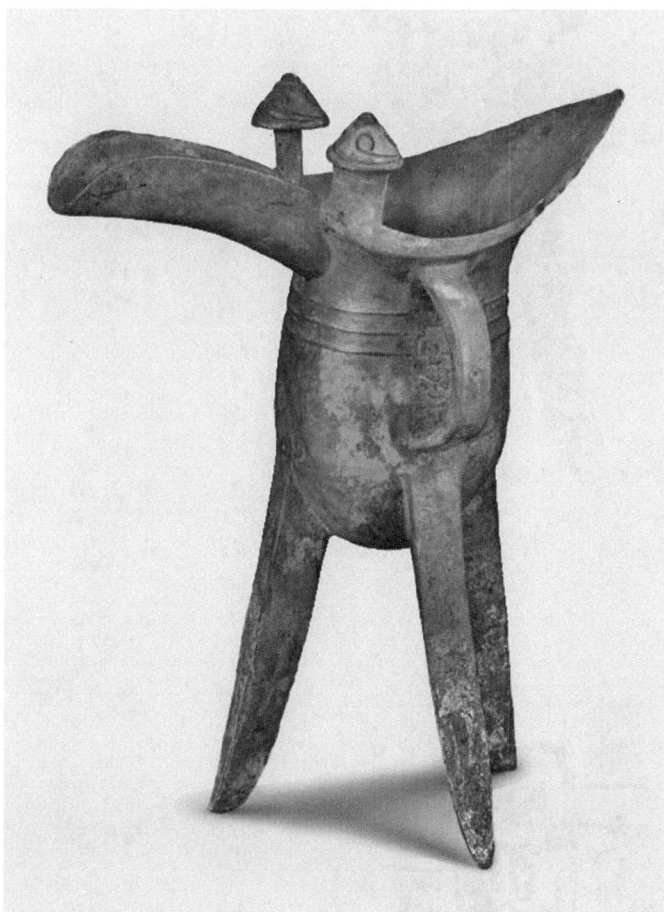

0736. 亞凡凵爵

【時　　代】商代晚期。

【收 藏 者】日本奈良國立博物館。

【尺度重量】通高 22.3、流至尾長 18.9 釐米。

【形制紋飾】曲口窄長流,尖尾上翹,流折處有一對菌狀立柱,卵圓形杯體,內側有半
　　　　　環形鋬,三條三棱錐足外撇。柱帽飾渦紋,腹部飾三道弦紋。

【著　　錄】坂本清賞 17,奈良銅 5 頁 11。

【銘文字數】鋬下腹壁鑄銘文 3 字。

【銘文釋文】亞凡凵。

【備　　注】館藏號:爵 11。"凡"字倒置。

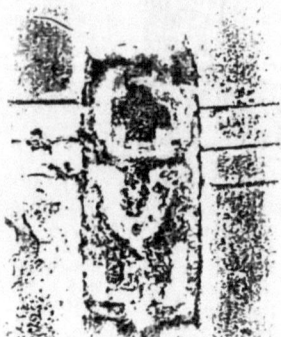

0737. 天黽獻爵甲

【時　　代】商代晚期。

【出土時地】2019年9月出現在香港嘉德秋季拍賣會。

【收　藏　者】原藏美國某私家。

【尺度重量】通高20.2釐米。

【形制紋飾】曲口長流槽,尾較短,口沿上有一對菌狀立柱,長卵形杯體,內側有牛首半環形鋬,三條三棱錐足較細。流尾之下飾相對的夔龍紋,腹上部飾一周夔龍紋,下部飾連珠紋鑲邊的獸面紋帶,均不施地紋。

【著　　録】未著録。

【銘文字數】鋬下腹壁鑄銘文3字。

【銘文釋文】天黽獻。

【備　　注】同出一對,形制、紋飾、銘文相同,大小相若。本器銘文中"獻"字左旁未鑄出,僅餘"犬"旁。

爵

0738. 天黽獻爵乙

【時　　代】商代晚期。

【出土時地】2019 年 9 月出現在香港嘉德
　　　　　　秋季拍賣會。

【收 藏 者】原藏美國某私家。

【尺度重量】通高 20.2 釐米。

【形制紋飾】曲口長流槽,尾較短,口沿上
　　　　　　有一對菌狀立柱,長卵形杯
　　　　　　體,內側有牛首半環形鋬,三
　　　　　　條三棱錐足較細。流尾之下
　　　　　　飾相對的夔龍紋,腹上部飾一
　　　　　　周夔龍紋,下部飾連珠紋鑲邊
　　　　　　的獸面紋帶,均不施地紋。

【著　　錄】未著錄。

【銘文字數】鋬下腹壁鑄銘文 3 字。

【銘文釋文】天黽獻。

【備　　注】銘文較模糊。

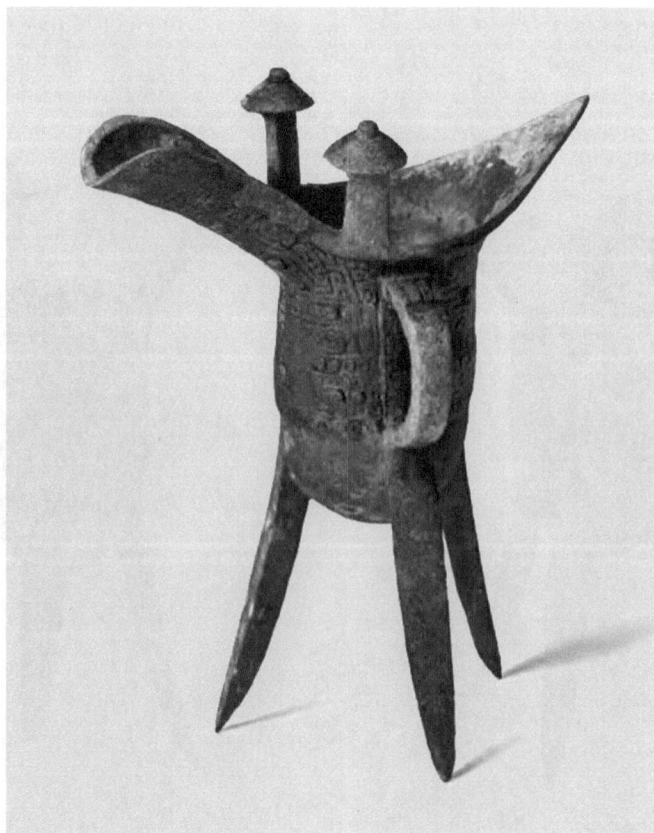

0739. 子刀不爵

【時　　代】商代晚期。

【出土時地】山西新絳縣公安局打擊文物犯罪繳獲。

【收　藏　者】山西青銅器博物館。

【尺度重量】通高 20、流至尾長 16.5 釐米，重 0.72 公斤。

【形制紋飾】曲口，窄長流槽，流折處有一對菌狀柱，尖尾較短，長卵形杯體，內側有牛首半環形鋬，三條三棱錐足外撇。腹部飾獸面紋。

【著　　錄】國寶（2019 二）40 頁。

【銘文字數】鋬下腹壁鑄銘文 3 字。

【銘文釋文】子刀不。

爵

0740. ◇單行爵

【時　　代】商代晚期。

【出土時地】1980 年西安市灞橋區洪慶村。

【收　藏　者】陝西歷史博物館。

【尺度重量】通高 18.4、流至尾長 15.5 釐米,重 0.598 公斤。

【形制紋飾】曲口長流槽,口沿上有一對菌狀柱,尖尾上翹,長卵形杯體,內側有扁條半環形鋬,三條三棱錐足外撇。通體光素。

【著　　錄】陝集成 13 冊 174 頁 1533。

【銘文字數】鋬內腹壁鑄銘文 3 字。

【銘文釋文】𤕟(◇單)行。

【備　　注】館藏號:八〇50。

0741. 🌲祖己爵

【時　　代】商代晚期。

【收 藏 者】某收藏家。

【形制紋飾】曲口尖尾，長流槽，流折處有一對菌狀柱，長卵圓形杯體，腹部有三道扉棱，內側有獸首鋬，三條三棱形錐足外撇。腹部飾橫鱗紋鑲邊的夔龍紋，以雲雷紋填地。

【著　　錄】未著錄。

【銘文字數】鋬內腹壁鑄銘文 3 字。

【銘文釋文】🌲且（祖）己。

0742. □父乙爵

【時　　代】商代晚期。

【出土時地】山西曲沃縣盗墓出土,山西省打擊文物犯罪繳獲。

【收　藏　者】山西青銅器博物館。

【形制紋飾】曲口窄流槽,尖尾上翹,流折處有一對菌狀柱,長卵形杯體,內側有牛首半環形鋬,三條三棱錐足外撇,腹部有三道扉棱。柱帽飾渦紋,頸部飾三角雲雷紋,腹部飾曲折角獸面紋。

【著　　録】未著録。

【銘文字數】鋬下腹壁鑄銘文 3 字。

【銘文釋文】□父乙。

0743. 丙父丁爵

【時　　代】商代晚期。

【出土時地】湖北鄂州徵集。

【收 藏 者】深圳博物館。

【尺度重量】通高20.3、流至尾長16.7釐米。

【形制紋飾】曲口長流槽，尖尾上翹，流折
處有一對菌狀立柱，長卵形杯
體，內側有牛首半環形鋬，三
條三棱錐足外撇。腹部飾獸
面紋。

【著　　錄】文博2010年4期54頁圖6.1、2。

【銘文字數】鋬下腹壁鑄銘文3字。

【銘文釋文】丙父丁。

【備　　注】"丙"字倒書。

0744. 癸父丁爵

【時　　代】商代晚期。

【出土時地】1985年山東棗莊市薛城區興仁鄉東托村。

【收　藏　者】棗莊市博物館。

【尺度重量】通高19、口徑8、流至尾長15.2釐米。

【形制紋飾】曲口長流槽，尖尾上翹，口沿上有一對菌狀柱，長卵形杯體，內側有牛首半環形鋬，三條三棱錐足外撇。柱帽飾渦紋，腹飾連珠紋鑲邊的菱形雷紋。

【著　　錄】棗博藏3頁。

【銘文字數】鋬下腹壁鑄銘文3字。

【銘文釋文】癸父丁。

0745. 戈父己爵

【時　　代】商代晚期。

【收 藏 者】天津博物館。

【尺度重量】通高 19.8、流至尾長 17 釐米。

【形制紋飾】曲口窄長流，尖尾上翹，流折處有一對菌狀立柱，長卵形杯體，內側有牛
首半環形鋬，三條三棱錐足外撇。柱帽飾渦紋，腹部飾獸面紋。

【著　　錄】津銅 38 頁 013。

【銘文字數】鋬下腹壁鑄銘文 3 字。

【銘文釋文】戈父己。

0746. 戈父己爵

【時　　代】商代晚期。

【收　藏　者】天津博物館。

【尺度重量】通高 15.9、流至尾長 16 釐米。

【形制紋飾】曲口較平緩，窄長流，尖尾較短，流折處有一
　　　　　　對菌狀立柱，長卵形杯體，內側有扁條半環形
　　　　　　鋬，三條三棱錐足外撇。柱帽飾渦紋，腹部飾
　　　　　　下卷角獸面紋，頸部飾三角雷紋。

【著　　錄】津銅 44 頁 014。

【銘文字數】鋬下腹壁鑄銘文 3 字。

【銘文釋文】戈父己。

0747. 丙父辛爵（兀父辛爵）

【時　　代】商代晚期。

【出土時地】1954 年收藏。

【收 藏 者】河北大學博物館。

【尺度重量】通高 20、流至尾長 16.3 釐米，重 0.71 公斤。

【形制紋飾】曲口長流槽，尖尾較短，流折處有一對菌形立柱，長卵形杯體，內側有牛首半環形鋬，三條三棱錐足外撇。柱帽飾渦紋，腹部飾雲雷紋組成的獸面紋，流下飾一組獸面紋。

【著　　錄】文物 2018 年 4 期 53 頁圖 1、2。

【銘文字數】鋬下腹壁鑄銘文 3 字。

【銘文釋文】兀（丙）父辛。

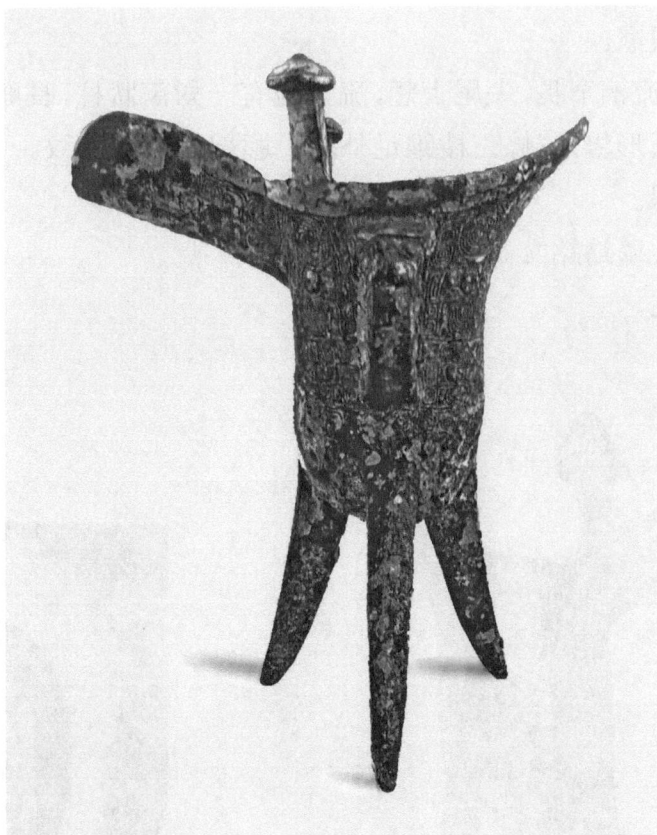

0748. 木父癸爵

【時　　代】商代晚期。

【收 藏 者】下落不明。

【形制紋飾】腹部飾獸面紋帶。

【著　　錄】湖湘 83 頁 108。

【銘文字數】鋬內腹壁鑄銘文 3 字。

【銘文釋文】木父癸。

【備　　注】拓本有清人"晉珊""夙明"印章。

0749. 宕臣乙爵

【時　　代】商代晚期。

【收 藏 者】某收藏家。

【形制紋飾】曲口，流槽窄長，尖尾上翹，流折處有一對菌狀柱，長卵形杯體，內側有扁
條半環形鋬，三條三棱錐足外撇。腹部飾三道弦紋。

【著　　錄】未著錄。

【銘文字數】鋬內腹壁鑄銘文 3 字。

【銘文釋文】宕臣乙。

0750. 秉干己爵

【時　　代】商代晚期。
【出土時地】2016 年 11 月出現在北京。
【收 藏 者】某收藏家。
【形制紋飾】半環形鋬,腹部飾獸面紋。
【著　　録】未著録。
【銘文字數】鋬下腹壁鑄銘文 3 字。
【銘文釋文】秉干己。

0751. 冉祖丁爵（祖丁爵）

【時　　代】西周早期。
【收 藏 者】某收藏家。
【形制紋飾】曲口長流槽,尖尾上翹,口
　　　　　　沿上有一對菌狀柱,長卵形
　　　　　　杯體,內側有牛首半環形
　　　　　　鋬,三條三棱錐足外撇。腹
　　　　　　部飾三列雲雷紋組成的獸
　　　　　　面紋,上下以連珠紋鑲邊。
【著　　録】未著録。
【銘文字數】鋬下腹壁鑄銘文 3 字。
【銘文釋文】𠂤（冉）且（祖）丁。

爵

0752. 旅祖乙爵

【時　　代】西周早期。

【出土時地】早年西安市出土。

【收 藏 者】西安博物院。

【形制紋飾】曲口寬流槽，口沿上有一對菌狀柱，長卵形杯體，內側有牛首半環形鋬，
　　　　　　三條三棱錐足外撇。腹部飾曲折角獸面紋。

【著　　錄】陝集成 14 冊 136 頁 1616。

【銘文字數】鋬內腹壁鑄銘文 3 字。

【銘文釋文】旅且（祖）乙。

【備　　注】館藏號：3gtA62。銘文拓本"乙"字未拓出。

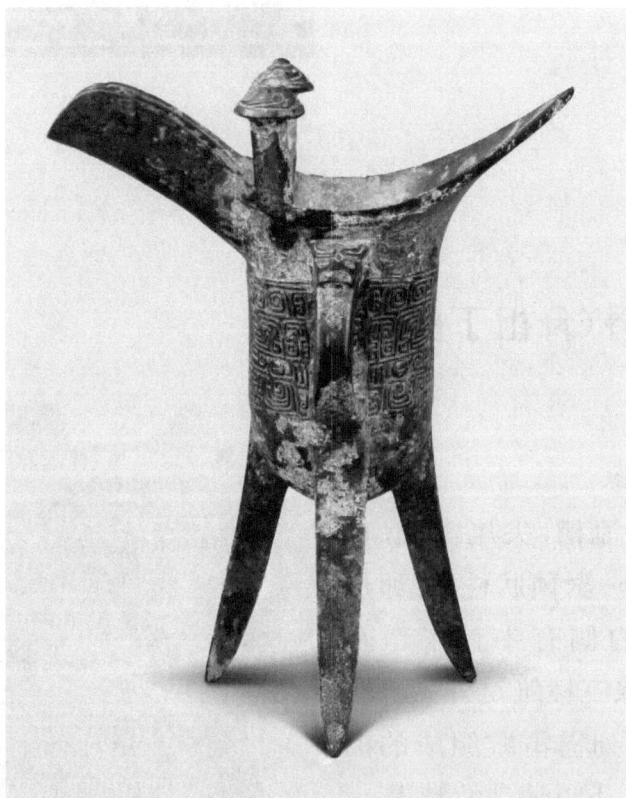

0753. 爪祖乙爵

【時　　代】西周早期。

【收　藏　者】日本奈良國立博物館。

【尺度重量】通高 22.8、流至尾長 17.9 釐米。

【形制紋飾】曲口寬流槽,尖尾上翹,口沿上有一對束傘形立柱,腹壁較直,凸底,内側
　　　　　　有牛首半環形鋬,三條刀足外撇。柱帽飾渦紋,腹部飾目紋。

【著　　録】坂本清賞 24,奈良銅 14 頁 30。

【銘文字數】内柱及其下腹壁鑄銘文 3 字。

【銘文釋文】爪且(祖)乙。

【備　　注】館藏號:爵 30。

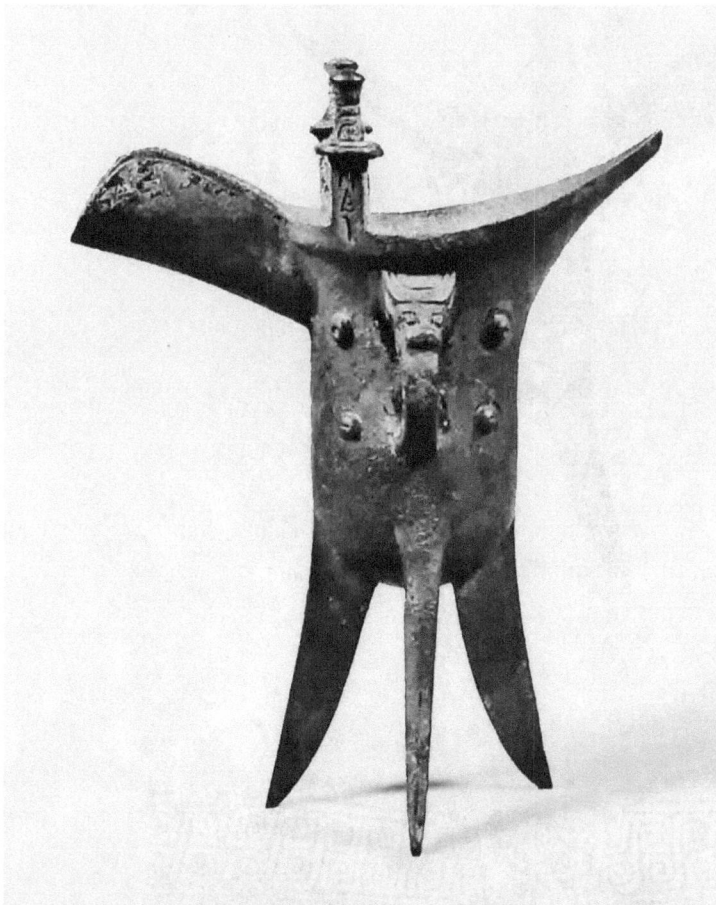

0754. 卩祖丁爵

【時　　代】西周早期。

【收　藏　者】日本奈良國立博物館。

【尺度重量】通高 21.7、流至尾長 17.1 釐米。

【形制紋飾】曲口寬流槽,尖尾上翹,口沿上有一對束傘形立柱,卵形杯體,內側有牛
　　　　　首半環形鋬,三條刀足外撇。柱帽飾渦紋,腹部飾一周雲雷紋帶。

【著　　錄】坂本清賞 21,奈良銅 12 頁 26。

【銘文字數】鋬下腹壁鑄銘文 3 字。

【銘文釋文】卩且(祖)丁。

【備　　注】館藏號: 爵 26。

0755. 史祖戊爵

【時　　代】西周早期。

【出土時地】2001 年山東滕州市前掌大商周墓葬（M213）。

【收　藏　者】滕州市博物館。

【尺度重量】通高 19.5、流至尾長 17 釐米。

【形制紋飾】曲口寬流槽，尖尾上翹，口沿上有一對束傘形立柱，長卵形杯體，內側有
　　　　　　獸首半環形鋬，三條三棱錐足外撇。柱帽飾渦紋，腹部飾兩周連珠紋。

【著　　錄】薛序 23 頁下。

【銘文字數】內側立柱鑄銘文 1 字，鋬下腹壁 2 字，共 3 字。

【銘文釋文】立柱：史；鋬下：且（祖）戊。

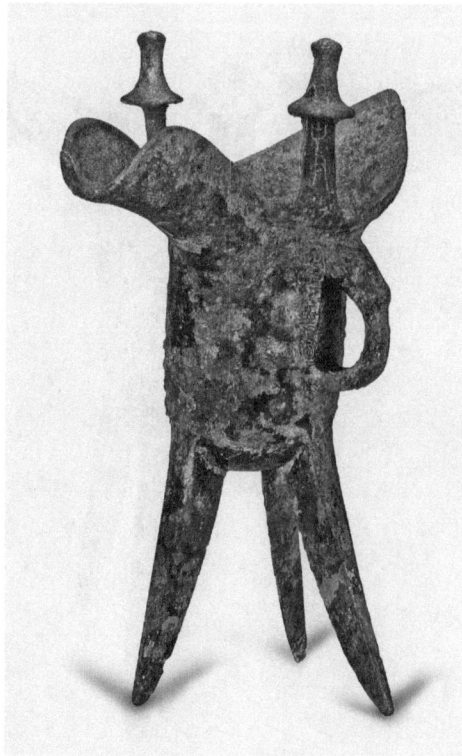

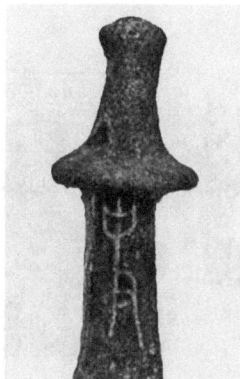

爵

401

0756. 冉祖辛爵

【時　　代】西周早期。

【收　藏　者】海外某收藏家。

【尺度重量】通高 19.5、流至尾長 17、腹深 9.3 釐米。

【形制紋飾】曲口長流槽，尖尾上翹，口沿上有一對菌狀柱，長卵形杯體，内側有牛首
　　　　　　半環形鋬，三條三棱錐足外撇。柱帽飾渦紋，腹部飾上卷角獸面紋。

【著　　　錄】未著錄。

【銘文字數】鋬内腹壁鑄銘文 3 字。

【銘文釋文】冉且(祖)辛。

0757. 枚父乙爵

【時　　代】西周早期。

【收　藏　者】原藏陝西省博物館,現藏陝西歷史博物館。

【尺度重量】通高 20.4、流至尾長 16.4 釐米。

【形制紋飾】曲口,窄長流槽,尖尾上翹,口沿上有一對菌狀立柱,卵圓形杯體,内側有
　　　　　　牛首半環形鋬,三條三棱錐足外撇。腹部飾獸面紋。

【著　　録】陝集成 16 册 54 頁 1840。

【銘文字數】鋬内腹壁鑄銘文 3 字。

【銘文釋文】枚父乙。

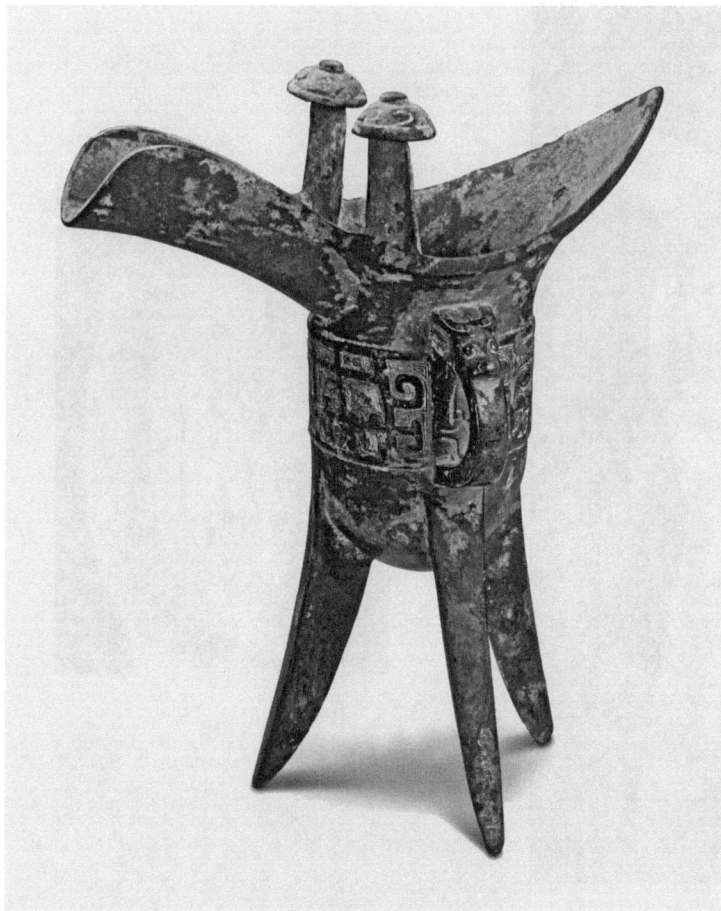

0758. 戈父乙爵

【時　　代】西周早期。

【收 藏 者】某收藏家。

【形制紋飾】曲口寬流槽，口沿上有一對菌狀立柱，長卵形杯體，內側有牛首半環形
　　　　　　鋬，三條三棱錐足外撇。腹部飾雲雷紋組成的獸面紋。

【著　　錄】未著錄。

【銘文字數】鋬下腹壁鑄銘文 3 字。

【銘文釋文】戈父乙。

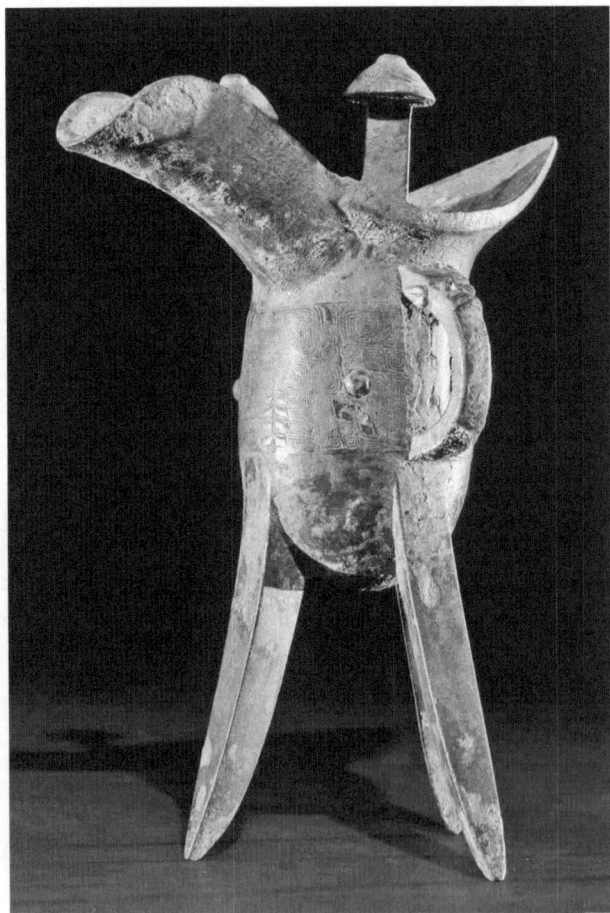

0759. 弔父丙爵（叔父丙爵）

【時　　代】西周早期。

【收 藏 者】日本奈良國立博物館。

【尺度重量】通高 22、流至尾長 16.6 釐米。

【形制紋飾】曲口寬流槽，尖尾上翹，口沿上有一對束傘形立柱，腹壁較直，凸底，內側
　　　　　　有牛首半環形鋬，三條刀形足外撇。柱帽飾渦紋，腹部飾兩道弦紋。

【著　　錄】坂本清賞 26，奈良銅 14 頁 29。

【銘文字數】內柱及其下腹壁鑄銘文 3 字。

【銘文釋文】弔（叔）父丙。

【備　　注】館藏號：爵 29。

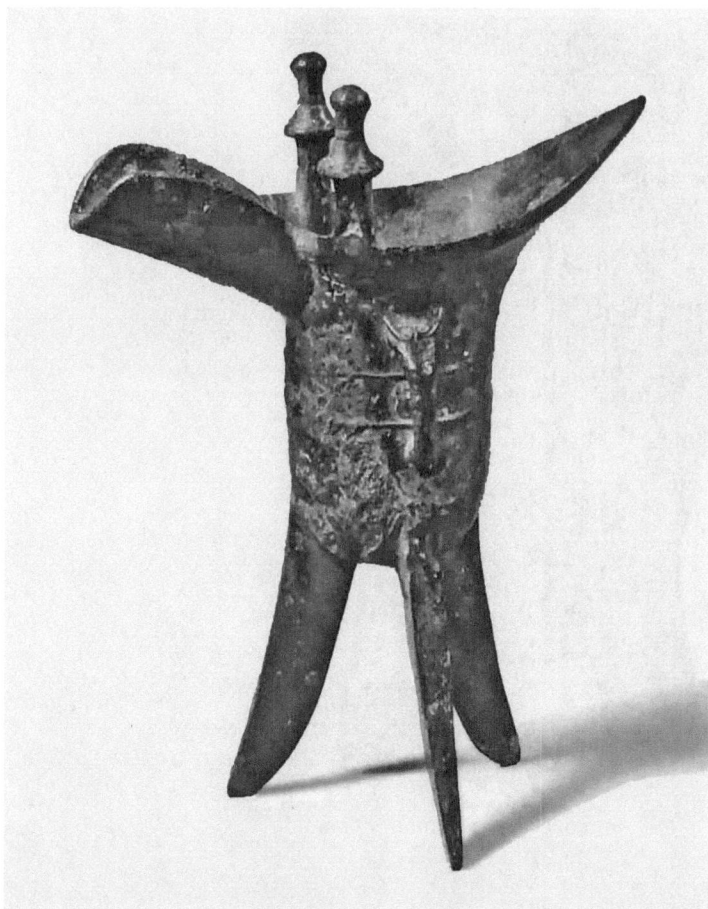

0760. 中父丁爵

【時　　代】西周早期前段。

【收 藏 者】某收藏家。

【形制紋飾】曲口長流槽,尖尾上翹,口沿上有一對菌狀柱,長卵形杯體,內側有牛首
　　　　　　半環形鋬,三條三棱錐足外撇。腹部飾四瓣花目紋。

【著　　錄】未著錄。

【銘文字數】鋬下腹壁鑄銘文 3 字。

【銘文釋文】中父丁。

【備　　注】藏家未提供全形照片。

0761. 庚父丁爵（庚父丁爵）

【時　　代】西周早期前段。

【收 藏 者】原藏陝西省博物館，現藏陝西歷史博物館。

【尺度重量】通高 21.3、流至尾長 18.2 釐米，重 0.843 公斤。

【形制紋飾】曲口，窄長流槽，尖尾上翹，口沿上有一對菌狀矮立柱，卵圓形杯體，內側
　　　　　　有牛首半環形鋬，三條三棱錐足外撇。腹部飾獸面紋。

【著　　錄】陝集成 16 冊 52 頁 1839。

【銘文字數】鋬內腹壁鑄銘文 3 字。

【銘文釋文】庚（庚）父丁。

【備　　注】館藏號：銅 154。

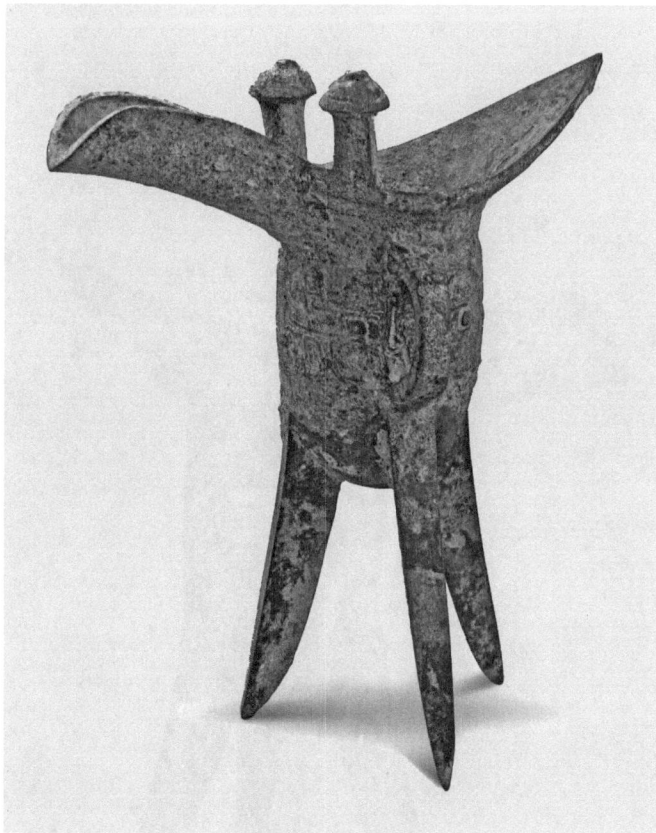

爵

0762. 史父丁爵

【時　　代】西周早期。

【出土時地】2014 年 6 月出現在美國紐約蘇
富比春季拍賣會。

【收 藏 者】原藏日本某收藏家。

【形制紋飾】曲口寬流槽,尖尾上翹,口沿上有
一對菌狀立柱,長卵形杯體,內側
有牛首半環形鋬,三條刀足外撇。
腹部飾一周獸面紋。

【著　　録】未著録。

【銘文字數】鋬下腹壁鑄銘文 14 字。

【銘文釋文】史父丁。

0763. 子父丁爵

【時　　代】西周早期。

【收 藏 者】某收藏家。

【形制紋飾】曲口長流槽,尖尾上翹,口沿上有一對菌狀柱,長卵形杯體,內側有牛首半環形鋬,三條三棱錐足外撇。柱帽飾渦紋,腹部飾三周弦紋。

【著　　錄】未著錄。

【銘文字數】鋬下腹壁鑄銘文 3 字。

【銘文釋文】子父丁。

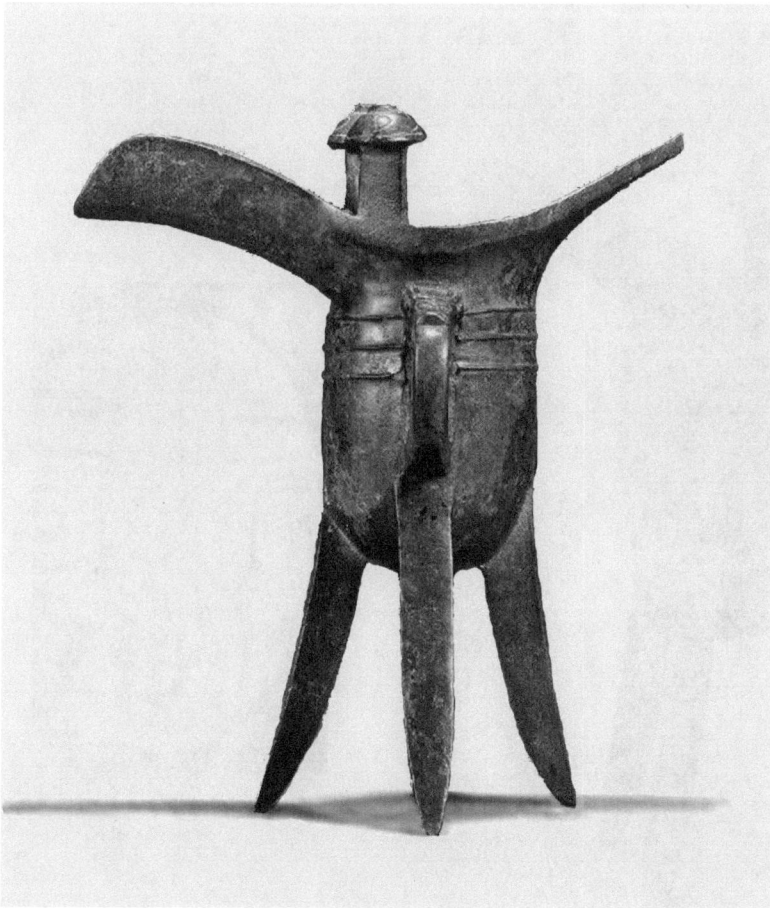

0764. 貝父戊爵

【時　　代】西周早期。

【出土時地】1966 年從陝西省供銷社廢品庫揀選。

【收 藏 者】原藏陝西省博物館，現藏陝西歷史博物館。

【尺度重量】通高 20、流至尾長 17.6 釐米，重 0.728 公斤。

【形制紋飾】曲口較緩，長流槽，尖尾上翹，口沿上有一對菌狀立柱，卵圓形杯體，內側有牛首半環形鋬，三條三棱錐足外撇。腹部飾獸面紋。

【著　　錄】陝集成 16 冊 62 頁 1846。

【銘文字數】鋬內腹壁鑄銘文 3 字。

【銘文釋文】貝父戊。

0765. 戈父己爵

【時　　代】西周早期前段。

【出土時地】1991年陝西涇陽縣興隆鎮高家堡西周墓（M1.11）。

【收　藏　者】陝西歷史博物館。

【尺度重量】通高21、流尾相距16.8、腹深14釐米，重0.5公斤。

【形制紋飾】曲口長流槽，尖尾上翹，口沿上有一對束傘形立柱，長卵形杯體，內側有
　　　　　　牛首半環形鋬，三條三棱錐足外撇。柱帽飾三道弦紋及卷雲紋，腹部飾
　　　　　　連珠紋鑲邊的夔龍紋。

【著　　錄】陝集成10冊23頁1088。

【銘文字數】鋬內腹壁鑄銘文3字。

【銘文釋文】戈父己。

0766. 面父己爵

【時　　代】西周早期。

【收藏者】某收藏家。

【形制紋飾】曲口長流槽,尖尾上翹,長卵形杯體,內側有牛首半環形鋬。腹部飾回首卷尾夔龍紋,以雲雷紋填地。

【著　　錄】未著錄。

【銘文字數】鋬下腹壁鑄銘文3字。

【銘文釋文】面(?)父己。

0767. 倗父辛爵

【時　　代】西周早期。

【出土時地】日本京都大學人文研究所考古資料。

【收 藏 者】下落不明。

【尺度重量】通高 20.3 釐米。

【形制紋飾】曲口長流槽,尖尾上翹,口沿有一對束傘形柱,長卵形杯體,内側有牛首半環形鋬,三條刀足外撇。腹部飾獸面紋,流和尾下飾蕉葉紋,頸部飾三角雷紋。

【著　　録】綜覽・爵253。

【銘文字數】鋬内腹壁鑄銘文 3 字。

【銘文釋文】倗父辛。

0768. 冉父辛爵（figure父辛爵）

【時　　代】西周早期。

【出土時地】西安市徵集。

【收 藏 者】西安博物院。

【形制紋飾】曲口長流槽，口沿上有一對菌狀柱，長卵形杯體，內側有牛首半環形鋬，
三條三棱錐足外撇。腹部飾曲折角獸面紋。

【著　　錄】陝集成 14 册 134 頁 1615。

【銘文字數】鋬下腹壁鑄銘文 3 字。

【銘文釋文】figure（冉）父辛。

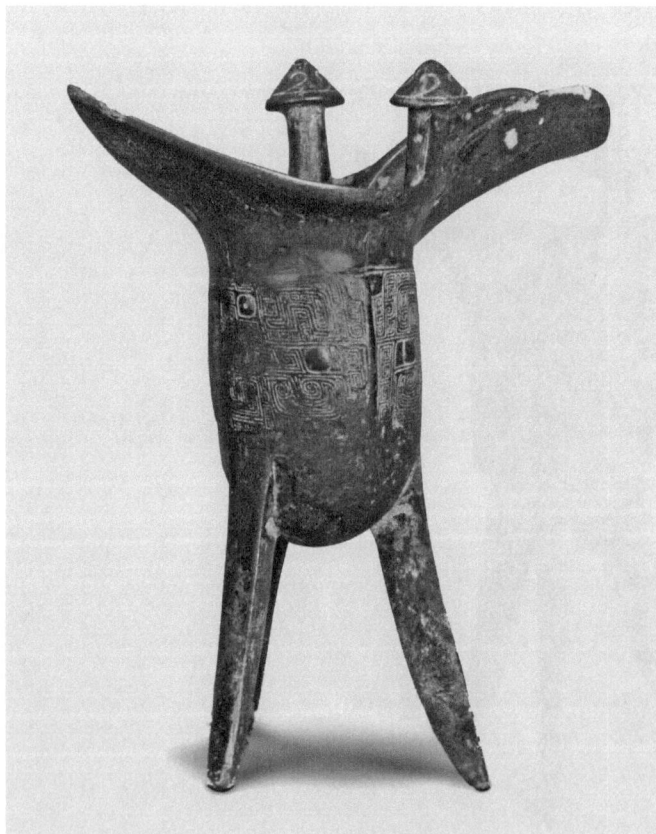 

0769. 何父辛爵

【時　　代】西周早期。

【出土時地】2016 年 1 月 25 日見於盛世收藏網。

【收 藏 者】某收藏家。

【尺度重量】通高 21 釐米。

【形制紋飾】曲口長流槽，口沿上有一對束傘形立柱，長卵形杯體，內側有牛首半環形鋬，三條三棱錐足外撇。腹部飾上卷角獸面紋。

【著　　錄】未著錄。

【銘文字數】鋬下腹壁鑄銘文 3 字。

【銘文釋文】何父辛。

0770. 吹爵

【時　　代】西周早期。

【出土時地】2009-2010 年山西翼城縣隆化鎮大河口西周墓葬（M1017.7）。

【收　藏　者】山西省大河口墓地聯合考古隊。

【尺度重量】通高 21.4、流尾相距 16.6、腹深 9.3 釐米，重 0.82 公斤。

【形制紋飾】曲口寬流槽，口沿上有一對束傘形立柱，長卵形杯體，內側有牛首半環形
　　　　　　鋬，三條刀足外撇。柱帽飾雲紋和凹弦紋，流下、尾下和腹部飾獸面紋。

【著　　錄】考古學報 2018 年 1 期 118 頁圖 33.1。

【銘文字數】鋬下腹壁鑄銘文 3 字。

【銘文釋文】吹乍（作）寶。

0771. 亞矢父乙爵

【時　　代】商代晚期。

【出土時地】2016 年 10 月首都機場海
　　　　　　關繳獲。

【收　藏　者】暫存魯迅博物館。

【尺度重量】通高 21.2 釐米。

【形制紋飾】曲口，窄長流槽，尖尾上
　　　　　　翹，流折處有一對菌狀柱，
　　　　　　長卵形杯體，內側有牛首
　　　　　　半環形鋬，三條三棱錐足
　　　　　　外撇。柱帽飾渦紋，腹部飾
　　　　　　獸面紋。

【著　　錄】未著錄。

【銘文字數】鋬內腹壁鑄銘文 4 字（其中
　　　　　　合文 1）。

【銘文釋文】亞矢父乙。

【備　　注】"亞矢" 為合文。

爵

0772. 亞盉父丁爵

【時　　代】商代晚期。

【出土時地】1977 年出現在埃斯卡納齊拍賣行。

【收　藏　者】某收藏家。

【形制紋飾】曲口，窄長流槽，流折處有一對菌狀立柱，尖尾上翹，卵圓形杯體，內側有牛首半環形鋬，三條三棱錐足外撇。腹部飾下卷角獸面紋。

【著　　錄】未著錄。

【銘文字數】鋬下腹壁鑄銘文 4 字。

【銘文釋文】亞盉父丁。

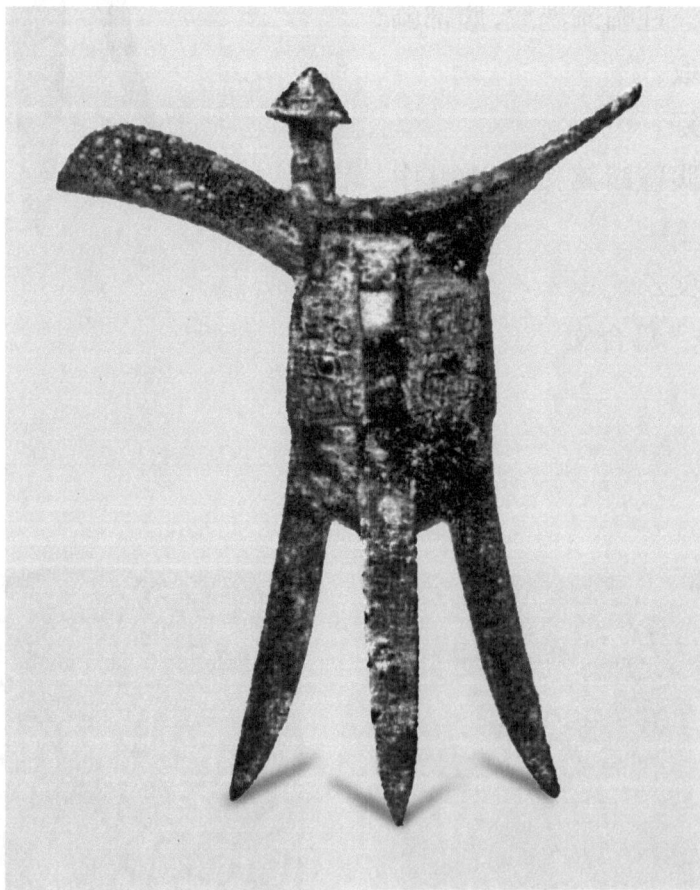

0773. 父己爵

【時　　代】西周早期。

【收 藏 者】某收藏家。

【尺度重量】通高 21 釐米。

【形制紋飾】曲口長流槽,後有尖尾,口沿上有一對菌狀立柱,長卵形杯體,内側有牛首半環形鋬,三條三棱錐足外撇。柱帽飾渦紋,腹部飾雲雷紋組成的獸面紋。

【著　　録】未著録。

【銘文字數】鋬下腹壁鑄銘文 2 字,内柱 2 字,共 4 字。

【銘文釋文】□□父乙。

0774. 夨詈父癸爵（父癸夨詈爵）

【時　　代】商代晚期。

【收 藏 者】下落不明。

【尺度重量】通高 21、腹深 10.2、口徑 8.3、
流至尾長 15.3 釐米。

【形制紋飾】曲口長流槽，尖尾上翹，口沿
上有一對菌狀柱，長卵形杯
體，內側有牛首半環形鋬，三
條三棱錐足外撇，腹部有三道
扉棱。腹部飾獸面紋。

【著　　錄】十二家·貯 24-25 頁，綜覽·爵
131。

【銘文字數】鋬內腹壁鑄銘文 4 字。

【銘文釋文】父癸，夨詈。

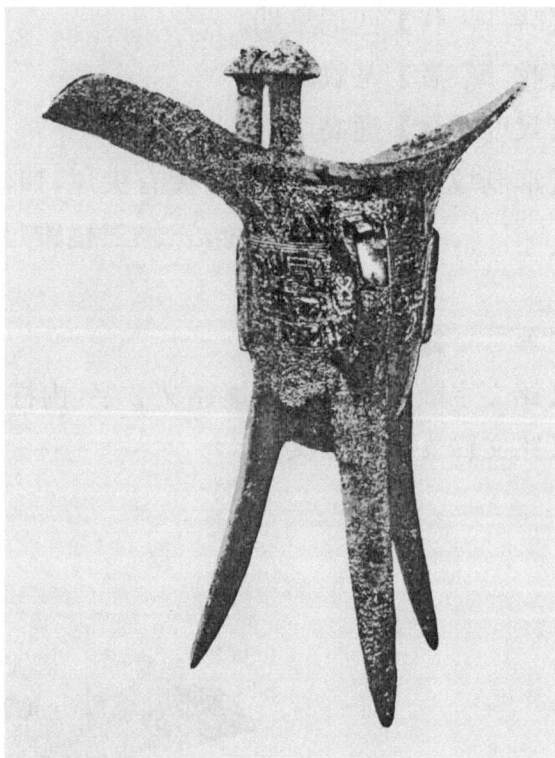

0775. 亥爵甲

【時　　代】西周早期。

【出土時地】2017 年 12 月出現在杭州西泠印社拍賣會。

【收 藏 者】萬寶臣於 20 世紀 40 年代購自中國,現藏不明。

【尺度重量】通高 19.8 釐米。

【形制紋飾】曲口寬流槽,尖尾上翹,口沿上有一對束傘形立柱,長卵形杯體,內側有牛首半環形鋬,三條刀足外撇。頸部飾一周小鳥紋。

【著　　録】未著録。

【銘文字數】鋬內腹壁鑄銘文 4 字。

【銘文釋文】亥乍(作)父庚。

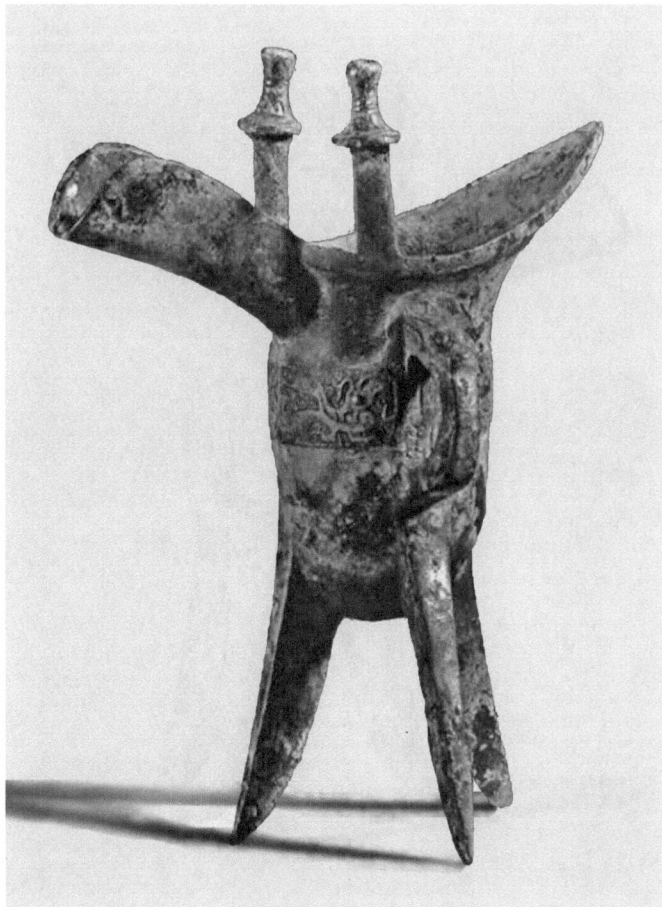

0776. 亥爵乙

【時　　代】西周早期。

【出土時地】2017 年 12 月出現在杭州西泠印社拍賣會。

【收　藏　者】萬寶臣於 20 世紀 40 年代購自中國,現藏不明。

【尺度重量】通高 19.6 釐米。

【形制紋飾】曲口寬流槽,尖尾上翹,口沿上有一對束傘形立柱,長卵形杯體,內側有牛首半環形鋬,三條刀足外撇。頸部飾一周小鳥紋。

【著　　錄】未著錄。

【銘文字數】鋬內腹壁鑄銘文 4 字。

【銘文釋文】亥乍(作)父庚。

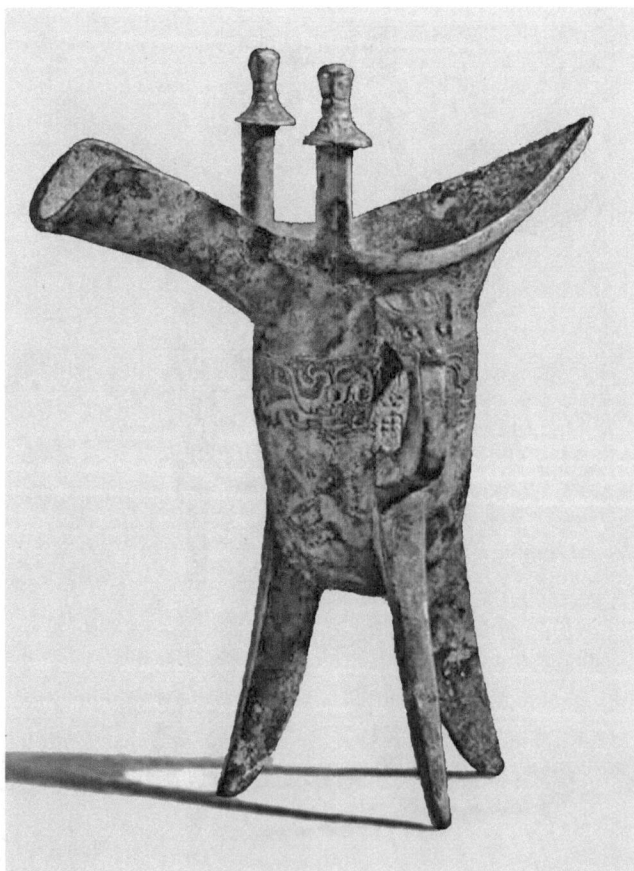

0777. □作父辛爵

【時　　代】西周早期。

【收 藏 者】某收藏家。

【形制紋飾】曲口寬流槽，尖尾上翹，口沿上有一對
　　　　　　菌狀立柱，長卵形杯體，內側有牛首半
　　　　　　環形鋬，三條刀足外撇。頸部飾雲雷
　　　　　　紋組成的獸面紋帶。

【著　　錄】未著錄。

【銘文字數】內柱鑄銘文 4 字。

【銘文釋文】□乍（作）父辛。

0778. 𠂤◇父乙爵

【時　　代】西周早期。

【出土時地】2013年湖北隨州市曾都區淅河鎮蔣寨村葉家山（M107.10）。

【收藏者】隨州博物館。

【尺度重量】通高21.1、口徑8.5、尾至流長17.1、腹深9、壁厚0.35釐米，重0.9公斤。

【形制紋飾】曲口寬流槽，尖尾上翹，口沿上有一對菌狀立柱，長卵形杯體，內側有牛首半環形鋬，圜底，三條三棱錐足外撇。腹部飾三列雲雷紋組成的列旗脊獸面紋。

【著　　錄】江漢考古2016年3期24頁拓片7.1-2、圖版二十三。

【銘文字數】每一立柱鑄銘文2字，共4字。

【銘文釋文】𠂤◇，父乙。

右柱銘

左柱銘

爵

0779. 由父辛爵

【時　　代】西周早期。

【收 藏 者】下落不明。

【尺度重量】通高 23.2 釐米。

【形制紋飾】曲口長流槽，尖尾上翹，口沿有一對束傘形柱，長卵形杯體，內側有牛首
　　　　　　半環形鋬，腹部有三道扉棱，三條三棱錐足外撇。腹部飾獸面紋。

【著　　錄】綜覽・爵 167。

【銘文字數】鋬內腹壁鑄銘文 4 字。

【銘文釋文】由父辛□。

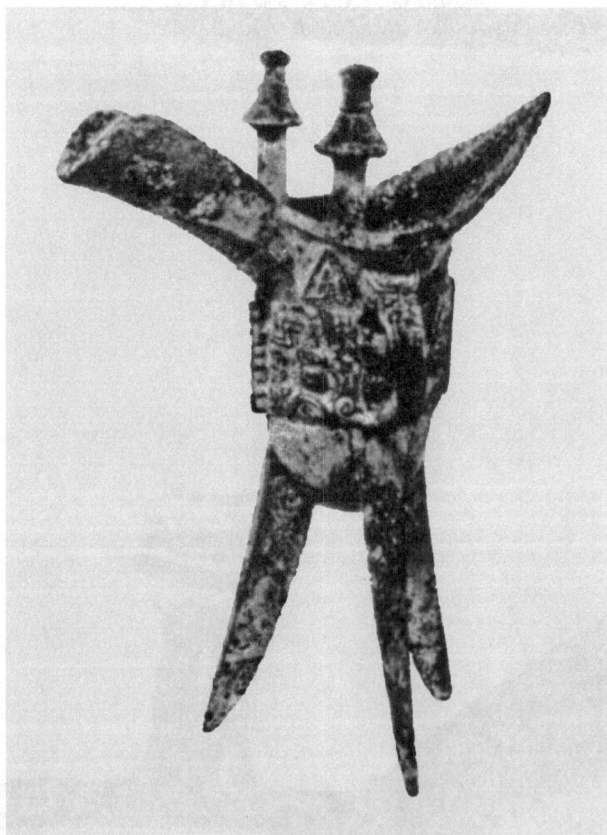

0780. 亞天父癸爵

【時　　代】西周早期。

【出土時地】陝西千陽縣。

【收 藏 者】千陽縣文化館。

【形制紋飾】曲口長流槽，尖尾上翹，口沿上有一對菌狀柱，長卵形杯體，內側有牛首半環形鋬，三條三棱錐足外撇。腹部飾夔龍紋，以雲雷紋填地。

【著　　錄】陝集成 6 冊 23 頁 0605。

【銘文字數】鋬內腹壁鑄銘文 4 字。

【銘文釋文】亞天父癸。

爵

0781. 作寶尊彝爵

【時　　代】西周早期。

【收 藏 者】某收藏家。

【形制紋飾】曲口寬流槽,尖尾較短,口沿上有一對束傘形立柱,長卵形杯體,內側有
牛首半環形鋬,三條三棱錐足外撇。柱帽飾渦紋,腹部飾獸面紋。

【著　　錄】未著錄。

【銘文字數】柱側鑄銘文2字,鋬內腹壁2字,共4字。

【銘文釋文】乍(作)寶陼(尊)彝。

0782. 亞禽示父乙爵（亞羋示父乙爵）

【時　　代】商代晚期。

【出土時地】2008-2009 年間河南正陽縣傅寨鄉傅寨村閆樓商代墓地（M229.1）。

【收 藏 者】河南駐馬店市文物考古管理所。

【尺度重量】通高 18.9、流至尾長 17.2、口寬 9.4、流長 8、腹徑 6.2、腹深 6.3 釐米，
　　　　　　重 505 克。

【形制紋飾】曲口寬流槽，尖尾上翹，口沿上有一對菌狀柱，長卵形杯體，內側有半環
　　　　　　形鋬，三條三棱錐足外撇。柱帽頂部飾圓渦紋，腹部飾三周凸弦紋。

【著　　錄】考古學報 2018 年 4 期 283 頁圖 26.3。

【銘文字數】鋬內腹壁鑄銘文 5 字。

【銘文釋文】亞羋（禽）Ｔ（示）父乙。

銘文拓本

銘文照片

0783. 舿爵

【時　　代】西周早期。

【出土時地】2019 年 12 月出現在杭州西泠印社拍賣會。

【收　藏　者】原藏英國倫敦悉尼・摩斯,後歸美國紐約亞瑟・賽克勒。

【尺度重量】通高 23.2 釐米。

【形制紋飾】曲口寬流槽,尖尾上翹,口沿上有一對束傘形立柱,長卵形杯體,內側有
牛首半環形鋬,三條刀足外撇。腹部飾兩周弦紋。

【著　　録】未著録。

【銘文字數】內柱及口沿下鑄銘文 5 字。

【銘文釋文】舿乍(作)父乙寶。

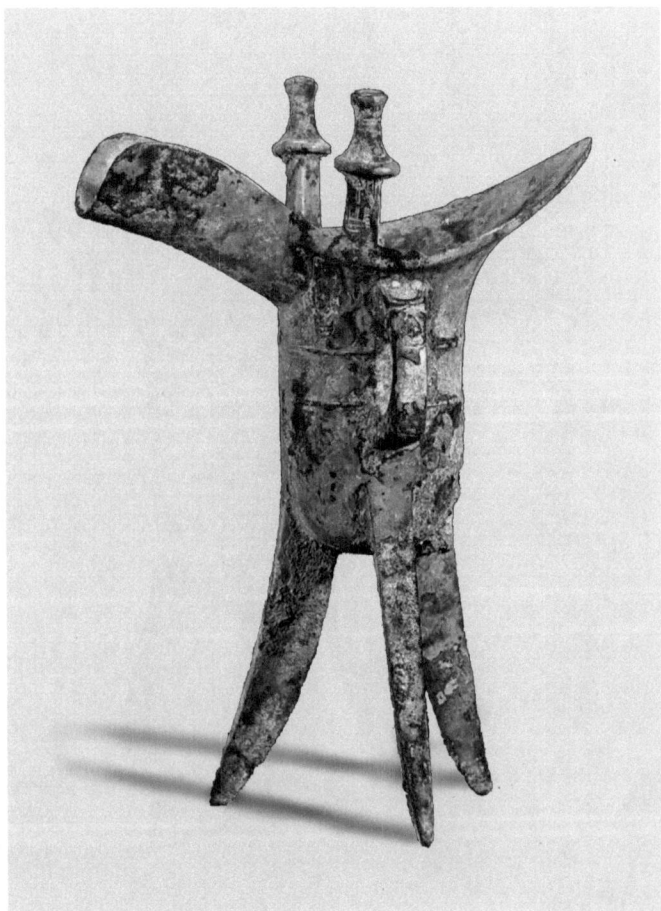

0784. 祖辛爵

【時　　代】西周早期。

【出土時地】2017 年 5 月出現在澳門中濠典藏拍賣會。

【收 藏 者】某收藏家。

【形制紋飾】曲口長流槽,尖尾上翹,口沿上有一對束傘形立柱,長卵形杯體,內側有
　　　　　一個牛首半環形鋬,三條刀足外撇。柱帽飾雲紋,腹部飾卷鼻夔龍紋,以
　　　　　雲雷紋填地。

【著　　錄】未著錄。

【銘文字數】鋬下腹壁鑄銘文 2 字,立柱 2 字,共 5 字。

【銘文釋文】腹壁:□𢍱□;柱銘:且(祖)辛。

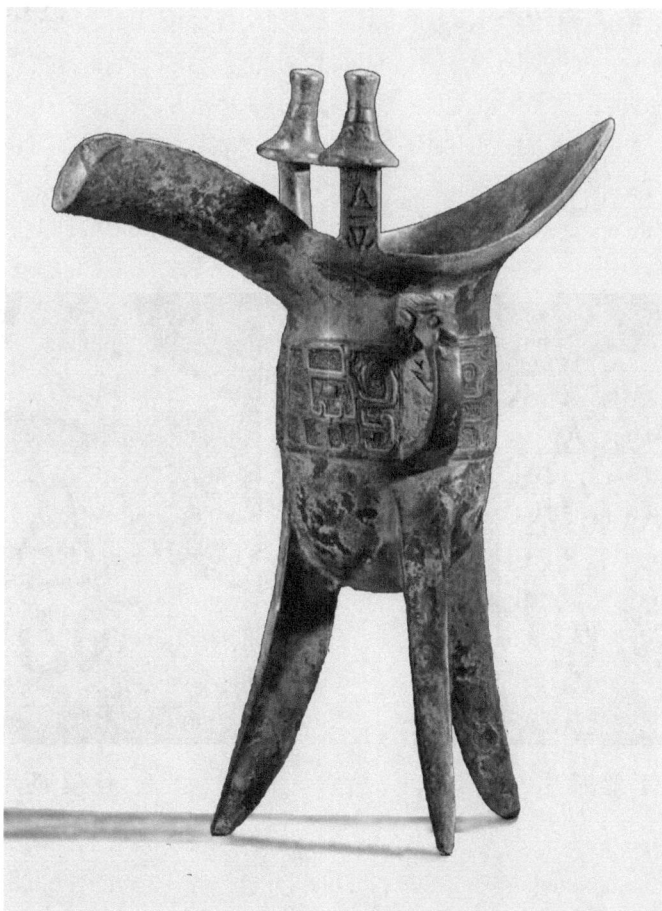

鋬下銘拓本 柱銘拓本

鋬下銘照片 柱銘照片

0785. 夆父己爵

【時　　代】西周早期。

【出土時地】2019 年 8 月出現在日本東京中央秋季拍賣會。

【收 藏 者】某收藏家。

【尺度重量】通高 19.5 釐米。

【形制紋飾】曲口寬流槽，尖尾上翹，口沿上有一對菌狀柱，長卵形杯體，内側有牛首
　　　　　　半環形鋬，三條三棱錐足外撇。腹部飾下卷角獸面紋。

【著　　録】未著録。

【銘文字數】立柱及鋬下腹壁共鑄銘文 5 字。

【銘文釋文】卩、萬、夆（夆）父己。

1

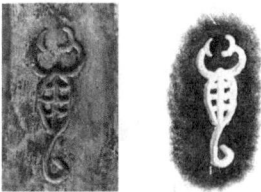

2

3

0786. 亞夨父乙爵（亞疑父乙爵、夨亞父乙爵）

【時　　代】西周早期。

【出土時地】2017 年 6 月 24 日見於盛世收藏網。

【收 藏 者】某單位。

【形制紋飾】長流槽，尖尾上翹，口沿上有一對束傘形柱，內側有牛首半環形鋬鋬，卵
　　　　　圓形腹，三條刀足外撇。柱帽飾渦紋，腹部飾列旗雲雷紋。

【著　　錄】未著錄。

【銘文字數】左柱鑄銘文 2 字，鋬內 3 字，共 5 字。

【銘文釋文】夨亞乍（作）父乙。

【備　　注】鋬內腹壁銘文未拍照。同形制、同銘文的亞夨父乙爵目前著錄 3 件，
　　　　　上海博物館 2 件（《銘圖》08498、08499），北京故宮博物院 1 件（《銘圖》
　　　　　08500）。只有拓本，未見器形和銘文照片，無法與此爵對照，此爵是否上
　　　　　博或故宮藏品，待查。

0787. 敢侯爵

【時　　代】西周早期。

【出土時地】1992 年山西曲沃縣曲村鎮北趙村晉侯墓地 8 號墓。

【收 藏 者】山西晉國博物館。

【形制紋飾】曲口寬流槽,口沿上有一對束傘形立柱,尖尾較短,杯體上粗下細,内側
有牛首半環形鋬,凸底,三條三棱錐足外撇,柱帽上部殘。腹部飾兩周雲
雷紋組成的獸面紋。

【著　　録】未著録。

【銘文字數】尾側鑄銘文 5 字。

【銘文釋文】叡(敢)厌(侯)乍(作)旝(旅)彝。

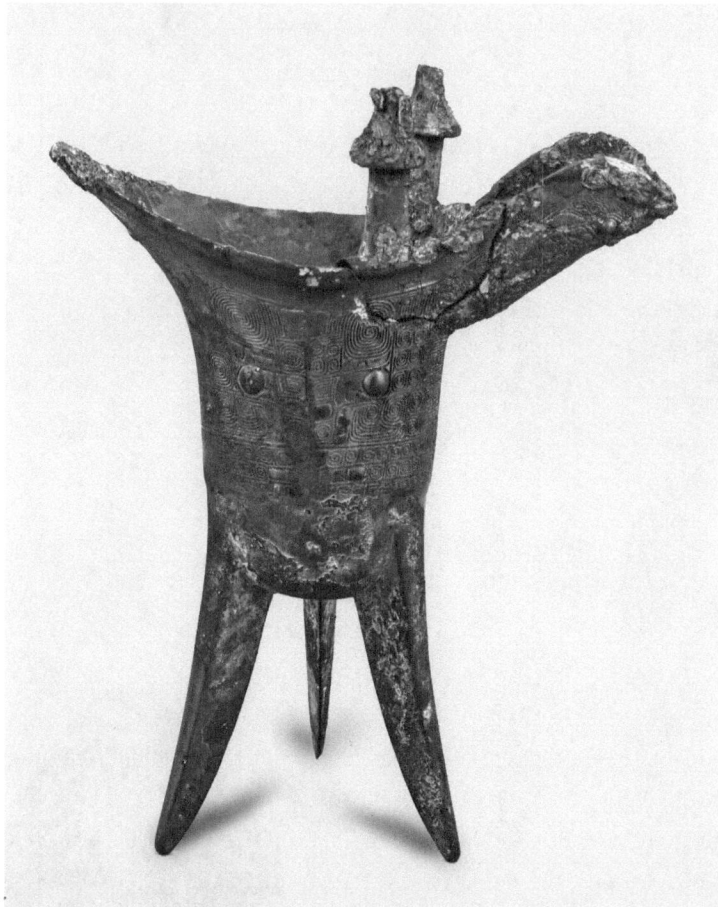 

0788. 作父己爵

【時　　代】西周中期前段。

【收　藏　者】天津博物館。

【尺度重量】通高 18.9 釐米。

【形制紋飾】曲口寬流槽，尖尾上翹，口沿上有一對束傘形立柱，杯體上細下粗，內側有牛首半環形細鋬，圜底，三條刀足外撇。柱帽飾渦紋，腹部飾垂尾鳥紋，以雲雷紋填地。

【著　　錄】津銅 055。

【銘文字數】內柱及腹壁鑄銘文 5 字。

【銘文釋文】乍（作）父己友□。

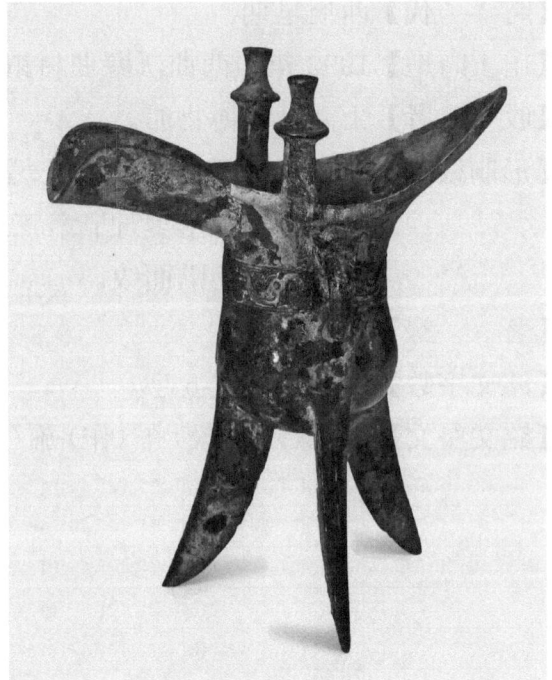

0789. 虢仲爵

【時　　代】西周中期。

【收　藏　者】某收藏家。

【著　　錄】銘照 202 頁 387。

【銘文字數】尾內壁鑄銘文 5 字。

【銘文釋文】虢中（仲）乍（作）旅□。

0790. 昔雞爵甲

【時　　代】西周早期後段。

【出土時地】2014 年冬陝西岐山縣京當鎮賀家村北墓地（M11.45）。

【收　藏　者】周原考古隊。

【尺度重量】通高 22、流至尾長 17.4 釐米，重 0.8 公斤。

【形制紋飾】曲口長流槽，尖尾上翹，口沿上有一對束傘形立柱，長卵形杯體，內側有
　　　　　　牛首半環形鋬，三條刀足外撇。頸部飾雲雷紋組成的獸面紋帶。

【著　　錄】陝集成 1 册 56 頁 0032。

【銘文字數】器內壁鑄銘文 7 字。

【銘文釋文】昔雞乍（作）父丁隣（尊）彝。

0791. 昔雞爵乙

【時　　代】西周早期後段。

【出土時地】2014年冬陝西岐山縣京當鎮賀家村北墓地（M11.46）。

【收　藏　者】周原考古隊。

【尺度重量】通高21.7、流至尾長16.8釐米，重0.75公斤。

【形制紋飾】曲口長流槽，尖尾上翹，口沿上有一對束傘形立柱，長卵形杯體，內側有牛首半環形鋬，三條刀足外撇。頸部飾雲雷紋組成的獸面紋帶。

【著　　錄】陝集成1冊58頁0033。

【銘文字數】器內壁鑄銘文7字。

【銘文釋文】昔雞乍（作）父丁隣（尊）彝。

0792. 尚爵

【時　　代】西周中期。

【出土時地】2008 年 9 月陝西岐山縣蒲村鎮孔頭溝遺址宋家墓地（M10234）。

【收　藏　者】陝西省考古研究院。

【尺度重量】通高 24、流至尾長 15.4 釐米。

【形制紋飾】曲口長流槽，尖尾上翹，口沿上有一對束傘形立柱，長卵形杯體，內側有
　　　　　　牛首半環形鋬，三條刀足外撇。腹部飾獸面紋。

【著　　録】陝集成 2 册 36 頁 0117。

【銘文字數】內壁鑄銘文 7 字。

【銘文釋文】尚乍（作）韋（墉）公寶隟（尊）彝。

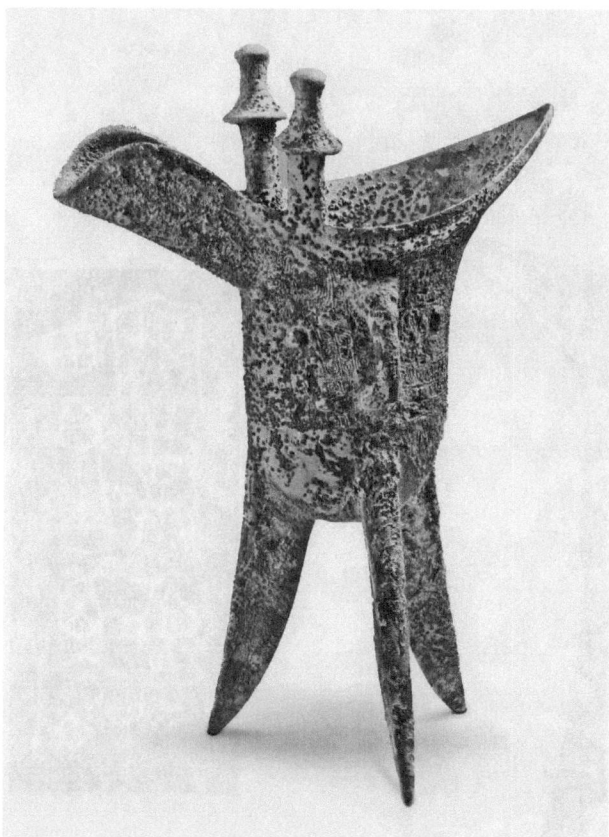

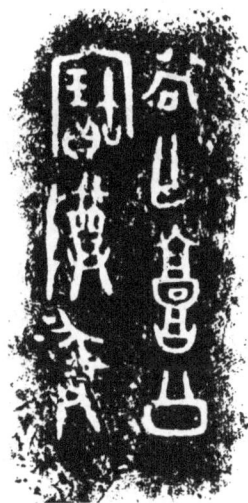

0793. 曾伯爵（原稱西宮爵）

【時　　代】西周早期。

【出土時地】2013 年湖北隨州市淅河鎮蔣寨村葉家山西周墓（M107.12）。

【收 藏 者】隨州博物館。

【尺度重量】通高 21.6、口徑 7.8、流至尾長 16.8、腹深 8.6 釐米，重 0.75 公斤。

【形制紋飾】曲口，寬流槽較短，尖尾上翹，口沿上有一對束傘狀立柱，腹壁較直，内側有牛首半環形鋬，圜底，三條刀足外撇。柱帽飾三道弦紋，流下飾一對相向的卷尾夔龍，頸部和尾下飾三角雲雷紋，腹部飾獸面紋，均以雲雷紋填地。

【著　　録】江漢考古 2016 年 3 期 23 頁拓片 6.2、21 頁圖版十八。

【銘文字數】腹内壁鑄銘文 8 字。

【銘文釋文】曶（曾）白（伯）乍（作）西宮寶隣（尊）彝。

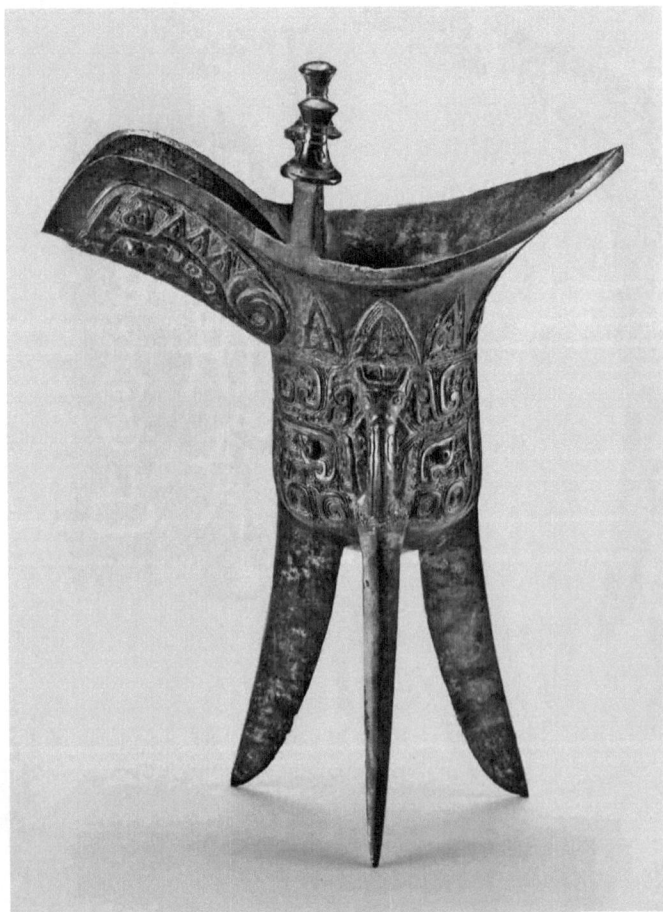

0794. 何父爵

【時　　代】西周早期。

【收 藏 者】某收藏家。

【形制紋飾】曲口寬流槽，尾較短，口沿上有一對束傘形立柱，杯體向下收細，內側有牛首半環形鋬，三條刀足外撇。頸部飾列旗脊雲雷紋，流下飾卷尾夔龍紋，尾下飾雲雷紋，腹部飾雲雷紋組成的獸面紋，與鋬相對的上腹增飾浮雕獸頭。

【著　　錄】未著錄。

【銘文字數】尾內鑄銘文 18 字（其中合文 1）。

【銘文釋文】丁亥，白（伯）柬父易（錫）何父貝卅朋，用乍（作）父乙寶隩（尊）彝。

【備　　注】“卅朋”爲合文。同坑出土 2 件，《銘續》著錄一件（0668），形制、紋飾、大小基本相同，銘文行款不同。

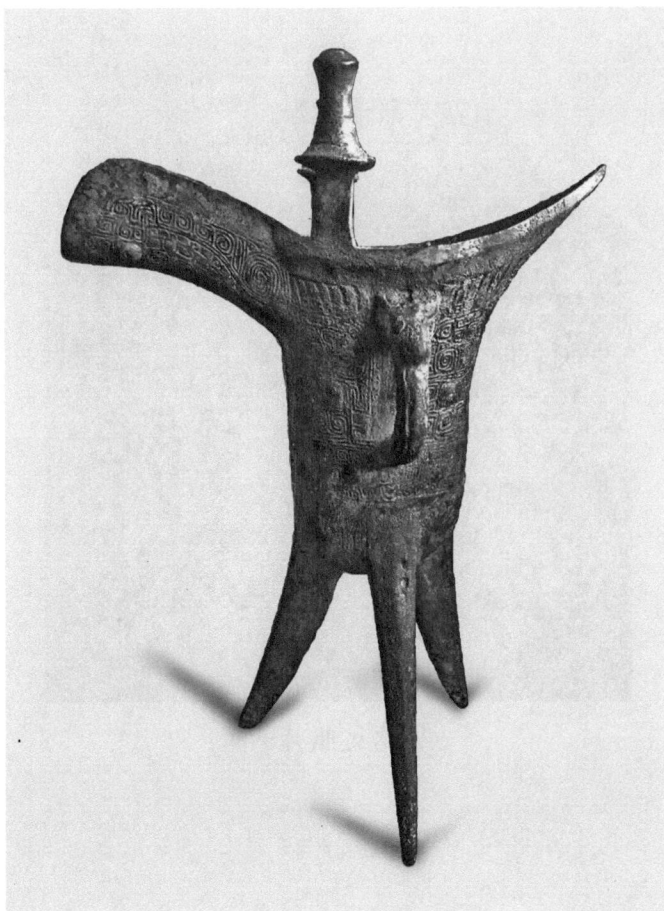

爵

銘文拓本

銘文照片

13. 角

（0795-0809）

0795. 黽角

【時　　代】商代晚期。

【收　藏　者】原藏香港滙寶閣，後歸布魯塞爾吉賽爾藝廊，現藏法國歐宗易先生。

【形制紋飾】曲口，兩翼上翹，卵圓形杯體，内側有牛首半環形鋬，三條三棱錐足外撇。
頸部飾三角雲雷紋，兩翼飾蕉葉紋，葉内填以倒置的獸面，腹部飾展體獸
面紋，均以雲雷紋填地。

【著　　録】憶事 22-25 頁。

【銘文字數】鋬下内壁鑄銘文 1 字。

【銘文釋文】黽。

角

0796. 萬角

【時　　代】西周早期。

【收 藏 者】某收藏家。

【形制紋飾】曲口,兩翼上翹,卵圓形杯體,內側有牛首半環形鋬,三條三棱錐足外撇。
翼下飾蕉葉紋,腹部飾獸面紋,均以雲雷紋填地。

【著　　錄】未著錄。

【銘文字數】鋬下腹壁鑄銘文 1 字。

【銘文釋文】萬。

0797. 子司角（原稱子父角）

【時　　代】商代晚期。

【出土時地】2019 年 9 月出現在保利香港秋季拍賣會。

【收　藏　者】日本關西某收藏家。

【尺度重量】通高 14 釐米。

【形制紋飾】曲口，兩翼上翹，卵圓形杯體，內側有牛首半環形鋬，三條三棱錐足外撇。
頸部飾三角紋，兩翼下飾蕉葉紋，腹部飾曲折角獸面紋，以雲雷紋填地。

【著　　錄】未著錄。

【銘文字數】鋬下腹壁鑄銘文 2 字。

【銘文釋文】子司。

0798. 子靣角

【時　　代】商代晚期。

【收 藏 者】臺北蔡春隆德能堂。

【尺度重量】通高 21.8、兩翼相距 16.8、口寬 7.8 釐
米，重 0.75 公斤。

【形制紋飾】曲口，兩翼上翹，卵圓形腹，內側有牛
首半環形鋬，三條三棱錐足稍向外撇，
腹部有三道扉棱，兩翼之下亦有扉棱裝
飾，屋脊形蓋上有四道脊棱，中部有一
個蛇形半環形鈕。腹部和蓋面飾分解
式獸面紋，以雲雷紋填地，頸部飾雲雷
紋填地的蕉葉紋，三足外側飾雲雷紋。

【著　　錄】璀璨 24、25 頁。

【銘文字數】鋬下腹壁鑄銘文 2 字。

【銘文釋文】子靣。

【備　　注】真偽存疑。

0799. 寑𝄈角（帚𝄈角）

【時　　代】商代晚期。

【收 藏 者】臺北蔡春隆德能堂。

【尺度重量】通高 21、兩翼相距 14.8、口寬 11 釐米，重 0.845 公斤。

【形制紋飾】曲口，兩翼上翹，腹部微鼓，圜底，腹內側有牛首半環形鋬，三條三棱錐足
　　　　　較粗壯，蓋作展翅翱翔狀飛鳥，雙翼伸展，尾羽作片狀向後伸出，尾端分
　　　　　歧。頸部飾三角雲雷紋，與鳥首相對應一側有浮雕獸頭，兩翼下飾蕉葉
　　　　　紋，葉內填以陰綫簡化獸面，腹部和鳥蓋羽翼部位飾陰綫變形獸面紋，鳥
　　　　　首飾羽紋，三足外側飾陰綫蟬紋。

【著　　錄】璀璨 28、29 頁。

【銘文字數】鋬下腹壁鑄銘文 2 字。

【銘文釋文】帚（寑）𝄈。

【備　　注】真偽存疑。

0800. 父丁角（原稱父乙角）

【時　　代】商代晚期。

【出土時地】2018 年 10 月出現在保利香港秋季
　　　　　　拍賣會。

【收　藏　者】原藏日本平安藏六觀邃古齋，後歸
　　　　　　日本某收藏家。

【尺度重量】通高 19.2 釐米。

【形制紋飾】口較平緩，一側有長流槽向上斜出，
　　　　　　尾較短，腹壁向下斜收，平底，口沿
　　　　　　上無柱，腹的一側有獸首扁環鋬，三
　　　　　　條三棱形錐足外撇，口上有蓋，半環
　　　　　　形鈕，腹部有三道扉棱。蓋的前部
　　　　　　飾龍紋，後部飾獸面紋，腹部飾兩組獸面紋，均以雲雷紋填地。

【著　　錄】未著錄。

【銘文字數】鋬內腹壁鑄銘文 3 字。

【銘文釋文】父丁丁。

【備　　注】銘文衍一"丁"字。

0801. 天黽獻角（獻天黽角）

【時　　代】商代晚期。

【收 藏 者】某收藏家。

【形制紋飾】口有銳角兩翼，作凹弧形上翹，卵圓腹，內側有半環形鋬，三條三棱錐足，足尖外侈。頸部飾三角紋雲紋，兩翼下飾大三角紋，內填雲雷紋，腹部飾兩組獸面紋，以雲雷紋填地。

【著　　錄】未著錄。

【銘文字數】鋬內腹壁鑄銘文 3 字。

【銘文釋文】獻天黽。

【備　　注】銘文係複合族氏，可讀爲“天黽獻”。

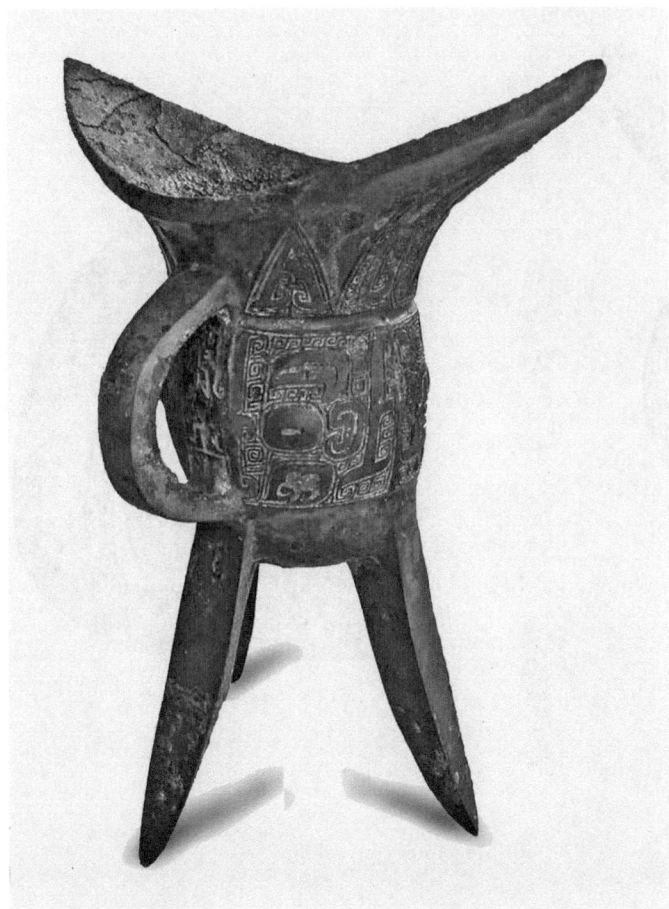

0802. 天黽獻角（獻天黽角）

【時　　代】商代晚期。

【收 藏 者】某收藏家。

【形制紋飾】口有銳角兩翼，作凹弧形上翹，卵圓腹，內側有半環形鋬，三條三棱錐足，足尖外侈。頸部飾三角紋雲紋，兩翼下飾大三角紋，內填雲雷紋，腹部飾兩組獸面紋，以雲雷紋填地。

【著　　錄】未著錄。

【銘文字數】鋬內腹壁鑄銘文 3 字。

【銘文釋文】獻天黽。

【備　　注】銘文係複合族氏，可讀爲“天黽獻”。

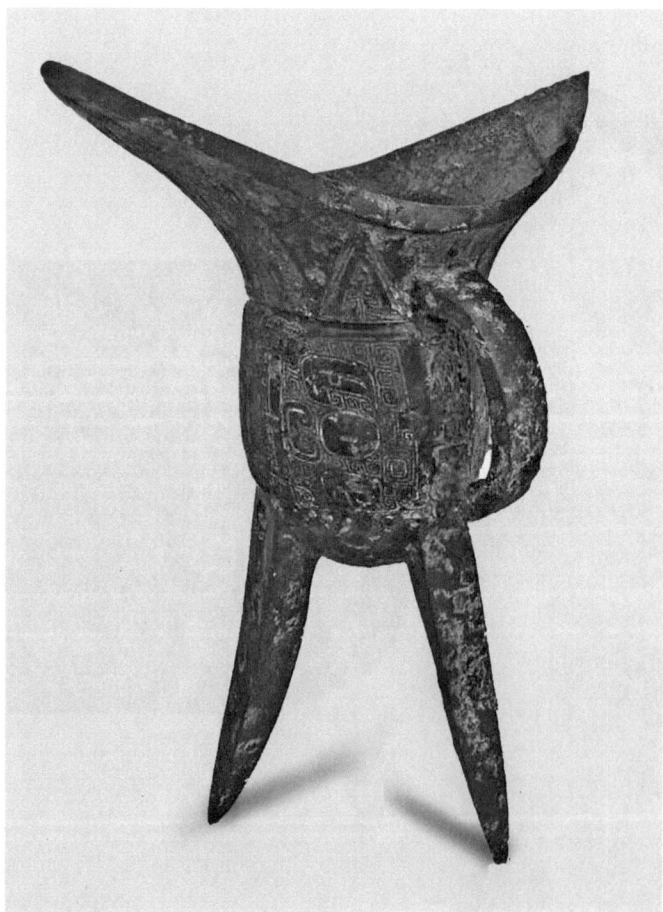

0803. 天黽獻角（獻天黽角）

【時　　代】商代晚期。

【出土時地】2017 年 5 月出現在香港大唐國際春季拍賣會。

【收 藏 者】某收藏家。

【尺度重量】通高 21、兩翼相距 17 釐米。

【形制紋飾】曲口，兩翼上翹，卵圓形杯體，一側有半環形扁條鋬，三條三棱錐足外撇。
頸部和兩翼下飾三角雲雷紋，腹部飾下卷角獸面紋，以雲雷紋填地。

【著　　錄】大唐 103 頁 887。

【銘文字數】鋬下腹壁鑄銘文 3 字。

【銘文釋文】獻天黽。

【備　　注】此角極有可能是上述兩角中的一件，因照片角度不同，不好對比，暫以三
件對待。

0804. 爻父乙角

【時　　代】商代晚期。

【出土時地】1926-1928年軍閥党玉琨（亦作党毓坤）在陝西寶雞縣戴家灣（今屬寶雞市金臺區陳倉鄉）盜掘出土。

【收　藏　者】下落不明。

【尺度重量】通高21.5、兩翼相距19.7、口寬10釐米，重4.92公斤。

【形制紋飾】兩翼上翹，口弧曲，杯體呈卵圓形，內側有牛首半環形鋬，三條三棱錐足外撇。兩翼下飾三角紋，填以雲雷紋，腹部飾下卷角獸面紋。

【著　　錄】戴與石035。

【銘文字數】鋬下腹壁鑄銘文3字。

【銘文釋文】爻父乙。

0805. 冈父戊角

【時　　代】西周早期。

【收 藏 者】下落不明。

【尺度重量】通高 26 釐米。

【形制紋飾】曲口，兩翼上翹，卵圓形杯體，內側有牛首半環形鋬，口上有弧形鳥蓋，鳥頭前昂，鳥尾上翹，兩翅豎起，三條刀足外撇。腹部飾獸面紋，流和尾下飾蕉葉紋，頸部飾三角雷紋，前部有浮雕獸頭，鳥蓋飾羽紋。

【著　　錄】綜覽・爵 253。

【銘文字數】鋬內腹壁鑄銘文 3 字。

【銘文釋文】冈父戊。

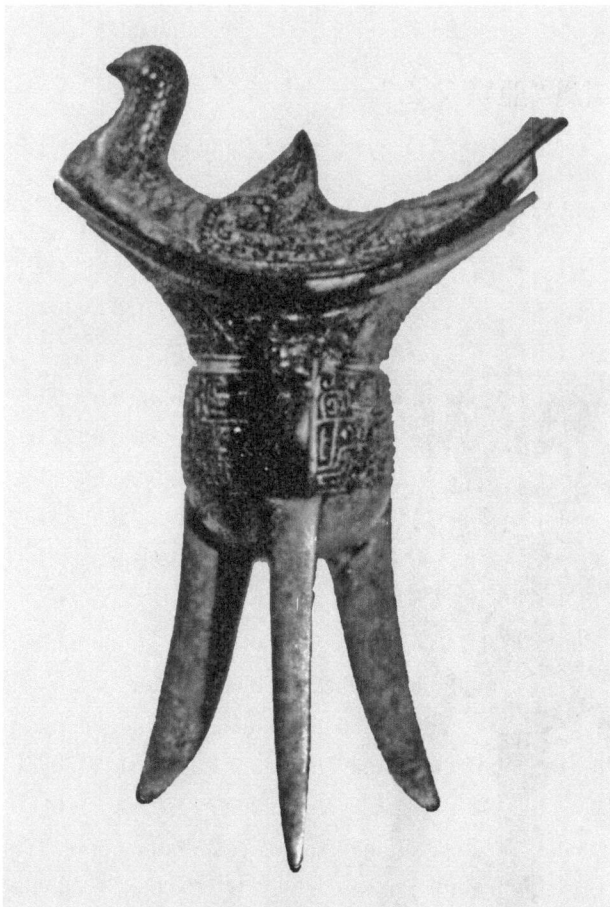

0806. 亞夨父乙角（亞疑父乙角）

【時　　代】商代晚期。

【收 藏 者】日本奈良國立博物館。

【尺度重量】通高 24.9、兩翼相距 18.4
　　　　　　釐米。

【形制紋飾】兩翼上翹，口弧曲，卵圓形
　　　　　　杯體，內側有牛首半環形
　　　　　　鋬，三條三棱錐足外撇。
　　　　　　腹部飾獸面紋，以雲雷紋
　　　　　　填地。

【著　　錄】坂本清賞 66，奈良銅 17 頁 37。

【銘文字數】鋬下腹壁鑄銘文 4 字。

【銘文釋文】亞父乙夨（疑）。

【備　　注】館藏號：角 01。銘文應讀爲"亞疑父乙"。

0807. 母嬎日辛角甲

【時　　代】商代晚期。

【出土時地】2018 年 3 月出現在美國紐約佳士得春季拍賣會。

【收 藏 者】原藏香港夢蝶軒,現藏不明。

【尺度重量】通高 16.7 釐米。

【形制紋飾】弧形口,兩翼上翹,卵圓形腹,內側有一個半環形鋬,三條三棱錐足外撇。頸部飾三角雷紋,腹部飾雲雷紋填地的獸面紋。

【著　　錄】未著錄。

【銘文字數】一翼鑄銘文 4 字。

【銘文釋文】母嬎日辛。

【備　　注】《銘圖》已著錄一件(08773)。

0808. 母嬭日辛角乙

【時　　代】商代晚期。

【出土時地】2018 年 3 月出現在美國紐約佳士得春季拍賣會。

【收　藏　者】原藏香港夢蝶軒,現藏不明。

【尺度重量】通高 16.5 釐米。

【形制紋飾】弧形口,兩翼上翹,卵圓形腹,內側有半環形鋬,三條三棱錐足外撇。頸部飾三角雷紋,腹部飾雲雷紋填地的獸面紋。

【著　　録】未著録。

【銘文字數】一翼鑄銘文 4 字。

【銘文釋文】母嬭日辛。

0809. 母嬃日辛角丙

【時　　代】商代晚期。

【出土時地】1986 年 6 月出現在英國倫敦蘇富比拍賣行。

【收 藏 者】原藏境外某收藏家，現藏不明。

【尺度重量】通高 17.2 釐米。

【形制紋飾】弧形口，兩翼上翹，卵圓形腹，內側有半環形鋬，三條三棱錐足外撇。頸部飾三角雷紋，腹部飾雲雷紋填地的獸面紋。

【著　　錄】新收 897。

【銘文字數】一翼鑄銘文 4 字。

【銘文釋文】母嬃日辛。

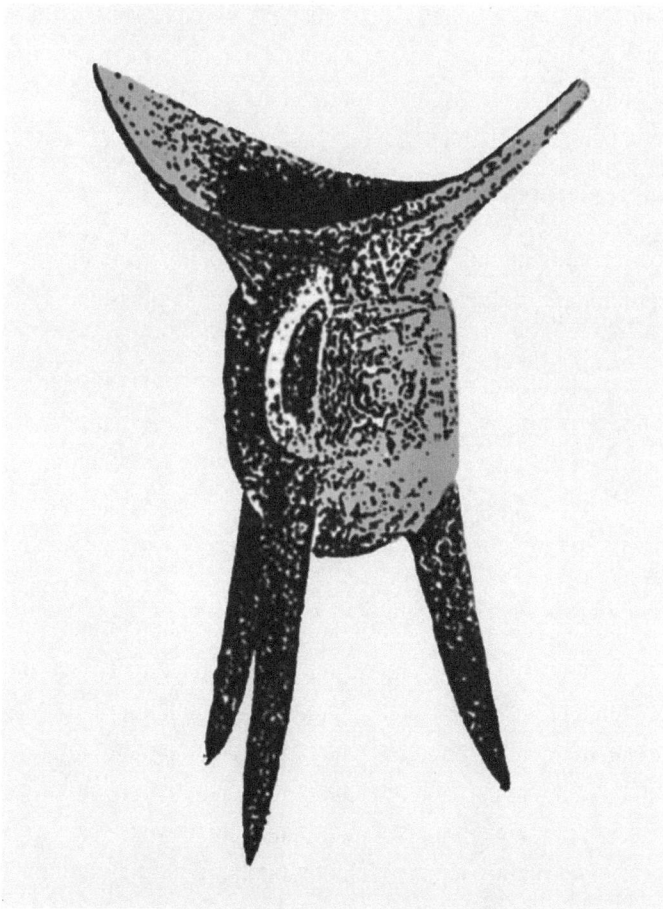

14. 觚

（0810–0884）

0810. 先觚

【時　　代】商代晚期。

【出土時地】2018 年 10 月出現在保利香港秋季拍賣會。

【收 藏 者】日本某收藏家。

【尺度重量】通高 27.2 釐米。

【形制紋飾】喇叭口,長頸,腹壁直,高圈足沿外撇,然後下折,形成一道邊圈,腹部和
圈足有四道扉棱,圈足上部有兩道弦紋。頸部飾蕉葉紋,葉內填以倒置
的上卷角獸面,腹部及圈足均飾雲雷紋組成的下卷角獸面紋。

【著　　録】未著録。

【銘文字數】圈足內壁鑄銘文 1 字。

【銘文釋文】先。

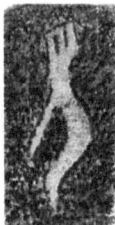

銘文拓本

銘文照片

0811. 先觚

【時　　代】商代晚期。

【出土時地】山西浮山縣北王鄉橋北村墓地盜掘出土,山西省臨汾市堯都區公安局打擊文物犯罪繳獲。

【收　藏　者】現藏臨汾市堯都區文物旅遊局。

【尺度重量】通高 27.9、口徑 15.6 釐米,重 1.23 公斤。

【形制紋飾】喇叭口,腹略外鼓,圜底,高圈足外侈,圈足上部有"十"字形鏤孔,腹與圈足有四道扉棱。頸部飾蕉葉紋,其下飾兩兩相對的蛇紋,腹部飾雷紋填地的獸面紋,圈足上部飾兩兩相對的蟬紋,下部飾雷紋填地的獸面紋。

【著　　錄】晉西 524 頁,銘照 202 頁 396。

【銘文字數】圈足內壁鑄銘文 1 字。

【銘文釋文】先。

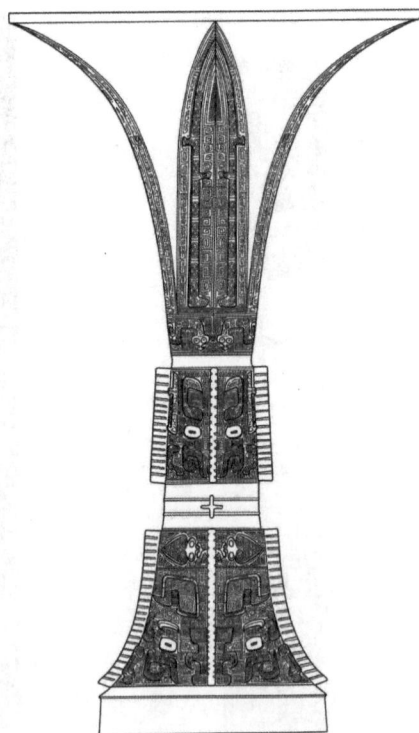

0812. 先觚

【時　　代】商代晚期。

【出土時地】山西浮山縣北王鄉橋北村墓地盜掘出土,山西省臨汾市堯都區公安局打擊文物犯罪繳獲。

【收　藏　者】現藏臨汾市堯都區文物旅遊局。

【形制紋飾】喇叭口,腹略外鼓,圜底,高圈足外侈,圈足上部有"十"字形鏤孔,腹與圈足有四道扉棱。頸部飾蕉葉紋,其下飾兩兩相對的蛇紋,腹部飾雷紋填地的獸面紋,圈足上部飾兩兩相對的蟬紋,下部飾雷紋填地的獸面紋。

【著　　録】晉西 527 頁,銘照 203 頁 397。

【銘文字數】圈足內壁鑄銘文 1 字。

【銘文釋文】先。

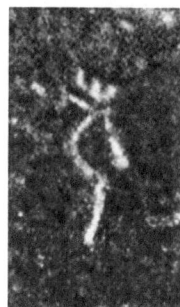

0813. 先觚

【時　　代】商代晚期。

【出土時地】山西浮山縣北王鄉橋北村墓地盜掘出土,山西省臨汾市堯都區公安局打擊文物犯罪繳獲。

【收　藏　者】現藏臨汾市堯都區文物旅遊局。

【形制紋飾】喇叭口,腹略外鼓,圜底,高圈足外侈,圈足上部有"十"字形鏤孔,腹與圈足有四道扉棱。頸部飾蕉葉紋,其下飾兩兩相對的蛇紋,腹部飾雷紋填地的獸面紋,圈足上部飾兩兩相對的蟬紋,下部飾雷紋填地的獸面紋。

【著　　錄】晉西 528 頁,銘照 203 頁 398。

【銘文字數】圈足內壁鑄銘文 1 字。

【銘文釋文】先。

0814. 先觚

【時　　代】商代晚期。

【出土時地】山西浮山縣北王鄉橋北村墓地盜掘出土,山西省臨汾市堯都區公安局打擊文物犯罪繳獲。

【收　藏　者】現藏臨汾市堯都區文物旅遊局。

【形制紋飾】喇叭口,腹略外鼓,圜底,高圈足外侈,圈足上部有"十"字形鏤孔,腹與圈足有四道扉棱。頸部飾蕉葉紋,其下飾兩兩相對的蛇紋,腹部飾雷紋填地的獸面紋,圈足上部飾兩兩相對的蟬紋,下部飾雷紋填地的獸面紋。

【著　　錄】晉西 529 頁,銘照 203 頁 399。

【銘文字數】圈足內壁鑄銘文 1 字。

【銘文釋文】先。

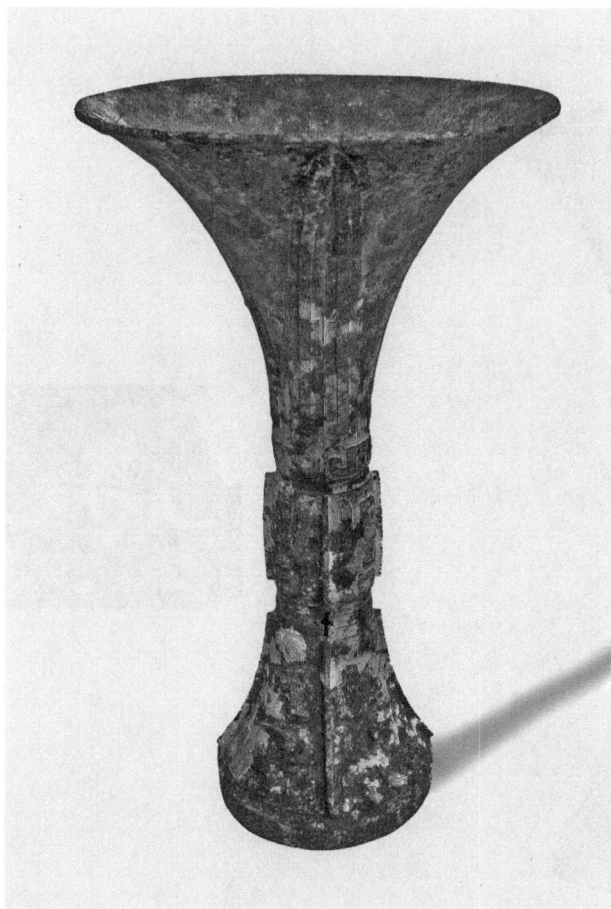
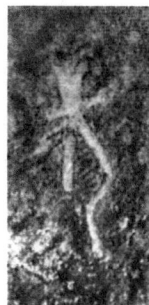

0815. 觚（觚）

【時　　代】商代晚期。

【出土時地】見於英國牛津大學阿什莫林博物館網。

【收 藏 者】牛津大學阿什莫林博物館。

【尺度重量】通高 28.2、口徑 16 釐米。

【形制紋飾】喇叭口，長頸，腹壁較直，高圈足，圈足上部有一對"十"字形鏤孔。頸部飾雲雷紋和蕉葉紋，葉內填以倒置的獸面，腹部飾上卷角獸面紋，圈足飾曲折角獸面紋。

【著　　録】銘照 203 頁 400。

【銘文字數】圈足內壁鑄銘文 1 字。

【銘文釋文】〔觚—觚〕。

0816. 子觚

【時　　代】商代晚期。

【出土時地】2019 年 3 月 28 日出現在盛世收藏網資訊欄目。

【收　藏　者】瑞士玫茵堂。

【尺度重量】通高 27.8 釐米。

【形制紋飾】喇叭口,長頸,腹壁較直,高圈足,上部有一對"十"字形鏤孔,下沿有一道邊圈。腹部和圈足均飾雲雷紋組成的獸面紋,但形象不同。

【著　　録】未著録。

【銘文字數】圈足內壁鑄銘文 1 字。

【銘文釋文】子。

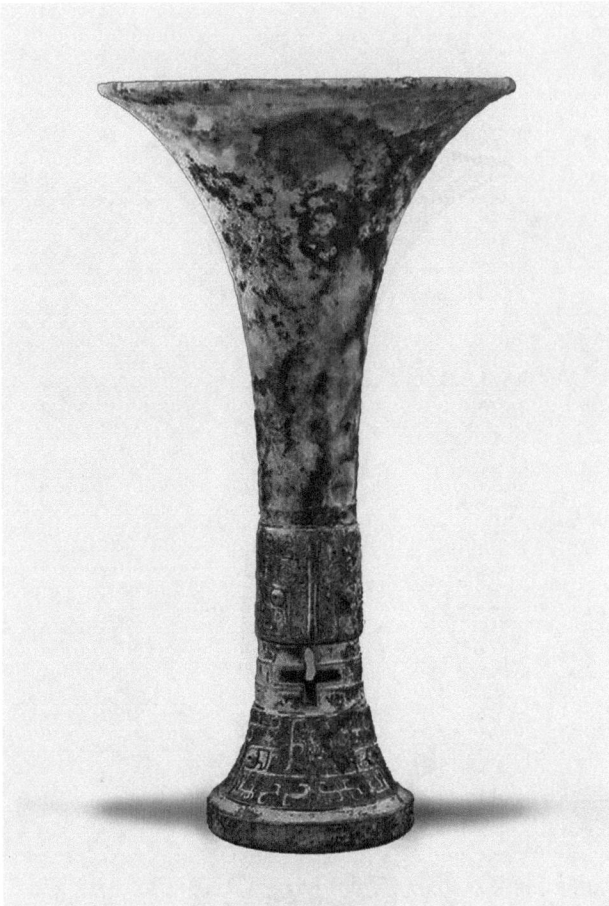

0817. 史觚

【時　　代】商代晚期。

【出土時地】2019 年 3 月出現在美國紐約佳士得春季拍賣會。

【收 藏 者】原藏瑞典斯德哥爾摩 Nathanael Wessén（20 世紀 30 至 40 年代），1975
年歸英國倫敦埃斯卡納齊。

【尺度重量】通高 31.5 釐米，重 1.3 公斤。

【形制紋飾】喇叭口，長頸，腹部與頸部粗細相當，高圈足沿下折成較高的邊圈，腹部
和圈足各有四道扉棱。頸部飾蛇紋，其上爲蕉葉紋，腹部飾上卷角獸面
紋，圈足上部飾蛇紋，下部飾曲折角獸面紋，均以雲雷紋填地。

【著　　錄】未著錄。

【銘文字數】圈足內壁鑄銘文 1 字。

【銘文釋文】史。

銘文照片

銘文摹本

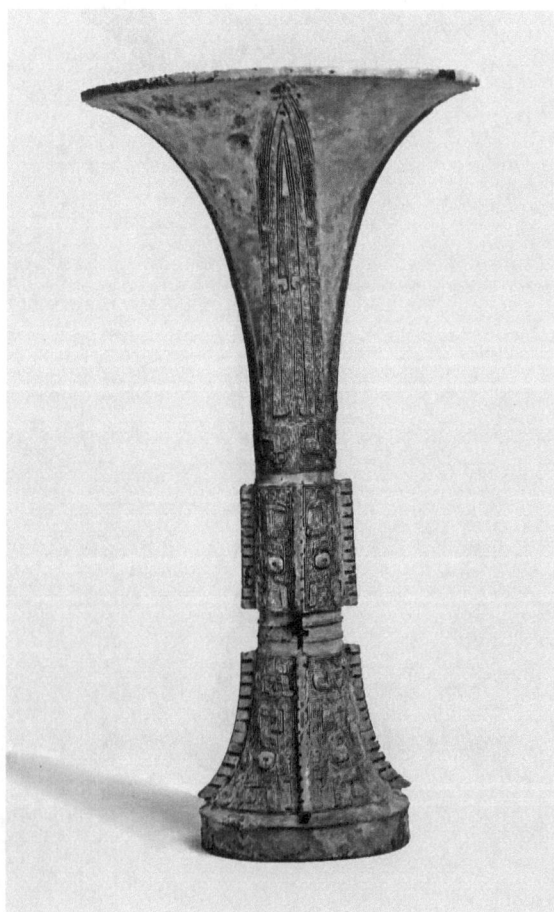

0818. 令觚

【時　　代】商代晚期。

【收 藏 者】某收藏家。

【尺度重量】通高 27.3 釐米。

【形制紋飾】喇叭口,長頸,腹壁略粗,高圈足,下有一道邊圈,圈足和腹部有四道矮扉
棱。頸部飾蕉葉紋,葉內填以倒置的獸面,腹部飾上卷角獸面紋,圈足飾
曲折角獸面紋。

【著　　録】未著録。

【銘文字數】圈足內壁鑄銘文 1 字。

【銘文釋文】令。

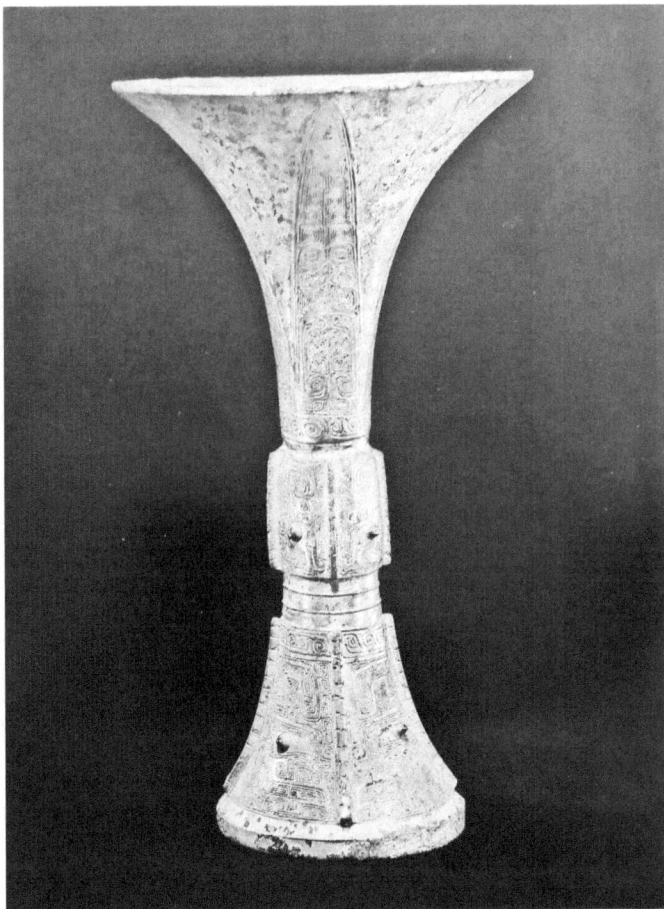

0819. 禹觚

【時　　代】商代晚期。

【出土時地】山東滕州市。

【收　藏　者】山東滕州市公安局。

【尺度重量】通高 25.6、口徑 15.2 釐米。

【形制紋飾】喇叭口,長頸鼓腹,高圈足,足上部有一對三角形孔。腹部飾簡化獸面紋,
　　　　　　無地紋。

【著　　錄】未著錄。

【銘文字數】圈足内壁鑄銘文 1 字。

【銘文釋文】禹。

0820. 堯觚（劓觚）

【時　　代】商代晚期。

【收 藏 者】某收藏家。

【形制紋飾】喇叭口，長頸鼓腹，高圈足沿下折。頸下部和圈足上部各有兩道弦紋，腹部飾獸面紋。

【著　　錄】未著錄。

【銘文字數】圈足內壁鑄銘文 1 字。

【銘文釋文】堯（劓—劓）。

【備　　注】同坑出土還有一件同銘文的爵。

0821. 堯觚（剚觚、⿰大夫觚）

【時　　代】商代晚期。

【收 藏 者】某收藏家。

【形制紋飾】喇叭口，長頸直腹，圈足下有一道高邊圈，圈足和腹部各有四道扉棱。頸部飾一周蛇紋，其上爲蕉葉形獸面紋，腹部飾上卷角獸面紋，圈足與腹部交界有兩條弦紋，圈足飾一周夔龍紋和兩組曲折角獸面紋，均以雲雷紋填地。

【著　　錄】未著錄。

【銘文字數】圈足內壁鑄銘文 1 字。

【銘文釋文】⿰大夫（堯—豐—剚）。

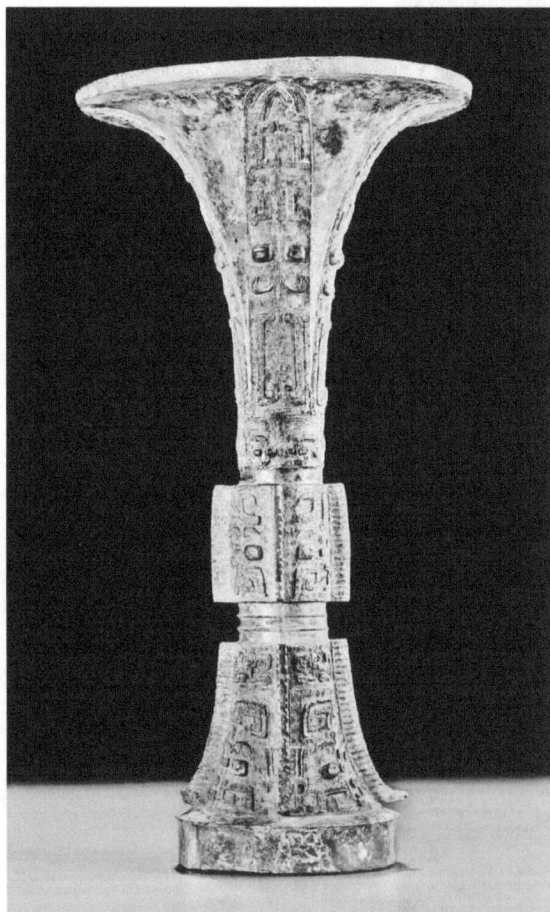

0822. 舌觚

【時　　代】商代晚期。

【出土時地】相傳 20 世紀 30 年代河南安陽薛家莊殷墓被盜出土。

【收　藏　者】原藏安陽古物保管會。

【形制紋飾】喇叭口,長頸直腹,圈足沿下折形成較高的邊圈,腹和圈足各有四道扉
棱。頸部飾蛇紋,其上飾雲雷紋組成的仰葉紋,腹部飾上卷角獸面紋,圈
足飾象紋和曲折角獸面紋,均以雲雷紋填地。

【著　　錄】中原文物 2011 年 3 期 30 頁圖 1.13(摹本)。

【銘文字數】圈足內壁鑄陽文 1 字。

【銘文釋文】舌。

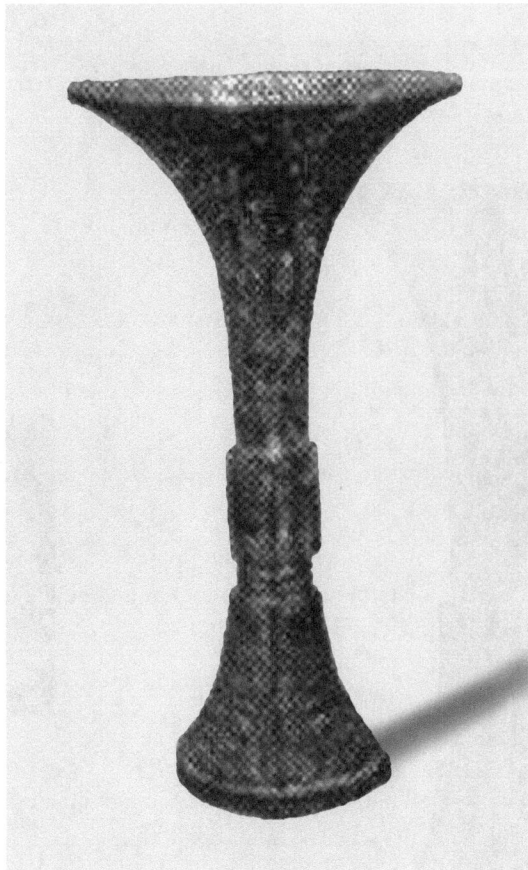

0823. 杲觚（🔲觚）

【時　　代】商代晚期。

【出土時地】2019 年 9 月出現在美國紐約蘇富比拍賣會。

【收　藏　者】原藏日本東京平野古陶軒。

【尺度重量】通高 32.6 釐米。

【形制紋飾】喇叭口,長頸直腹,高圈足外侈,下沿有一道邊圈,腹和圈足有四道扉棱。頸部飾蛇紋,其上爲蕉葉紋,葉內填以倒置的獸面,腹部飾上卷角獸面紋,圈足飾曲折角獸面紋。

【著　　録】未著録。

【銘文字數】圈足內壁鑄銘文 1 字。

【銘文釋文】🔲（杲）。

0824. 罸觚(罸觚)

【時　　代】商代晚期。

【收 藏 者】某收藏家。

【形制紋飾】喇叭口，長頸直腹，高圈足，腹部及圈足各有四道坡狀矮扉棱。頸部飾蕉葉紋，腹部飾上卷角獸面紋，圈足飾象鼻夔龍紋，均以雲雷紋填地。

【著　　錄】未著錄。

【銘文字數】圈足內壁鑄銘文 1 字。

【銘文釋文】罸(罸)。

0825. 冉觚（𠂤觚）

【時　　代】商代晚期。

【出土時地】2017 年 9 月出現在香港大唐國際秋季拍賣會。

【收　藏　者】某收藏家。

【尺度重量】通高 31.5、口徑 17.5 釐米。

【形制紋飾】喇叭口，長頸，腹壁較直，高圈足沿下折形成一道邊圈，腹部和圈足各有四道扉棱。頸部飾蕉葉紋，葉內填一倒置的獸面，腹部飾上卷角獸面紋，圈足上部飾夔紋，下部飾曲折角獸面紋，均以雲雷紋填地。

【著　　　錄】未著録。

【銘文字數】圈足內壁鑄銘文 1 字。

【銘文釋文】𠂤（冉）。

0826. ⚊觚

【時　　代】商代晚期。

【出土時地】2006 年河南安陽殷墟鐵三路北段商代墓葬（M89.1）。

【收 藏 者】中國社會科學院考古研究所安陽工作隊。

【尺度重量】通高 24.8、口徑 14.5、足徑 9.2 釐米。

【形制紋飾】喇叭形口，長頸鼓腹，圈足下有較高的臺座。腹部與圈足各飾兩組獸面紋。

【著　　錄】考古 2017 年 3 期 35 頁圖 38.1、39。

【銘文字數】圈足內壁鑄銘文 1 字。

【銘文釋文】⚊。

0827. 夵觚

【時　　代】商代晚期。

【收 藏 者】海外某收藏家。

【尺度重量】通高 21.2、口徑 12.8、腹深 13.4 釐米。

【形制紋飾】喇叭口，長頸，腹部微鼓，高圈足，沿下折。腹部和圈足各飾浮雕狀獸面
　　　　　　紋，不施地紋。

【著　　錄】未著錄。

【銘文字數】圈足內壁鑄銘文 1 字。

【銘文釋文】夵。

0828. 𠱾觚

【時　　代】商代晚期。

【出土時地】2017 年 5 月出現在香港大唐國際春季拍賣會。

【收 藏 者】某收藏家。

【尺度重量】通高 27、口徑 16.5 釐米。

【形制紋飾】喇叭口，長頸鼓腹，高圈足沿下折，腹部和圈足各有四道低矮的扉棱。頸部飾蟬紋，其上爲蕉葉紋，腹部飾獸面紋，圈足飾蟬紋和獸面紋，均以雲雷紋填地。

【著　　録】大唐 107 頁 889。

【銘文字數】圈足內壁鑄銘文 1 字。

【銘文釋文】𠱾。

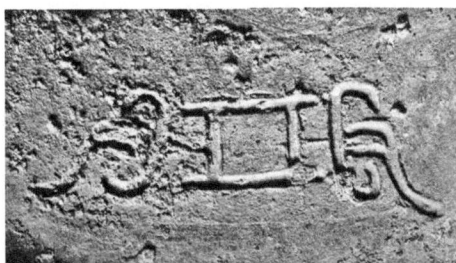

0829. 湽觚

【時　　代】商代晚期。

【出土時地】2019 年 9 月出現在奧地利維也納 Galerie Zacke 拍賣會。

【收 藏 者】某收藏家。

【尺度重量】通高 26 釐米,重 960.7 克。

【形制紋飾】喇叭口,長頸,腹部略高起,高圈足沿下折,腹部和圈足各有四道矮扉棱。
頸部飾蟬紋,其上爲蕉葉紋,腹部飾倒夔龍紋組成的獸面紋,圈足上部飾
蟬紋,下部飾曲折角獸面紋,均以雲雷紋填地。

【著　　錄】未著錄。

【銘文字數】圈足内壁鑄銘文 1 字。

【銘文釋文】湽。

0830. □觚

【時　　代】商代晚期。

【出土時地】2009-2010 年河南安陽劉家莊北地商代墓葬（M94.1）。

【收　藏　者】安陽市文物考古研究所。

【尺度重量】通高 18、流至尾長 16.1 釐米。

【形制紋飾】喇叭口，鼓腹，高圈足沿下折，形成一道邊圈，腹部和圈足各有四道扉棱。頸部飾蛇紋，其上爲蕉葉紋，腹部和圈足飾獸面紋。

【著　　錄】文物 2017 年 6 期 28 頁圖 53.5。

【銘文字數】圈足內壁鑄銘文 1 字。

【銘文釋文】□。

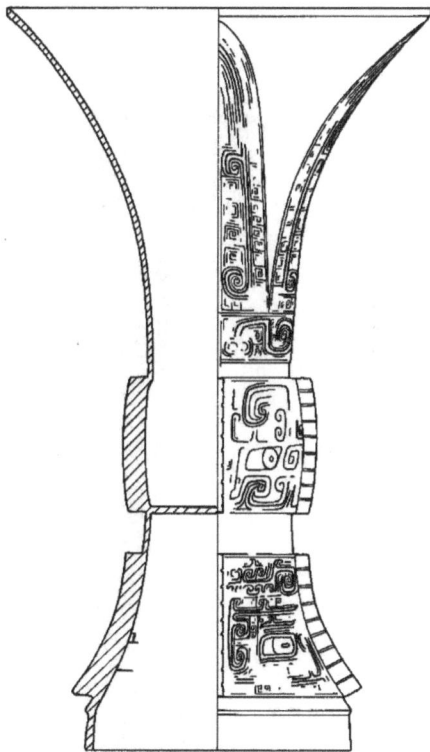

觚

0831. 何觚（矴觚）

【時　　代】西周早期。

【出土時地】2016 年 12 月出現在杭州西泠印社秋季拍賣會。

【收　藏　者】原藏美國夏威夷安娜·夏洛特·萊斯·庫克，現藏不明。

【尺度重量】通高 30.2 釐米。

【形制紋飾】喇叭口，長頸，腹壁較直，高圈足，下沿有較高的邊圈，腹部和圈足各有四道扉棱，圈足上部有一對未穿透的“十”字形鏤孔。頸部飾蛇紋，其上爲蕉葉紋，腹部飾上卷角獸面紋，圈足飾小鳥紋和下卷角獸面紋。

【著　　錄】未著錄。

【銘文字數】圈足內壁鑄銘文 1 字。

【銘文釋文】矴（何）。

0832. 夨觚

【時　　代】西周早期。

【出土時地】2013年湖北隨州市曾都區淅河鎮蔣寨村葉家山（M107.11）。

【收　藏　者】隨州博物館。

【尺度重量】高24.4、口徑15、腹深18.8、圈足徑9釐米，殘重0.455公斤。

【形制紋飾】殘破修復。喇叭口，圓唇，細長腰，高圈足。圈足上下飾斜角雲紋，以目紋間隔，中部飾方格目雷紋。

【著　　録】江漢考古2016年3期26頁拓片8.1，圖版二十六、七。

【銘文字數】圈足內壁鑄銘文1字。

【銘文釋文】夨。

銘文拓本

銘文照片

0833. 韋册觚甲

【時　　代】商代晚期。

【收 藏 者】某收藏家。

【形制紋飾】喇叭口,長頸鼓腹,高圈足沿下折,圈足上部有一對"十"字形鏤孔。頸下部飾兩道弦紋,圈足上部飾三道弦紋,腹部飾雲雷紋組成的獸面紋,圈足飾雲雷紋組成的夔龍紋。

【著　　錄】未著錄。

【銘文字數】圈足內壁鑄銘文 2 字。

【銘文釋文】韋册。

0834. 韋册觚乙

【時　　代】商代晚期。

【收 藏 者】某收藏家。

【形制紋飾】喇叭口,長頸鼓腹,高圈足沿下折,圈足上部有一對"十"字形鏤孔。頸下部飾兩道弦紋,圈足上部飾三道弦紋,腹部飾雲雷紋組成的獸面紋,圈足飾雲雷紋組成的夔龍紋。

【著　　錄】未著錄。

【銘文字數】圈足內壁鑄銘文 2 字。

【銘文釋文】韋册。

0835. 韋册觚丙

【時　　代】商代晚期。

【收 藏 者】某收藏家。

【形制紋飾】喇叭口，長頸鼓腹，喇叭形高圈足。圈足上部有一對"十"字形鏤孔。腹部和圈足均飾雲雷紋組成的獸面紋。

【著　　錄】未著錄。

【銘文字數】圈足內壁鑄銘文2字。

【銘文釋文】韋册。

0836. 鳥册觚

【時　　代】商代晚期。

【收　藏　者】日本奈良國立博物館。

【尺度重量】通高 25.1、口徑 14.7 釐米。

【形制紋飾】喇叭口，長頸，腹壁微鼓，高圈足沿下折。腹部飾雲雷紋組成的獸面紋，
　　　　　　圈足飾目雷紋。

【著　　録】坂本清賞 43，奈良銅 18 頁 40。

【銘文字數】圈足內壁鑄銘文 2 字。

【銘文釋文】鳥册。

【備　　注】館藏號：觚 09。

0837. 珥竹觚

【時　　代】商代晚期。

【出土時地】2019 年 3 月出現在美國紐約佳士得春季拍賣會。

【收 藏 者】原藏英國倫敦 R. E. R. Luff 伉儷。

【尺度重量】通高 31 釐米。

【形制紋飾】喇叭口,腹部與頸部粗細相當,高圈足沿下折成較高的邊圈,通體有四道
扉棱。頸部飾蛇紋,其上爲蕉葉紋,腹部飾上卷角獸面紋,圈足飾曲折角
獸面紋,均以雲雷紋填地。

【著　　錄】未著錄。

【銘文字數】圈足內壁鑄銘文 2 字。

【銘文釋文】珥𠓟(竹)。

【備　　注】此觚與《銘圖》09508 爲一對,形制、紋飾形同,大小相若,同爲英國倫敦
R. E. R. Luff 伉儷收藏。

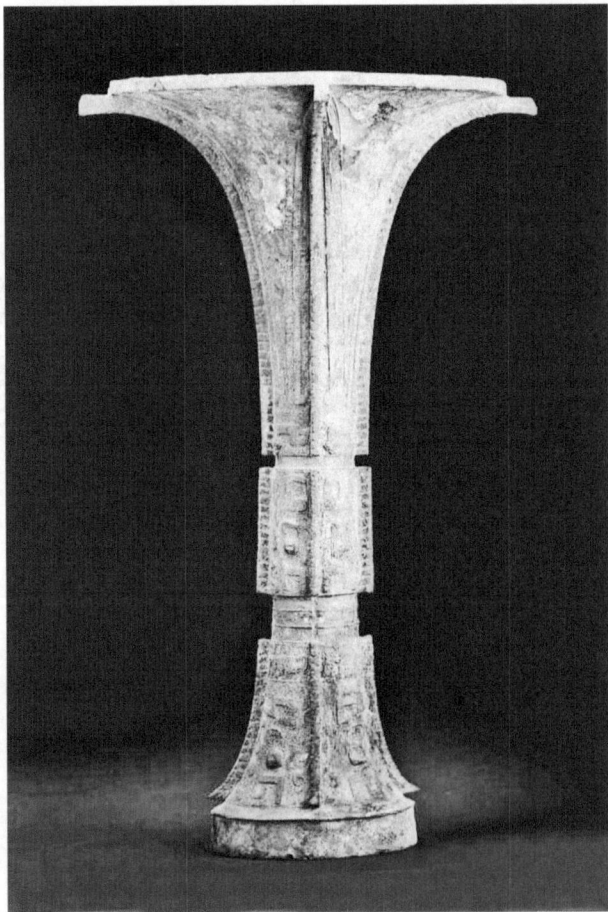

0838. 婦觥觚

【時　　代】商代晚期。

【收 藏 者】日本奈良國立博物館。

【尺度重量】通高 29.6、口徑 17.1 釐米。

【形制紋飾】喇叭口,長頸鼓腹,高圈足沿下折。腹部飾雲雷紋組成的獸面紋,圈足飾目雷紋。

【著　　錄】坂本清賞 42,奈良銅 18 頁 40。

【銘文字數】圈足內壁鑄銘文 2 字。

【銘文釋文】婦觥。

【備　　注】館藏號:觚 10。

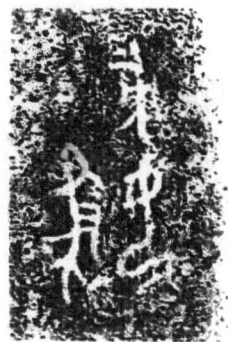

0839. 齒古觚

【時　　代】商代晚期。

【出土時地】2013 年 11–12 月，安陽市殷都區任家莊南地"熙城都匯"商住小區 (M114.3)。

【收　藏　者】安陽市文物考古研究所。

【尺度重量】通高 28.3、口徑 16、足高 10.3 釐米。

【形制紋飾】喇叭口，長頸鼓腹，高圈足，沿外撇，腹部兩側有對稱的兩條扉棱，腹下部與圈足之間前後有一對"十"字形鏤孔，腹上部和下部分飾兩周鋸齒紋，中間飾兩組對稱的夔龍、獸面紋。圈足自上而下分別飾鋸齒紋、雲雷紋、豎綫紋各一周，主體紋飾爲四組夔龍紋和獸面紋。

【著　　録】中原文物 2018 年 5 期 24 頁圖 19.2。

【銘文字數】圈足內壁鑄銘文 2 字。

【銘文釋文】齒古。

0840. 亞芈觚（亞禽觚）

【時　　代】商代晚期。

【出土時地】2008-2009 年間河南正陽縣傅寨鄉傅寨村閨樓商代墓地（M71.1）。

【收　藏　者】河南駐馬店市文物考古管理所。

【尺度重量】通高 26、口徑 15.1、腹徑 4.9、腹深 17、圈足徑 9.4 釐米，重 650 克。

【形制紋飾】喇叭口，長頸鼓腹，高圈足，沿下折，足上部有一對“十”字形鏤孔。頸部飾雲雷紋，其上爲蕉葉紋，葉内填以倒置的獸面，腹部和圈足飾不同形體的曲折角獸面紋。

【著　　録】考古學報 2018 年 4 期 283 頁圖 26.1。

【銘文字數】圈足内壁鑄銘文 2 字。

【銘文釋文】亞芈（禽）。

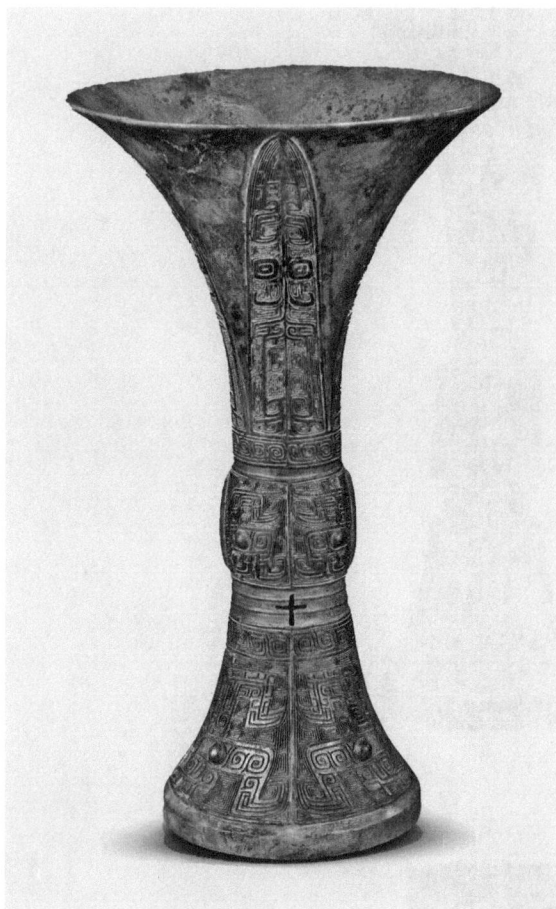

0841. 亞□觚

【時　　代】商代晚期。

【收 藏 者】法國東坡齋。

【尺度重量】通高 30.4 釐米。

【形制紋飾】喇叭口，長頸，腹壁較直，高圈足，下有一道邊圈，圈足和腹部各有四道扉
　　　　　棱。頸部飾夔龍紋，其上爲蕉葉紋，葉內填以倒置的獸面，腹部飾上卷角
　　　　　獸面紋，圈足上部飾曲折角獸面紋，均以雲雷紋填地。

【著　　錄】未著錄。

【銘文字數】圈足內壁鑄銘文 2 字。

【銘文釋文】亞□。

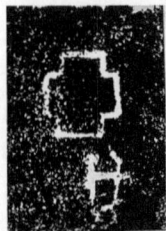

0842. 西單觚

【時　　代】商代晚期。

【收 藏 者】某收藏家。

【尺度重量】通高 32.1 釐米,重 1.2 公斤。

【形制紋飾】喇叭口,長頸直腹,高圈足沿下折,形成一道較高的邊圈。圈足和腹部各
　　　　　　有四道扉棱。頸部飾蛇紋,其上有蕉葉紋,葉內填倒置的獸面紋,腹部和
　　　　　　圈足飾上卷角獸面紋,圈足飾曲折角獸面紋。

【著　　　錄】未著錄。

【銘文字數】圈足內壁鑄銘文 2 字。

【銘文釋文】西單。

0843. 亞鷰觚（亞監觚）

【時　　代】商代晚期。

【收　藏　者】滕州市博物館。

【尺度重量】通高 19.3、口徑 14.3、足徑 9.2 釐米。

【形制紋飾】喇叭口，方脣，粗長頸，腹壁較直，高圈足沿外撇。頸下部和圈足上部各
　　　　　　飾兩道弦紋，腹部和圈足均飾獸面紋。

【著　　錄】未著錄。

【銘文字數】圈足內壁鑄銘文 2 字。

【銘文釋文】亞鷰（監）。

0844. 象己觚（己象觚）

【時　　代】商代晚期。

【收 藏 者】某收藏家。

【形制紋飾】喇叭口，長頸，腹壁較直，高圈足沿下折，形成一道邊圈，圈足和腹部各有四道扉棱。頸部飾蛇紋，其上有蕉葉紋，腹部飾上卷角獸面紋，圈足飾曲折角獸面紋。

【著　　録】未著録。

【銘文字數】圈足內壁鑄銘文 2 字。

【銘文釋文】己象。

【備　　注】銘文應讀爲"象己"。

0845. 孛己觚

【時　　代】商代晚期。

【出土時地】2018 年 7 月出現在杭州西泠印社春季拍賣會。

【收　藏　者】原藏某私家,現藏不明。

【尺度重量】通高 27.5 釐米。

【形制紋飾】喇叭口,長頸,腹壁直,高圈足,下有一道較高的邊圈,腹部和圈足各有四道扉棱。頸部飾蛇紋,其上爲蕉葉紋,葉內填以倒置的獸面,腹部和圈足均飾獸面紋。

【著　　錄】未著錄。

【銘文字數】圈足內壁鑄銘文 2 字。

【銘文釋文】孛己。

銘文拓本

銘文照片

0846. ↑己觚（鍨己觚）

【時　　代】商代晚期。

【出土時地】1998 年 6 月出現在英國倫敦蘇富比拍賣行，2019 年 4 月又出現在臺北富博斯春季拍賣會。

【收　藏　者】原藏清翫雅集。

【尺度重量】通高 32 釐米。

【形制紋飾】喇叭口，長頸直腹，高圈足下有一道邊圈，腹部和圈足各有四道扉棱。頸部飾蛇紋和蕉葉紋，腹部飾上卷角獸面紋，圈足飾曲折角獸面紋。

【著　　錄】未著錄。

【銘文字數】圈足內壁鑄銘文 2 字。

【銘文釋文】↑（鍨）己。

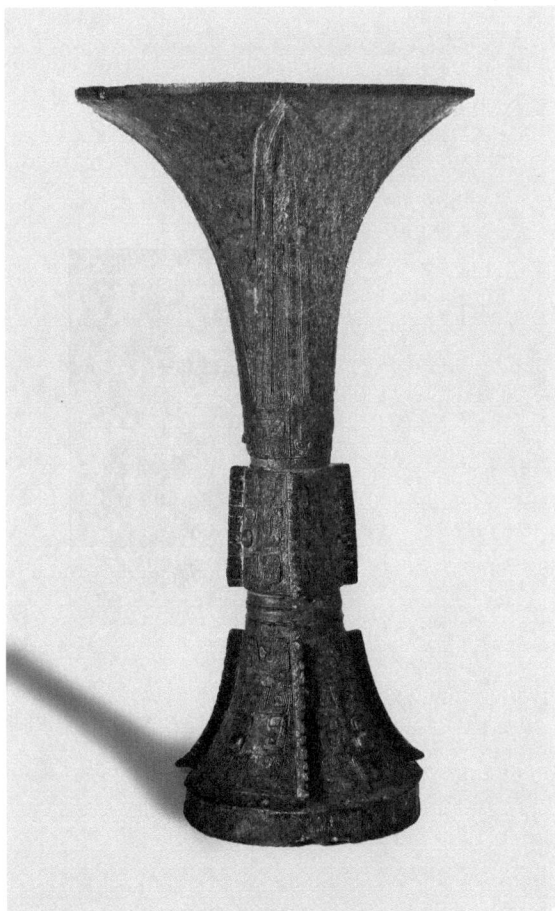

0847. □癸觚

【時　　代】商代晚期。

【出土時地】2018年7月出現在杭州西泠印社春季拍賣會。

【收 藏 者】原藏日本藏六,現藏不明。

【尺度重量】通高33釐米。

【形制紋飾】喇叭口,長頸,腹壁直,高圈足,下有一道較高的邊圈,腹部和圈足各有四道扉棱。頸部飾蛇紋,其上爲蕉葉紋,葉內填以倒置的獸面,腹部和圈足均飾獸面紋。

【著　　録】未著録。

【銘文字數】圈足內壁鑄銘文2字。

【銘文釋文】□癸。

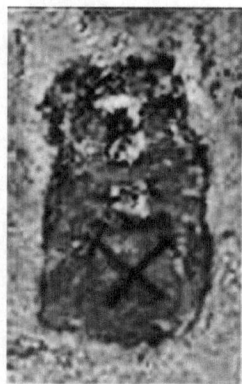

0848. 子匝觚

【時　　代】商代晚期。

【出土時地】山西聞喜縣河底鎮酒務頭商代墓地盜掘出土，山西省打擊文物犯罪
　　　　　　繳獲。

【收　藏　者】山西青銅器博物館。

【尺度重量】通高 21.7、口徑 14、足徑 7.9 釐米，重 0.788 公斤。

【形制紋飾】喇叭口，長頸，腹微鼓，喇叭形高圈足，沿下折。頸部飾蕉葉紋，葉內填以
　　　　　　倒置的獸面紋，腹部飾雲雷紋組成的獸面紋，圈足飾雲雷紋組成的夔
　　　　　　龍紋。

【著　　　錄】國寶（2018）126、127 頁。

【銘文字數】圈足內壁鑄銘文 2 字。

【銘文釋文】子匝。

0849. 子匜觚

【時　　代】商代晚期。

【收　藏　者】某收藏家。

【形制紋飾】喇叭口，長頸，腹微鼓，喇叭形高圈足，沿下折。頸部飾蕉葉紋，葉內填以倒置的獸面紋，腹部飾雲雷紋組成的獸面紋，圈足飾雲雷紋組成的夔龍紋。

【著　　錄】未著錄。

【銘文字數】圈足內壁鑄銘文2字。

【銘文釋文】子匜。

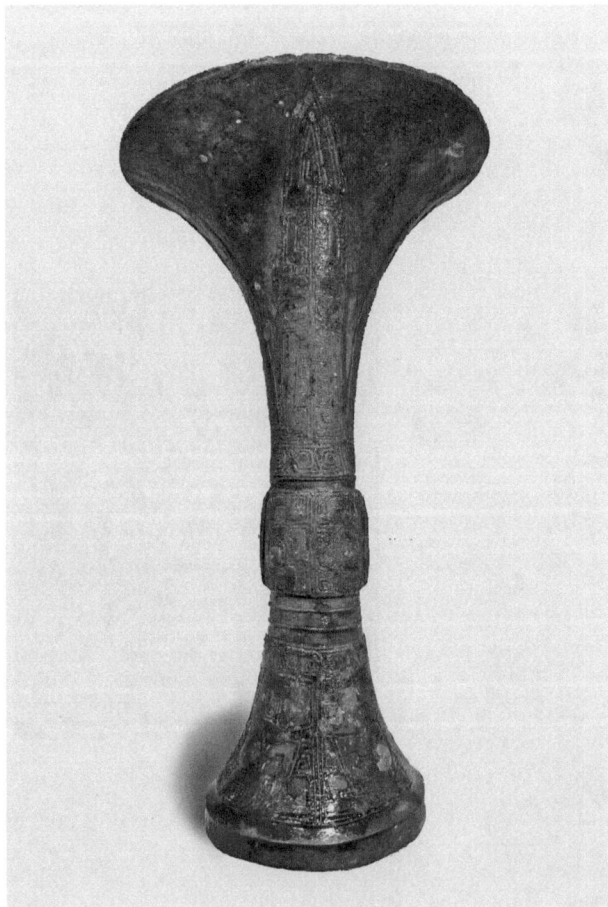

0850. 簠凸觚（葡凸觚）

【時　　代】商代晚期。

【收 藏 者】某收藏家。

【形制紋飾】喇叭口，長頸直腹，高圈足，腹和圈足各有四道扉棱。頸部飾蛇紋和蕉葉紋，腹部和圈足飾獸面紋。

【著　　錄】未著錄。

【銘文字數】圈足內壁鑄銘文2字。

【銘文釋文】葡（簠）凸。

觚

0851. 弔凸觚

【時　　代】商代晚期。

【收 藏 者】某收藏家。

【尺度重量】通高 31.8 釐米。

【形制紋飾】喇叭口，長頸，腹壁直，高圈足沿下折形成一道較高的邊圈，腹部和圈足
各有四道扉棱。頸部飾四瓣花紋，其上飾蕉葉紋，腹部飾分散式上卷角
獸面紋，圈足飾分散式曲折角獸面紋，均以纖細的雲雷紋填地。

【著　　錄】未著錄。

【銘文字數】圈足內壁鑄銘文 2 字。

【銘文釋文】弔凸。

0852. 戈▽觚

【時　　代】商代晚期。

【出土時地】2016 年 10 月首都機場海關繳獲。

【收　藏　者】暫存魯迅博物館。

【尺度重量】通高 24 釐米。

【形制紋飾】喇叭口,長頸,腹部微鼓,高圈足,其下有一道邊圈,圈足上部有一對"十"字形鏤孔。腹部和圈足飾形象不同的獸面紋。

【著　　錄】未著錄。

【銘文字數】圈足內壁鑄銘文 2 字。

【銘文釋文】戈▽。

【備　　注】"戈▽"或作"戈▼",當爲複合族氏,有人釋爲"戠"。

0853. 虎車觚

【時　　代】商代晚期。

【出土時地】2014 年 9 月出現在美國紐約蘇富比春季拍賣會。

【收　藏　者】某收藏家。

【尺度重量】通高 33 釐米。

【形制紋飾】喇叭口，長頸，腹部微鼓，高圈足下沿有一道邊圈，腹部和圈足均有四道扉棱。頸部飾蛇紋，其上飾蕉葉紋，腹部飾上卷角獸面紋，圈足飾下卷角獸面紋，以雲雷紋填地。

【著　　錄】未著錄。

【銘文字數】圈足內壁鑄銘文 2 字。

【銘文釋文】虎車。

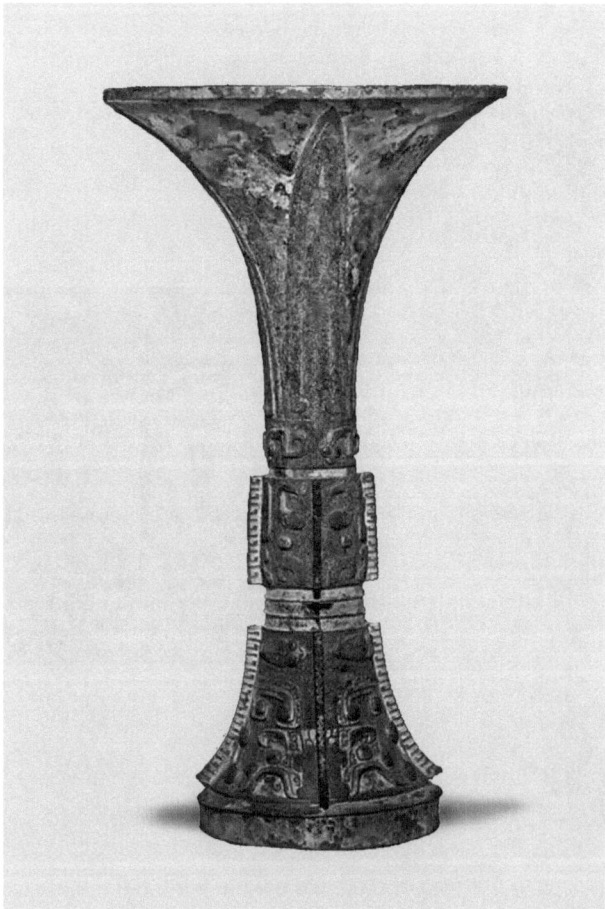

0854. 亞獲觚（亞隻觚）

【時　　代】商代晚期。

【出土時地】2014 年 6 月出現在美國紐約蘇富比春季拍賣會。

【收 藏 者】原藏日本某收藏家。

【形制紋飾】喇叭口，長頸直腹，圈足外侈，下沿有一道邊圈，腹和圈足均有四道扉棱。
腹部和圈足均飾上卷角獸面紋，以雲雷紋填地。

【著　　錄】未著錄。

【銘文字數】圈足內壁鑄銘文 2 字。

【銘文釋文】亞隻（獲）。

0855. 亞疑瓳（亞吴瓳）

【時　　代】商代晚期。

【收 藏 者】某收藏家。

【形制紋飾】喇叭口，長頸直腹，圈足沿下折，腹和圈足有四道扉棱。口下飾仰葉紋，
腹部飾獸面紋，圈足飾蛇紋和獸面紋，均以雲雷紋填地。

【著　　錄】未著錄。

【銘文字數】圈足內壁鑄銘文 2 字。

【銘文釋文】亞吴（疑）。

【備　　注】器物圖像藏家未提供。

0856. 合甲瓳

【時　　代】商代晚期。

【收 藏 者】某收藏家。

【著　　錄】銘照 203 頁 403。

【銘文字數】圈足內壁鑄銘文 2 字。

【銘文釋文】合甲。

0857. 父乙觚

【時　　代】商代晚期。

【出土時地】1951 年申彥丞先生捐贈給西南博物院。

【收 藏 者】原藏西南博物院,後藏重慶博物館,現藏中國三峽博物館。

【尺度重量】通高 26.6、口徑 15 釐米。

【形制紋飾】喇叭口,長頸,腹壁較直,高圈足沿下折。頸下部有兩周弦紋,圈足上部有三周弦紋,前後各有一個長方孔,腹部和圈足均飾雲雷紋組成的獸面紋。

【著　　錄】未著錄。

【銘文字數】圈足內壁鑄銘文 2 字。

【銘文釋文】父乙。

0858. 父辛觚

【時　　代】西周早期後段。

【出土時地】2009-2010 年山西翼城縣隆化鎮大河口西周墓葬（M1017.90）。

【收 藏 者】山西省大河口墓地聯合考古隊。

【尺度重量】殘高 17、圈足徑 8.2 釐米，重 0.455 公斤。

【形制紋飾】喇叭口，長頸細腹，喇叭形高圈足，足上下各有一道箍帶，其上各鑲嵌五塊橢方形玉片（已脫落），兩箍帶之間鑲嵌三塊橢方形玉片，飾垂鱗紋。觚內部有銅內腔再套木內腔，內外共三層。上部已殘斷。

【著　　錄】考古學報 2018 年 1 期 118 頁圖 33.3。

【銘文字數】圈足內壁鑄銘文 2 字。

【銘文釋文】父辛。

【備　　注】同墓出土 2 件。

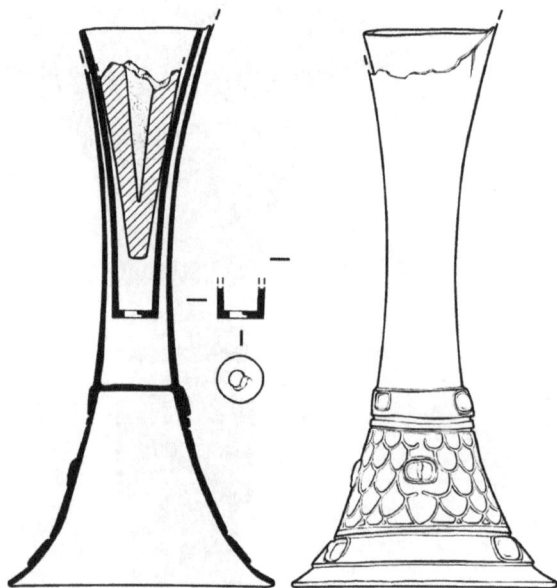

0859. 作彝觚

【時　　代】西周早期。

【收　藏　者】捷克共和國布拉格國立美術館。

【尺度重量】通高 22 釐米。

【形制紋飾】喇叭口，長頸，腹部微鼓，高圈足沿下折，形成一道邊圈。腹部飾兩組雲雷紋組成的獸面紋，獸面僅見目和角，圈足上部有兩道弦紋。

【著　　録】青與金第 2 輯 456 頁圖 4、5。

【銘文字數】圈足內壁鑄銘文 2 字。

【銘文釋文】乍（作）彝。

【備　　注】館藏號：Vp708。

觚

0860. 齊京母觚

【時　　代】商代晚期。

【收　藏　者】瑞典斯德哥爾摩遠東古物館。

【形制紋飾】喇叭口，直腹，高圈足，足下有高邊圈，腹部和圈足有四道扉棱，足上部有
　　　　　一對細"十"字形鏤孔。頸部飾蕉葉形獸面紋，腹部飾上卷角獸面紋，圈
　　　　　足飾一周爬行龍和兩組曲折角獸面紋，均以雲雷紋填地。

【著　　錄】未著錄。

【銘文字數】圈足內壁鑄銘文 3 字。

【銘文釋文】齊京母。

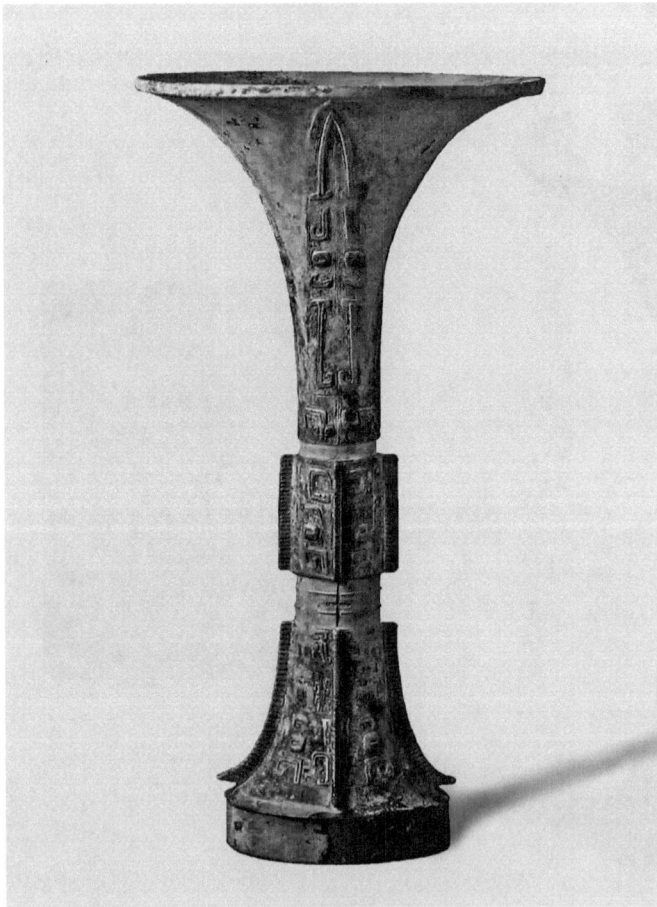

0861. 孟父乙觚(父乙孟觚)

【時　　代】商代晚期。

【出土時地】2018 年 9 月出現在日本東京中央國際八週年拍賣會。

【收　藏　者】某收藏家。

【尺度重量】通高 30 釐米。

【形制紋飾】喇叭口,長頸,腹壁較直,高圈足沿下折形成一道邊圈,腹部和圈足各有
　　　　　　四道扉棱。頸部飾蛇紋,其上爲蕉葉紋,腹部飾上卷角獸面紋,圈足飾一
　　　　　　周蛇紋和下卷角獸面紋,均以雲雷紋填地。

【著　　錄】未著錄。

【銘文字數】圈足內鑄銘文 3 字。

【銘文釋文】父乙,孟。

銘文拓本

銘文摹本

0862. 丙父乙觚（冇父乙觚）

【時　　代】商代晚期。

【出土時地】2019 年 9 月出現在保利香港秋季拍賣會。

【收 藏 者】日本關西某收藏家。

【尺度重量】通高 28.2 釐米。

【形制紋飾】喇叭口，長頸，腹部略高起，高圈足沿下折形成一道邊圈，腹部和圈足各有四道矮扉棱。頸部飾蟬紋，其上爲蕉葉紋，腹部飾倒夔龍紋組成的獸面紋，圈足上部飾蟬紋，下部飾曲折角獸面紋，均以雲雷紋填地。

【著　　錄】未著錄。

【銘文字數】圈足內壁鑄銘文 3 字。

【銘文釋文】冇（丙）父乙。

0863. 豕父丁觚

【時　　代】商代晚期。
【收 藏 者】某收藏家。
【著　　録】未著録。
【銘文字數】圈足内壁鑄銘文 3 字。
【銘文釋文】豕父丁。

0864. 亞禽示觚（亞羋示觚）

【時　　代】商代晚期。
【收 藏 者】某收藏家。
【形制紋飾】喇叭口，長頸鼓腹，高圈足沿下折，通體有四道扉棱。腹部飾上卷角獸面
　　　　　　紋，圈足飾浮雕蟬紋和曲折角獸面紋。
【著　　録】未著録。
【銘文字數】圈足内壁鑄銘文 3 字。
【銘文釋文】亞羋（禽）示。
【備　　注】器物圖像藏家未提供。

0865. 𡥀父丁觚

【時　　代】商代晚期。

【出土時地】甘肅涇川縣。

【收　藏　者】涇川博物館。

【形制紋飾】喇叭口,長頸,腹壁較直,高圈足沿下折形成一道邊圈,腹部和圈足各有四道扉棱。頸部飾蛇紋和蕉葉紋,腹部飾上卷角獸面紋,圈足上部飾蛇紋,下部飾曲折角獸面紋。

【著　　錄】西部考古第 8 輯(2014 年)102 頁圖 3.1、2。

【銘文字數】圈足内鑄銘文 3 字。

【銘文釋文】𡥀父丁。

【備　　注】館藏號:00474。"𡥀"原誤釋爲"考"。

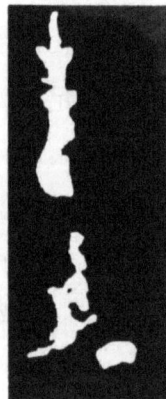

0866. 子刀不觚

【時　　代】商代晚期。

【收 藏 者】某收藏家。

【形制紋飾】喇叭口，長頸，腹微鼓，高圈足沿下折，形成一道邊圈，圈足上部有一對
　　　　　　“十”字形鏤孔。頸部飾雲雷紋，其上爲蕉葉紋，腹部飾上卷角獸面紋，
　　　　　　圈足飾夔龍紋。

【著　　録】未著録。

【銘文字數】圈足内壁鑄銘文 3 字。

【銘文釋文】子刀不。

0867. 牛觚

【時　　代】商代晚期。

【收　藏　者】某收藏家。

【尺度重量】通高 33 釐米。

【形制紋飾】細高體,喇叭口,長頸直腹,高圈足沿下折形成一道邊圈,腹部和圈足各
　　　　　　有四道扉棱。頸部飾蛇紋和蕉葉紋,腹部飾曲折角獸面紋,圈足飾下卷
　　　　　　角獸面紋。

【著　　錄】未著錄。

【銘文字數】內底鑄銘文 3 字。

【銘文釋文】牛,□爪。

0868. 父乙觚

【時　　代】商代晚期。

【收 藏 者】天津博物館。

【尺度重量】通高 27.1、口徑 15 釐米。

【形制紋飾】喇叭口，長頸鼓腹，高圈足
　　　　　　沿下折形成一道邊圈。腹
　　　　　　部和圈足飾形象不同的獸
　　　　　　面紋，以雲雷紋填地。

【著　　錄】津銅 53 頁 020。

【銘文字數】圈足內壁鑄銘文 3 字。

【銘文釋文】□父乙。

銘文拓本

銘文照片

0869. 戈父己觚

【時　　代】商代晚期。

【收 藏 者】某收藏家。

【形制紋飾】喇叭口,長頸,腹部微粗,高圈足,其下有一道邊圈,圈足上部有一對"十"
字形鏤孔。腹部飾雲雷紋組成的獸面紋,圈足飾目紋和雲雷紋。

【著　　録】未著録。

【銘文字數】圈足內壁鑄銘文 3 字。

【銘文釋文】戈父己。

0870. 堯父庚觚（矍父庚觚）

【時　　代】商代晚期。

【收 藏 者】原藏香港滙寶閣，後歸布魯塞爾吉賽爾藝廊，現藏法國歐宗易先生。

【形制紋飾】喇叭口，長頸直腹，高圈足沿下折形成一道高邊圈，腹和圈足各有四道扉棱，圈足上部有一對"十"字形鏤孔。頸部飾蛇紋，其上爲蕉葉紋，葉內填以倒置的獸面，腹部飾上卷角獸面紋，圈足飾一周蛇紋和曲折角獸面紋，通體以雲雷紋填地。

【著　　錄】憶事 30 頁。

【銘文字數】圈足內壁鑄銘文 3 字。

【銘文釋文】堯（矍—剢）父庚。

0871. 史父癸觚

【時　　代】商代晚期。

【收 藏 者】北京漢唐雅集藝術館。

【尺度重量】通高 25、口徑 14.5、足徑 9 釐米,重 1.012 公斤。

【形制紋飾】喇叭口,長頸鼓腹,高圈足下有一道邊圈,圈足和腹部各有四道扉棱。頸
　　　　　下部和圈足上部各有兩道弦紋,圈足上部並有一對"十"字形鏤孔,腹部
　　　　　飾雲雷紋組成的獸面紋,圈足飾雲雷紋組成的夔龍紋。

【著　　録】未著録。

【銘文字數】圈足內壁鑄銘文 3 字。

【銘文釋文】史父癸。

0872. 隹父癸觚（父癸隹觚）

【時　　代】商代晚期。

【出土時地】2018 年 7 月出現在杭州西泠印社春季拍賣會。

【收 藏 者】原藏日本某私家，現藏不明。

【尺度重量】通高 33 釐米。

【形制紋飾】喇叭口，長頸，腹壁直，高圈足下有一道較高的邊圈，腹部和圈足各有四道扉棱。頸部飾蛇紋，其上爲蕉葉紋，葉內填以倒置的獸面，腹部和圈足均飾獸面紋。

【著　　錄】未著錄。

【銘文字數】圈足內壁鑄銘文 3 字。

【銘文釋文】父癸，隹。

銘文拓本

銘文照片

觚

0873. 六六六觚

【時　　代】商代晚期。

【出土時地】1978 年 10 月西安市灞橋區袁家崖商代墓葬。

【收　藏　者】西安半坡博物館。

【尺度重量】通高 27、口徑 15.5 釐米。

【形制紋飾】喇叭口，長頸，腹微鼓，高圈足，腹部和圈足各有四道扉棱。頸部飾蕉葉
　　　　　紋，腹部和圈足飾雲雷紋組成的獸面紋。

【著　　録】陝集成 13 册 173 頁 1532。

【銘文字數】圈足內壁鑄銘文 3 字。

【銘文釋文】六六六。

0874. 冉父乙觚（冉父乙觚）

【時　　代】西周早期。

【收 藏 者】某收藏家。

【形制紋飾】喇叭口，長頸鼓腹，高圈足沿下折形成一道邊圈。腹部飾牛角獸面紋，圈足飾上卷角獸面紋。

【著　　錄】未著錄。

【銘文字數】圈足內壁鑄銘文 3 字。

【銘文釋文】冉（冉）父乙。

0875. 子龏父己觚

【時　　代】商代晚期。

【出土時地】2018 年 10 月出現在香港大唐國際秋季拍賣會。

【收 藏 者】某收藏家。

【尺度重量】通高 29.5、口徑 15 釐米。

【形制紋飾】喇叭口,長頸直腹,高圈足沿下折形成一道邊圈,腹部和圈足各有四道扉棱。頸部飾蕉葉紋,腹部飾上卷角獸面紋,圈足飾曲折角獸面紋。

【著　　錄】未著錄。

【銘文字數】圈足內壁鑄銘文 4 字。

【銘文釋文】子龏父己。

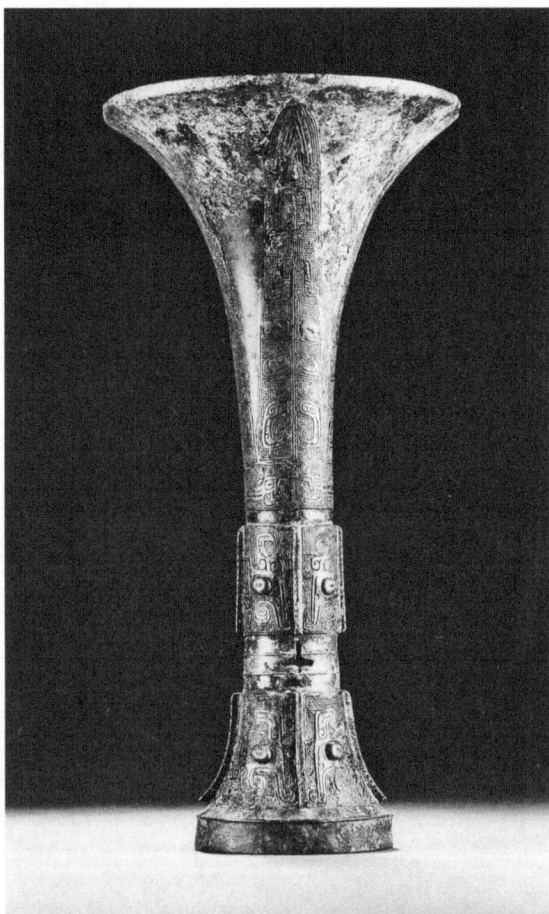

0876. 亞𤔲天黽獻觚

【時　　代】商代晚期。

【出土時地】2019年11月出現在杭州西泠印社拍賣會。

【收　藏　者】原藏海外某私家。

【尺度重量】通高34、口徑19、最大徑（兩脊間距）21釐米。

【形制紋飾】喇叭口，長頸直壁，高圈足沿下折形成一道邊圈，通體有四道扉棱。頸部飾四瓣目紋，其上爲蕉葉紋，葉內填以倒置的獸面紋，腹部飾上卷角獸面紋，圈足飾曲折角獸面紋，均以雲雷紋填地。

【著　　錄】未著錄。

【銘文字數】圈足內壁鑄銘文5字。

【銘文釋文】亞𤔲天黽獻。

【備　　注】同坑出土一對，形制、紋飾、銘文相同，大小相若。

銘文拓本

銘文照片

觚

527

0877. 亞𠂤天黽獻觚

【時　　代】商代晚期。

【出土時地】2019 年 11 月出現在杭州西泠印社拍賣會。

【收 藏 者】原藏海外某私家。

【尺度重量】通高 34.2、口徑 19、最大徑（兩脊間距）21 釐米。

【形制紋飾】喇叭口，長頸直壁，高圈足沿下折形成一道邊圈，通體有四道扉棱。頸部飾四瓣目紋，其上爲蕉葉紋，葉內填以倒置的獸面紋，腹部飾上卷角獸面紋，圈足飾曲折角獸面紋，均以雲雷紋填地。

【著　　錄】未著錄。

【銘文字數】圈足內壁鑄銘文 5 字。

【銘文釋文】亞𠂤天黽獻。

銘文拓本

銘文照片

0878. 亞🜚天黽獻觚

【時　　代】商代晚期。

【出土時地】山西曲沃縣盜墓出土，山西省打擊文物犯罪繳獲。

【收 藏 者】山西青銅器博物館。

【形制紋飾】喇叭口，長頸，腹壁較直，高圈足沿下折，腹部和圈足各有四道扉棱。頸部飾蛇紋，其上爲蕉葉紋，腹部飾下卷角獸面紋，圈足飾曲折角獸面紋，均以雲雷紋填地。

【著　　錄】未著錄。

【銘文字數】圈足內壁鑄銘文 5 字。

【銘文釋文】亞🜚天黽獻。

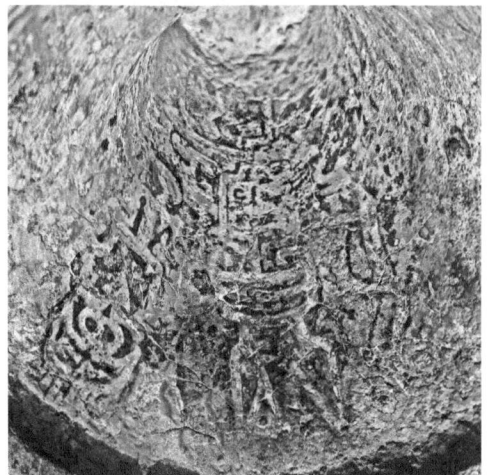

觚

0879. 亞𩆜天黽獻觚

【時　　　代】商代晚期。

【出土時地】山西曲沃縣盜墓出土，山西省打擊文物犯罪繳獲。

【收　藏　者】山西青銅器博物館。

【形制紋飾】喇叭口，長頸，腹壁較直，高圈足沿下折，腹部和圈足各有四道扉棱。頸部飾蛇紋，其上爲蕉葉紋，腹部飾下卷角獸面紋，圈足飾曲折角獸面紋，均以雲雷紋填地。

【著　　　錄】未著錄。

【銘文字數】圈足內壁鑄銘文 5 字。

【銘文釋文】亞𩆜天黽獻。

0880. 亞𠱼天黽獻觚

【時　　代】商代晚期。

【收 藏 者】某收藏家。

【形制紋飾】喇叭口，長頸鼓腹，高圈足。

【著　　錄】未著錄。

【銘文字數】圈足內壁鑄銘文 5 字。

【銘文釋文】亞𠱼天黽獻。

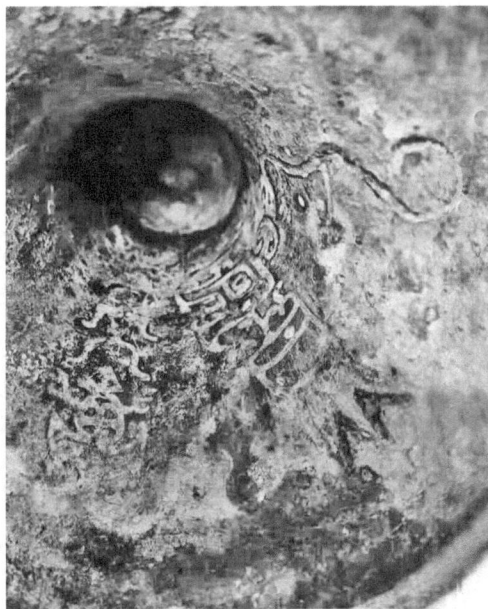

0881. 作父乙觚

【時　　代】西周早期。

【出土時地】山西曲沃縣盜墓出土,山西省打擊文物犯罪繳獲。

【收 藏 者】山西青銅器博物館。

【形制紋飾】喇叭口,長頸,腹壁較直,高圈足沿下折,腹部和圈足各有四道扉棱。頸部飾蛇紋,其上爲蕉葉紋,腹部飾下卷角獸面紋,圈足飾曲折角獸面紋,均以雲雷紋填地。

【著　　錄】未著錄。

【銘文字數】圈足內壁鑄銘文 6 字。

【銘文釋文】□乍(作)父乙隣(尊)彝。

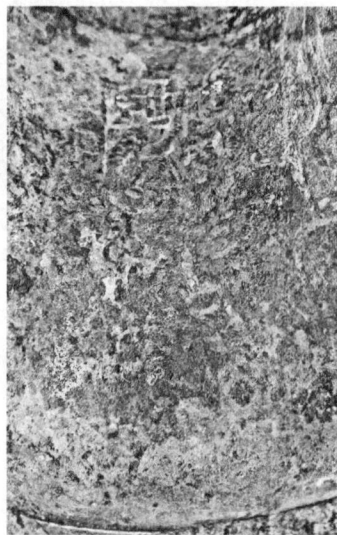

0882. 服觚

【時　　代】西周早期前段。

【收 藏 者】某收藏家。

【形制紋飾】喇叭口,長頸鼓腹,高圈足沿下折形成一道高邊圈。頸部飾蕉葉紋,腹部飾雲雷紋組成的獸面紋,圈足上部有兩道弦紋,下部飾雲雷紋組成的夔紋。

【著　　録】未著録。

【銘文字數】圈足内壁鑄銘文 7 字。

【銘文釋文】服乍(作)父癸寶隟(尊)彝。

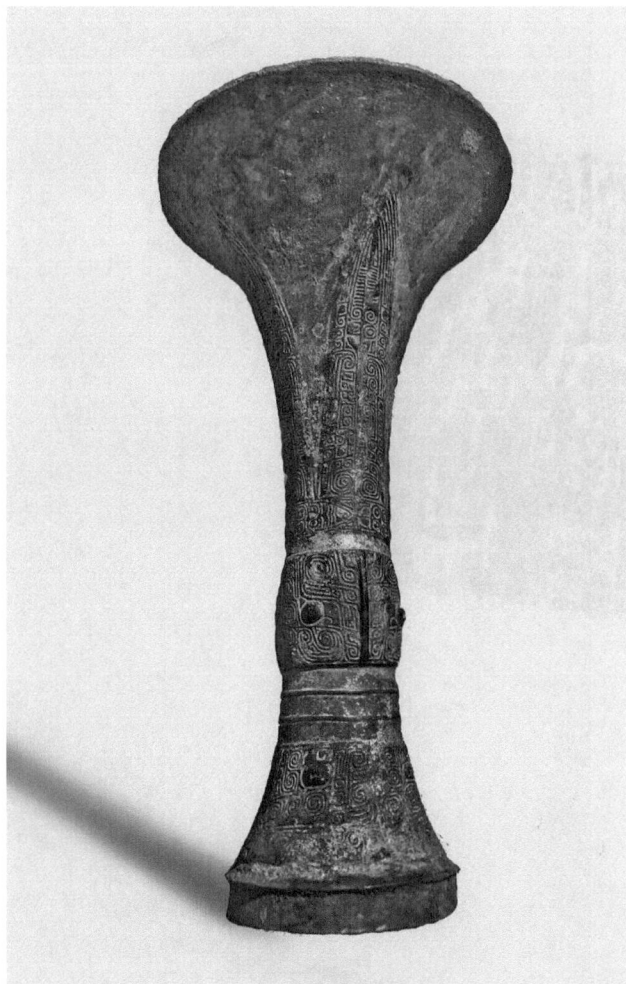

0883. 戱瓬

【時　　代】西周早期。

【出土時地】1986 年 8 月河南信陽縣溮河港鄉溮河港村（今屬信陽市溮河區溮河港
　　　　　　鎮）西周墓葬。

【收 藏 者】原藏信陽地區文物管理委員會，現藏信陽博物館。

【形制紋飾】殘破，未修復。

【著　　錄】中原文物 1991 年 2 期 97 頁圖 1.35。

【銘文字數】圈足内壁鑄銘文 12 字。

【銘文釋文】戱欣（肇）帀（賈），用乍（作）父乙寶隋（尊）彝，凯（即）册。

0884. 疐妸觚（疐妸觚）

【時　　代】西周早期前段。

【出土時地】1978 年 Henry George J. McNeary 女士捐贈。

【收 藏 者】現藏美國紐約大都會博物館。

【形制紋飾】喇叭口，長頸鼓腹，高圈足沿下折形成一道邊圈，圈足上部有一對"十"字形鏤孔。頸下部和圈足上部各有兩條弦紋，腹部和圈足均飾獸面紋。

【著　　錄】未著錄。

【銘文字數】圈足內壁鑄銘文 12 字。

【銘文釋文】疐妸（妸）易（錫）商貝珏（于）妸（妸），用乍（作）父乙彝。

【備　　注】銘文與《銘圖》09852 疐妸觚相同。但"商"字放在"易（錫）貝"之左，"妸（妸）"字上下分書，且放在第 3 行之首。

15. 觯

（0885–0919）

0885. ＄觶

【時　　代】商代晚期。

【收 藏 者】香港朱氏（朱昌言）九如園。

【尺度重量】通高 10.2、口徑 7.5-6.7、足徑 5.5-6.2 釐米。

【形制紋飾】橫截面呈橢圓形，侈口束頸，鼓腹，圈足較高。頸部飾連珠紋鑲邊的雲雷
紋帶。

【著　　錄】九如園 14 頁 7。

【銘文字數】內底鑄銘文 1 字。

【銘文釋文】＄。

觶

0886. 屰觶

【時　　代】商代晚期。

【出土時地】日本京都大學人文研究所考古資料。

【收　藏　者】下落不明。

【尺度重量】通高 16 釐米。

【形制紋飾】侈口長頸,鼓腹,高圈足,蓋面隆起,上有菌狀鈕。蓋面和腹部飾兩組大
　　　　　　獸面紋,以雲雷紋填地,頸部飾兩道雲雷紋組成的獸面紋,圈足飾雲雷紋
　　　　　　組成的獸面紋。

【著　　錄】綜覽・觶 56。

【銘文字數】蓋內鑄銘文 1 字。

【銘文釋文】屰。

0887. 兴觶

【時　　代】西周早期。

【收 藏 者】下落不明。

【尺度重量】通高 16 釐米。

【形制紋飾】侈口長頸，腹壁向下傾垂，高圈足沿外撇。頸部飾兩道弦紋，其間爲獸
面紋。

【著　　録】巖窟上・57，綜覽・觶122。

【銘文字數】蓋內鑄銘文 1 字。

【銘文釋文】兴。

觶

0888. 八觶

【時　　代】西周早期。

【收 藏 者】天津博物館。

【尺度重量】通高 18.1、口徑 9 釐米。

【形制紋飾】喇叭口，長頸，腹部向外傾垂，高圈足沿外撇。頸部和圈足各飾兩周弦紋。

【著　　錄】津銅 057。

【銘文字數】內底鑄銘文 1 字。

【銘文釋文】八。

0889. ⟷觶

【時　　代】商代晚期。

【出土時地】山西新絳縣公安局打擊文物犯罪繳獲。

【收 藏 者】山西青銅器博物館。

【尺度重量】通高 13、口徑 7.2、足徑 7 釐米,重 0.44 公斤。

【形制紋飾】侈口束頸,鼓腹圜底,高圈足沿外撇。頸部和圈足飾粗雲雷紋。

【著　　録】國寶(2019 二)45 頁。

【銘文字數】內底鑄銘文 1 字。

【銘文釋文】⟷。

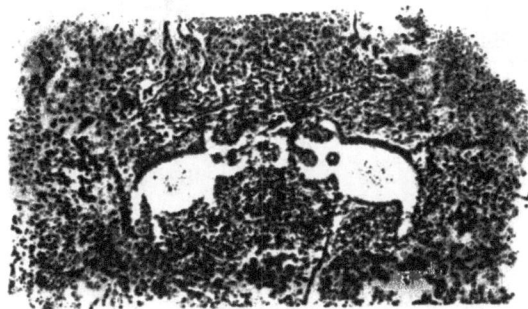

觶

0890. 亞盉觶

【時　　代】商代晚期。

【收　藏　者】香港某收藏家。

【尺度重量】通高 19.4、口徑 6.6×7.7、足徑 5.8×6.5 釐米。

【形制紋飾】橫截面呈橢圓形，侈口方唇，束頸鼓腹，高圈足沿下折，形成一道邊圈，蓋面作圓弧形隆起，上有菌狀鈕，子口納入器口。通體有四道扉棱，蓋面和腹部飾兩組下卷角獸面紋，"臣"字形眼，軀體上卷，頸部和圈足各飾兩組夔龍紋，頸部夔龍紋之上增飾一周仰葉雲雷紋。外底有網格加強筋。

【著　　錄】青與金第 2 輯 390 頁圖 4。

【銘文字數】蓋、器對銘，各 2 字。

【銘文釋文】亞盉。

蓋銘

器銘

0891. 戈▽觶

【時　　代】商代晚期。

【出土時地】2016 年 10 月首都機場海關繳獲。

【收 藏 者】暫存魯迅博物館。

【形制紋飾】侈口長頸，圓腹圓底，圈足沿外撇。頸部飾雲雷紋，腹部飾單綫獸面紋，以連珠紋鑲邊。

【著　　録】未著録。

【銘文字數】內底鑄銘文 2 字。

【銘文釋文】戈▽。

0892. 父辛觶

【時　　代】商代晚期。

【出土時地】2018 年 10 月出現在美國紐約佳士得拍賣會。

【收　藏　者】某收藏家。

【尺度重量】通高 11.4 釐米。

【形制紋飾】侈口束頸，鼓腹，矮圈足。頸部飾三列雲雷紋
　　　　　　組成的帶狀獸面紋，圈足飾目雷紋。

【著　　錄】未著錄。

【銘文字數】內底鑄銘文 2 字。

【銘文釋文】父辛。

0893. 父辛觶

【時　　代】西周早期。

【出土時地】2013年湖北隨州市曾都區淅河鎮蔣寨村葉家山（M107.9）。

【收　藏　者】隨州博物館。

【尺度重量】通高20.3、口徑8.6、最大腹徑6.1、腹深17.4、圈足徑6.1釐米，殘重0.33公斤。

【形制紋飾】殘破經修復。喇叭口，長頸鼓腹，高圈足。通體光素。

【著　　錄】江漢考古2016年3期18頁拓片4.5，圖版二十八、九。

【銘文字數】內底鑄銘文2字。

【銘文釋文】父辛。

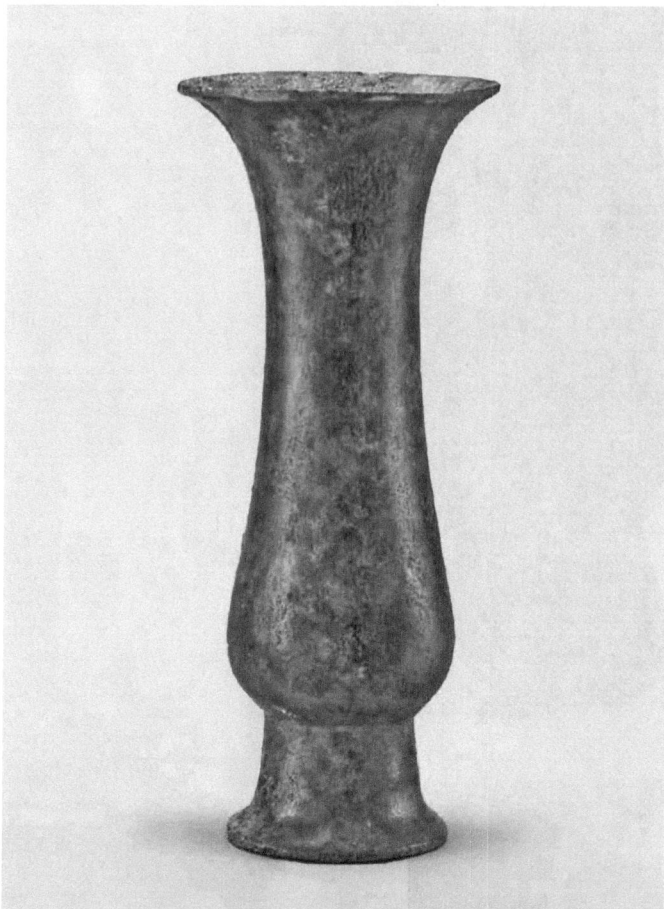

0894. 父辛觶

【時　　代】西周早期。

【收 藏 者】原藏陝西省博物館,現藏陝西歷史博物館。

【尺度重量】通高 13、口徑 7.2 釐米。

【形制紋飾】侈口長頸,鼓腹,高圈足。頸部及圈足均飾雲雷紋填地的夔龍紋。

【著　　錄】陝集成 16 册 64 頁 1848。

【銘文字數】圈足内壁鑄銘文 2 字。

【銘文釋文】父辛。

【備　　注】館藏號:七一 545。

0895. 父戊觶

【時　　代】西周早期。

【出土時地】2019 年 6 月出現在杭州西泠印社拍賣會。

【收　藏　者】原藏新加坡某收藏家。

【尺度重量】通高 17.6 釐米。

【形制紋飾】侈口束頸,腹部向下傾垂,矮圈足沿外撇,腹內側有獸首半環形鋬,弧面形蓋,頂部有圈狀捉手,下部有子口。頸部飾夔龍紋和三角雷紋,腹部和蓋面均飾曲折角獸面紋,圈足飾一周弦紋。

【著　　錄】未著錄。

【銘文字數】蓋、器對銘,各 2 字。

【銘文釋文】父戊。

蓋銘

器銘

0896. 作師觶

【時　　代】西周早期。

【收 藏 者】某收藏家。

【形制紋飾】侈口長頸,圓腹,圈足沿外撇,蓋面呈弧形鼓起,上有半環形小鈕,下有短子口。蓋上、頸部和圈足均飾兩道弦紋,其間填以浮雕圓餅。

【著　　錄】未著錄。

【銘文字數】蓋內鑄銘文 2 字。

【銘文釋文】乍(作)師。

【備　　注】"師"字分書,且反書。或作爲 2 字。

0897. ▽殳庚觶（▽殺庚觶、▽𣪊庚觶）

【時　　代】商代晚期。

【出土時地】見於美國普林斯頓大學美術博物館網。

【收　藏　者】普林斯頓大學美術博物館。

【尺度重量】通高 13.5、腹徑 8.8、口徑 8.1 釐米。

【形制紋飾】侈口方唇、束頸鼓腹，高圈足下有一道邊圈。頸部飾三角雲雷紋和夔龍
　　　　　　紋，腹部飾下卷角獸面紋，圈足飾嘴向下的夔龍紋，均以雲雷紋填地。

【著　　　録】銘照 204 頁 421。

【銘文字數】內底鑄銘文 3 字。

【銘文釋文】▽𣪊（殳—殺）庚。

 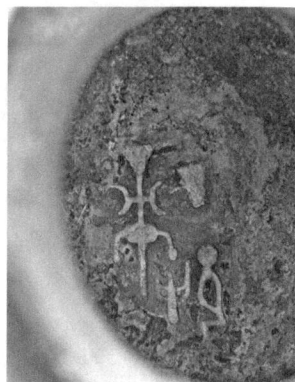

0898. 太保觶（大保觶）

【時　　代】西周早期前段。

【收 藏 者】某收藏家。

【形制紋飾】侈口長頸，鼓腹，高圈足，蓋面呈弧形鼓起，頂部有菌狀鈕，下有子口，通
　　　　　體有四道扉棱。蓋面和器腹飾飄冠勾喙大鳥紋，頸部和圈足飾夔龍紋，
　　　　　均以雲雷紋填地。

【著　　錄】未著錄。

【銘文字數】內底鑄銘文 3 字。

【銘文釋文】大（太）僺（保）盨（鑄）。

0899. 茻父丁觶

【時　　代】西周早期。

【收 藏 者】某收藏家。

【形制紋飾】侈口長頸，鼓腹圜底，圈足較高。頸部飾三列雲雷紋組成的獸面紋帶。

【著　　錄】未著錄。

【銘文字數】內底鑄銘文 3 字。

【銘文釋文】茻父丁。

0900. 戈父己觶

【時　　代】西周早期前段。

【出土時地】1991 年陝西涇陽縣興隆鎮高家堡西周墓（M1.12）。

【收 藏 者】陝西歷史博物館。

【尺度重量】殘高 11 釐米。

【形制紋飾】喇叭口，長頸，鼓腹，圈足沿外撇。上部殘缺。

【著　　録】陝集成 10 册 22 頁 1087。

【銘文字數】内底鑄銘文 3 字。

【銘文釋文】戈父己。

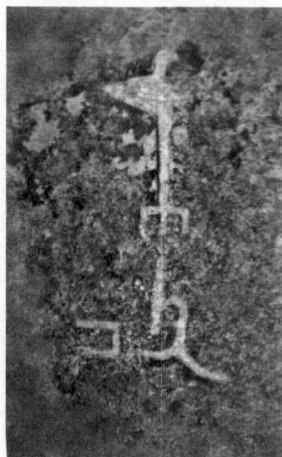

0901. 亞父己觶

【時　　代】西周早期。

【收　藏　者】某收藏家。

【形制紋飾】侈口長頸，鼓腹圜底，高圈足。頸部飾兩列雲雷紋。

【著　　錄】未著錄。

【銘文字數】內底鑄銘文 3 字。

【銘文釋文】亞父己。

0902. 叹父辛觶（父辛叹觶）

【時　　代】西周早期。

【出土時地】陝西眉縣湯峪鎮尖嘴石村。

【收　藏　者】眉縣文化館。

【形制紋飾】侈口長頸，鼓腹圜底，高圈足。頸部飾列旗脊獸面紋帶，圈足飾雲雷紋組
　　　　　　成的夔龍紋。

【著　　錄】陝集成 6 册 236 頁 0680。

【銘文字數】圈足內壁鑄銘文 3 字。

【銘文釋文】父辛，叹。

【備　　注】銘文應讀爲"叹父辛"。

0903. 天父辛觶

【時　　代】西周早期。

【收　藏　者】某收藏家。

【形制紋飾】橫截面呈圓形，侈口，粗長頸，鼓腹，高圈足沿外侈。頸部和圈足各飾兩道弦紋。

【著　　錄】未著錄。

【銘文字數】圈足內壁鑄銘文 3 字。

【銘文釋文】天父辛。

0904. 史父辛觶

【時　　代】西周早期。

【收 藏 者】某收藏家。

【形制紋飾】侈口，長頸內束，鼓腹，高圈足。頸部飾三列雲雷紋，中間填以目紋，圈足
　　　　　　飾目紋與斜角雲雷紋。

【著　　錄】未著錄。

【銘文字數】內底鑄銘文 3 字。

【銘文釋文】史父辛。

0905. 血父辛觶

【時　　代】西周早期。

【出土時地】2014 年 6 月出現在紐約蘇富比春季拍賣會。

【收　藏　者】原藏日本某收藏家。

【形制紋飾】侈口長頸，鼓腹圜底，高圈足。頸部飾三列雲雷紋組成的列旗脊獸面紋帶，圈足飾兩周弦紋。

【著　　録】未著録。

【銘文字數】内底鑄銘文 3 字。

【銘文釋文】血父辛。

0906. 𠂤父癸觶

【時　　代】西周早期。

【收　藏　者】某收藏家。

【形制紋飾】侈口，長頸，鼓腹，矮圈足，蓋面隆起，上有半環形小鈕，下有子口納入
　　　　　　觶口。

【著　　錄】未著錄。

【銘文字數】內底鑄銘文 3 字。

【銘文釋文】𠂤父癸。

0907. 木子丁觶

【時　　代】西周早期。

【出土時地】1975 年陝西千陽縣。

【收　藏　者】原藏千陽縣文化館，現藏寶雞青銅器博物院。

【尺度重量】通高 12.3、口徑 6.3×7.8 釐米，重 0.35 公斤。

【形制紋飾】侈口束頸，鼓腹圜底，高圈足。頸部飾兩道弦紋。

【著　　錄】陝集成 6 冊 25 頁 0607。

【銘文字數】內底鑄銘文 3 字。

【銘文釋文】木子丁。

0908. 軸伯不觶

【時　　代】西周早期。

【收 藏 者】某收藏家。

【形制紋飾】侈口長頸，鼓腹，高圈足。頸部和圈足均飾雲雷紋帶，頸部的雲雷紋帶以連珠紋鑲邊。

【著　　錄】未著錄。

【銘文字數】內底鑄銘文 3 字。

【銘文釋文】軸白（伯）不。

0909. 母 日辛觶

【時　　代】商代晚期。

【收 藏 者】某收藏家。

【形制紋飾】侈口長頸,鼓腹圜底,圈足沿外侈。頸部飾三列雲雷紋組成的獸面紋帶,
圈足飾兩道弦紋。

【著　　錄】未著錄。

【銘文字數】內底鑄銘文4字。

【銘文釋文】母 日辛。

0910. 子婦父己觶

【時　　代】西周早期。

【出土時地】甘肅靈臺縣。

【收　藏　者】靈臺縣博物館。

【尺度重量】通高 5.2、口徑 7.1、足徑 6.6 釐米。

【形制紋飾】侈口長頸，鼓腹圜底，高圈足。頸部飾三周弦紋，圈足飾兩周弦紋。

【著　　錄】出土全集 20.151。

【銘文字數】圈足內壁鑄銘文 4 字。

【銘文釋文】子婦父己。

0911. 伯觶

【時　　代】西周早期後段。

【出土時地】2004-2007 年山西絳縣橫水鎮橫北村西周墓地（M2158.83）。

【收 藏 者】山西省考古研究所。

【尺度重量】通高 14.9、口徑 9.2-9.3 釐米，重 0.77 公斤。

【形制紋飾】侈口束頸，鼓腹圜底，圈足沿外撇。弧面形蓋，頂部有圈狀捉手，下有子口。蓋面外圍、頸下部和下腹飾垂冠回首鳥紋，以雲雷紋填地，頸上部飾如意形對鳥紋，蓋面內圈和上腹飾直棱紋。

【著　　錄】考古 2019 年 1 期 47 頁圖 76.1、2，48 頁圖 78。

【銘文字數】蓋、器對銘，各 4 字。

【銘文釋文】白（伯）乍（作）寶彝。

蓋銘

器銘

觶

0912. 析父丁觶

【時　　代】西周中期前段。

【出土時地】2010 年山西翼城縣隆化鎮大河口西周墓地（M1）。

【收 藏 者】山西省考古研究所。

【尺度重量】通高 21 釐米。

【形制紋飾】橫截面呈橢方形，侈口長頸，鼓腹，圈足沿外侈然後下折，蓋面隆起，上有圈狀捉手，下有短子口。頸部飾一首雙身龍紋，圈足和蓋上各有兩道扉棱，均飾夔龍紋，蓋的前後增飾浮雕犧首。

【著　　録】未著録。

【銘文字數】蓋內鑄銘文 3 字，蓋的捉手內 1 字，共 4 字。

【銘文釋文】蓋內：析父丁；捉手：册。

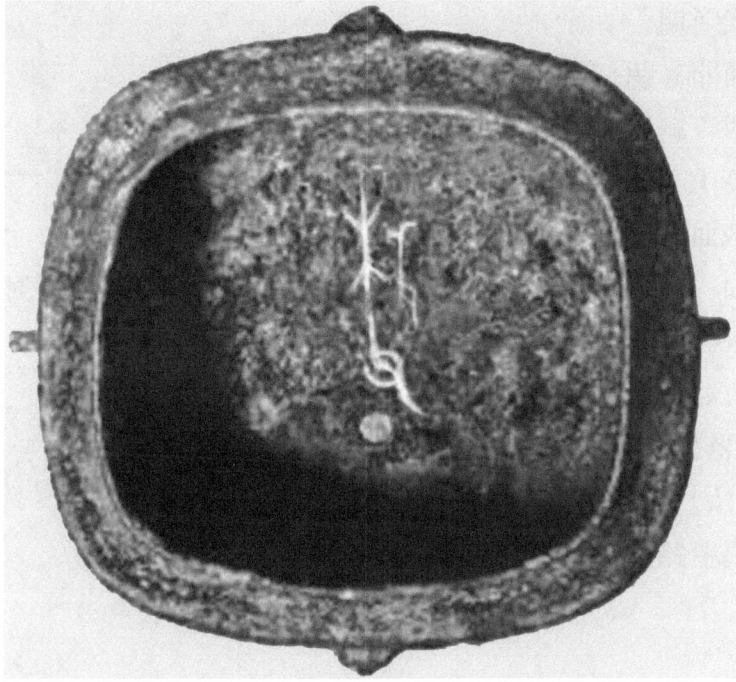

蓋内銘文

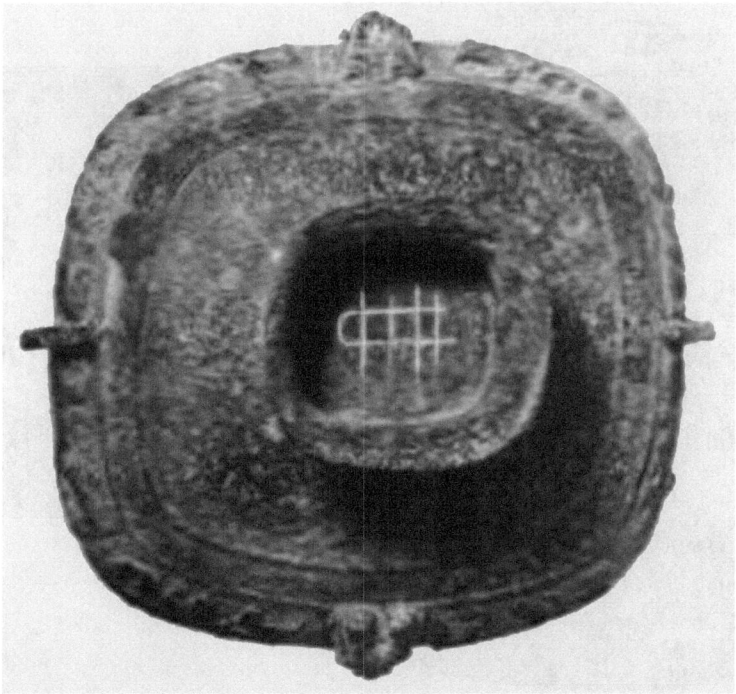

捉手内銘文

0913. 女子丁觶（汝子丁觶）

【時　　代】商代晚期。

【出土時地】山西聞喜縣打擊文物犯罪繳獲。

【收　藏　者】山西青銅器博物館。

【尺度重量】通高 16、口徑 8.7 釐米，重 0.82 公斤。

【形制紋飾】横截面呈橢方形，侈口束頸，鼓腹，高圈足。蓋面圓鼓，上有菌狀鈕，下有
子口。蓋面和腹部各飾一對下卷角獸面紋，頸部飾兩對小鳥紋，均不施
地紋。

【著　　錄】國寶（2019 二）10、11 頁。

【銘文字數】蓋、器對銘，各 5 字。

【銘文釋文】女（汝）子丁，天黽。

【備　　注】此爲蓋銘，器銘藏家未提供。

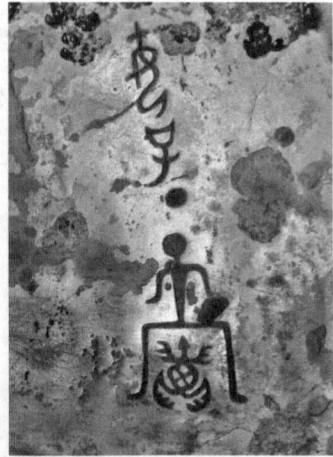

0914. 犬𢆶册父乙觶（犬𢆶册父丁觶）

【時　　代】商代晚期。

【出土時地】山西新絳縣公安局打擊文物犯罪繳獲。

【收 藏 者】山西青銅器博物館。

【尺度重量】通高 17.5、口徑 10.3、足徑 9 釐米，重 0.86 公斤。

【形制紋飾】侈口束頸，鼓腹圜底，矮圈足沿外侈，蓋面隆起，上有圈狀捉手，下有子口。蓋面、頸部和圈足均飾雷紋帶。

【著　　錄】國寶（2019 一）52、53 頁。

【銘文字數】蓋、器對銘，各 5 字。

【銘文釋文】蓋銘：犬𢆶册父丁。

　　　　　器銘：犬𢆶册父乙。

蓋銘

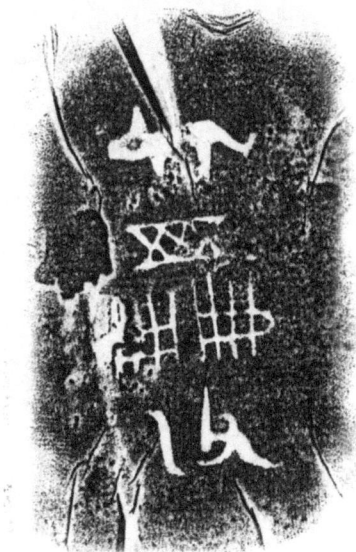

器銘

0915. 亞曩疑父甲觶(亞曩矣父甲觶)

【時　　代】西周早期。

【出土時地】1998-2001 年山東滕州市官橋鎮前掌大村商周墓地。

【收 藏 者】滕州市博物館。

【尺度重量】通高 14.5、口徑 9.5、足徑 7.6 釐米。

【形制紋飾】侈口長頸,鼓腹,高圈足。頸部飾一周雲雷紋。

【著　　錄】收藏界 2016 年 11 期 100 頁。

【銘文字數】外底鑄銘文 5 字。

【銘文釋文】亞曩矣(疑)父甲。

0916. 夨觶

【時　　代】西周早期。

【出土時地】山西曲沃縣盜墓出土，山西省打擊文物犯罪繳獲。

【收　藏　者】山西青銅器博物館。

【形制紋飾】侈口束頸，鼓腹圜底，高圈足沿外撇後下折，弧面形蓋，上有半環形小鈕，一側有小鈕用鏈條與頸部的小鈕相連。頸下部有一周弦紋，蓋面和頸部均飾高浮雕一首雙身龍，以雲雷紋填地，圈足飾兩周弦紋。

【著　　錄】未著錄。

【銘文字數】蓋、器對銘，各 7 字。

【銘文釋文】象，夨乍（作）父辛隣（尊）彝。

【備　　注】銘文未除銹，字迹不清，同墓出土還有夨尊、夨卣可參閱。

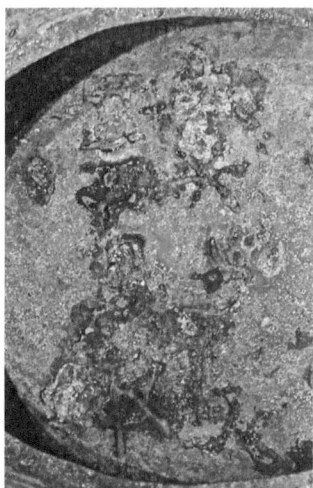

蓋銘

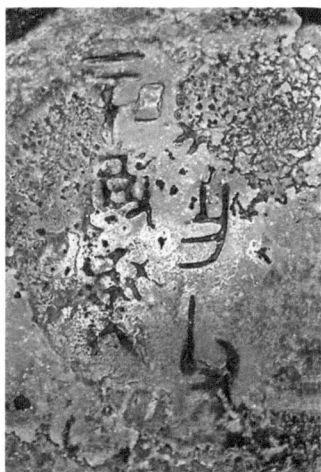

器銘

0917. 昔雞觶

【時　　代】西周早期後段。

【出土時地】2014 年冬陝西岐山縣京當鎮賀家村北墓地（M11.48）。

【收　藏　者】周原考古隊。

【尺度重量】通高 17.1、口徑 9.1、足徑 6.4 釐米，重 0.46 公斤。

【形制紋飾】喇叭口，長頸，腹部向下傾垂，圈足沿外侈。頸部和圈足均飾一道弦紋。

【著　　錄】陝集成 1 册 60 頁 0034。

【銘文字數】圈足内壁鑄銘文 7 字。

【銘文釋文】昔雞乍（作）父丁隣（尊）彝。

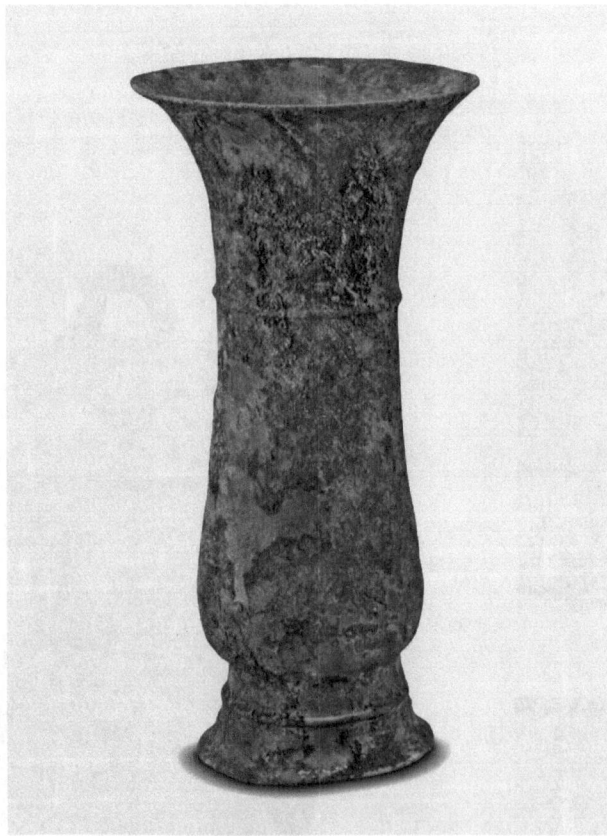

0918. 册觶

【時　　代】西周中期。

【出土時地】2008 年 9 月陝西岐山縣蒲村鎮孔頭溝遺址宋家墓地（M1.360）。

【收　藏　者】陝西省考古研究院。

【尺度重量】通高 16.5、口徑 7.7、腹徑 6.3 釐米。

【形制紋飾】喇叭口，長頸，腹部下垂，圈足沿外侈，頸下部有兩道箍棱。頸上部飾蕉
　　　　　　葉紋，兩箍棱之間飾“S”形夔龍紋，腹部飾大鳥紋，均不施地紋。

【著　　錄】陝集成 2 册 38 頁 0118。

【銘文字數】圈足內鑄銘文 10 字。

【銘文釋文】册帥井（型）皇且（祖）考，秉明德，且（祖）。

0919. 甶觶

【時　　代】商代晚期。

【出土時地】1999 年前河南安陽小司空村出土。

【收　藏　者】安陽博物館。

【尺度重量】通高 20.5、口徑 7.5、腹徑 8.5、足徑 6.1 釐米。

【形制紋飾】體細高,橫截面呈圓形,侈口長頸,鼓腹圈足,弧面形蓋,下有子口,上有
　　　　　　蓮蓬形長鈕。頸部飾兩道弦紋和三組單綫夔龍紋,蓋飾六周弦紋。

【著　　録】未著録。

【銘文字數】蓋内鑄銘文 12 字。

【銘文釋文】丁卯,甶易(錫)貝玨(于)赽,用乍(作)且(祖)丁彝。

16. 罦

（0920–0941）

0920. 需斝

【時　　代】商代晚期。

【收 藏 者】日本奈良國立博物館。

【尺度重量】通高 31.8、口徑 17 釐米。

【形制紋飾】侈口束頸,鼓腹圓底,口沿上有一對束傘形立柱,腹一側有扁條半環形
　　　　　　鋬,三條三棱錐足外撇。頸部飾雲雷紋組成的獸面紋帶。

【著　　錄】坂本清賞 53,奈良銅 37 頁 76。

【銘文字數】內底鑄銘文 1 字。

【銘文釋文】需。

【備　　注】館藏號:斝 03。

0921. 葡斝

【時　　代】商代晚期。

【出土時地】山西聞喜縣打擊文物犯罪繳獲。

【收　藏　者】山西青銅器博物館。

【尺度重量】通高 42、口徑 21.5 釐米，重 5.15 公斤。

【形制紋飾】侈口長頸，直壁平底，口沿上有一對束傘形立柱，三條三棱錐足外撇，腹部有扁條半環形獸首鋬，獸頭碩大。頸部飾上卷角展體獸面紋，其上有三角雷紋，腹部飾下卷角獸面紋，以雲雷紋填地，三足飾蟬紋。

【著　　録】國寶（2018）117 頁。

【銘文字數】口沿內壁鑄銘文 1 字。

【銘文釋文】葡（斝）。

0922. 史斝

【時　　代】商代晚期。

【出土時地】2016 年 10 月首都機場海關繳獲。

【收 藏 者】暫存魯迅博物館。

【尺度重量】通高 38 釐米。

【形制紋飾】侈口,高領溜肩,口沿上有一對菌狀立
柱,足下部呈圓柱形,牛首半環形鋬。
頸部飾兩道弦紋,腹部飾三組單綫獸面
紋,無地紋。

【著　　錄】未著錄。

【銘文字數】鋬內腹壁鑄銘文 1 字。

【銘文釋文】史。

0923. 妥斝

【時　　代】商代晚期。

【出土時地】2016 年 7 月河南安陽市龍安區劉家莊北地（M44.14）。

【收 藏 者】中國社會科學院考古研究所安陽工作隊。

【尺度重量】通高 29、口徑 17、壁厚 0.4 釐米,重 3.04 公斤。

【形制紋飾】侈口方唇,束頸鼓腹,口沿上有一對束傘形立柱,腹一側有牛首半環形
　　　　　　鋬,圜底之下設三條三棱錐足,足內側有凹槽。柱帽頂飾圓渦紋,帽身上
　　　　　　部飾兩周弦紋,中部飾三角紋,下部有一周雲雷紋,頸上部飾三角雷紋,
　　　　　　下部飾展體獸面紋,腹部飾曲折角獸面紋,其間飾三組六條雲雷紋組成
　　　　　　的夔龍紋,腹上部飾雲雷紋,腹下部及圈足均飾三組曲折角獸面紋。

【著　　錄】考古 2018 年 10 期 26 頁圖 6.4、27 頁圖 11。

【銘文字數】內底鑄銘文 1 字。

【銘文釋文】妥。

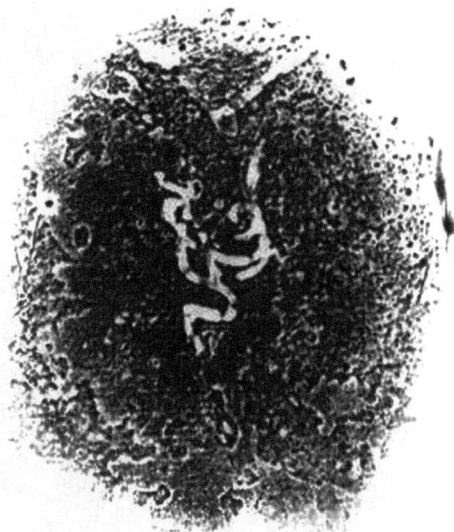

0924. 𢆶斝（丙斝）

【時　　代】商代晚期。

【出土時地】2017 年 11 月出現在香港大唐西市拍賣會。

【收 藏 者】某收藏家。

【尺度重量】通高 31.5、口徑 19 釐米。

【形制紋飾】侈口束頸，口沿上有一對束傘形立柱，腹部扁圓，圜底，三條三棱錐足外
　　　　　　撇，頸腹一側有扁條半環形鋬。柱帽頂部飾圓渦紋，下部飾雲雷紋和三
　　　　　　角紋，器頸飾雲雷紋組成的獸面紋帶和三角紋，腹部飾下卷角獸面紋。

【著　　錄】未著錄。

【銘文字數】內底鑄銘文 1 字。

【銘文釋文】𢆶（丙）。

斝

581

0925. 龠斝

【時　　代】商代晚期。

【出土時地】2018 年 12 月出現在杭州西泠印社秋季拍賣會。

【收　藏　者】原藏廣東南海黃詠雩天蠁樓。

【尺度重量】通高 31.7 釐米。

【形制紋飾】侈口束頸，鼓腹圜底，口沿上有一對束傘形立柱，腹一側有扁條半環形
鋬，三條三棱錐足外撇。柱帽飾三角紋，頸部飾雲雷紋組成的獸面紋帶。

【著　　錄】未著錄。

【銘文字數】內底鑄銘文 1 字。

【銘文釋文】龠。

銘文拓本

銘文照片

0926. ⳤ斝

【時　　代】商代晚期。

【出土時地】2016 年 5 月出現在佳士得香
　　　　　　港拍賣會。

【收 藏 者】原 藏 J.J.Lally,2001 年 歸
　　　　　　Daniel Shapiro。

【尺度重量】通高 42.5、口徑 20.4 釐米。

【形制紋飾】侈口,粗長頸,口沿上有一對
　　　　　　束傘形立柱,扁圓腹,底部微
　　　　　　向下弧曲,頸腹一側有扁條半
　　　　　　環形鋬,三足外撇,足橫截面
　　　　　　呈"T"字形。柱帽飾三角雷
　　　　　　紋,頸部飾下卷角獸面紋,其
　　　　　　上爲蕉葉紋,腹部飾上卷角獸
　　　　　　面紋,足面飾獸面紋。

【著　　錄】未著錄。

【銘文字數】內底鑄銘文 1 字。

【銘文釋文】ⳤ。

0927. □斝

【時　　代】商代晚期。

【出土時地】傳出陝西鳳翔。

【收 藏 者】下落不明。

【著　　錄】陝西金石志 1.9,陝金 2.242,陝集成 7 册 52 頁 0719。

【銘文字數】鑄銘文 1 字。

【銘文釋文】□。

0928. 冎斝甲

【時　　代】商代晚期。

【出土時地】山西聞喜縣河底鎮酒務頭商代墓地盜掘出土,聞喜縣公安局打擊文物犯罪繳獲。

【收　藏　者】山西青銅器博物館。

【尺度重量】通高 20.7、寬 24.6 釐米,重 3.3 公斤。

【形制紋飾】侈口長頸,直壁平底,口沿上有一對束傘形立柱,三條三棱錐足外撇,腹部有一半環形獸首鋬。頸部飾一周弦紋,腹部飾曲折角獸面紋,上下用連珠紋鑲邊,以雲雷紋填地。

【著　　錄】國寶(2018)114 頁。

【銘文字數】口沿內壁鑄銘文 1 字。

【銘文釋文】冎。

銘文拓本

銘文照片

0929. 𦥑斝乙

【時　　代】商代晚期。

【出土時地】山西聞喜縣河底鎮酒務頭商代墓地盜掘出土,聞喜縣公安局打擊文物犯罪繳獲。

【收 藏 者】山西青銅器博物館。

【尺度重量】通高 38.5、口徑 20.8 釐米,重 3.1 公斤。

【形制紋飾】侈口長頸,直壁平底,口沿上有一對束傘形立柱,三條三棱錐足外撇,腹部有一半環形獸首鋬。頸部飾一周弦紋,腹部飾曲折角獸面紋,上下用連珠紋鑲邊,以雲雷紋填地。

【著　　録】未著録。

【銘文字數】口沿內壁鑄銘文 1 字。

【銘文釋文】𦥑。

0930. 龔斝（舉斝）

【時　　代】西周早期。

【出土時地】2014年冬陝西岐山縣京當鎮賀家村北墓地（M11.43）。

【收　藏　者】周原考古隊。

【尺度重量】通高30.4、口徑17.7、腹深15.2釐米，重4.55公斤。

【形制紋飾】鬲式斝，侈口長頸，口沿上有一對菌狀柱，溜肩分襠，腹一側有牛首半環
　　　　　　形鋬，三足下部呈圓柱形。柱帽飾渦紋，肩上有一條棱，腹部飾雙折綫紋。

【著　　錄】陝集成1冊61頁0035。

【銘文字數】鋬內腹壁鑄銘文1字。

【銘文釋文】龔（舉）。

0931. 亞醜斝（或稱亞醜方斝）

【時　　代】商代晚期。

【收 藏 者】臺北蔡春隆德能堂。

【尺度重量】通高 24、長 14.6、寬 13.3、口橫 12、口縱 9.8 釐米，重 1.845 公斤。

【形制紋飾】橫截面近於方形，直口方唇，束頸鼓腹，腹壁一側有圓雕鴞首半環形鋬，
四角及四壁中部各有一道窄扉棱，口沿上有一對方形傘狀立柱，柱帽呈
四阿屋頂形，斝的底部微下弧，下部設四條外撇的四棱形錐足，足內側內
凹；蓋面隆起，蓋鈕作相背而立的短尾鳥，蓋兩側有方缺口以納立柱。
斝的四壁和蓋頂均飾鴟鴞紋，兩側上部填以夔龍紋，均以雲雷紋填地，四
足外側飾變形龍紋，柱帽飾勾連雲紋和三角紋。

【著　　錄】璀璨 52-55 頁。

【銘文字數】蓋、器對銘，各 2 字。

【銘文釋文】亞醜。

【備　　注】"醜"字，董珊先生釋爲"酌"。此斝與父己斝形制、紋飾相同，大小相近，
應是亞醜族同時爲祭祀父己鑄造的一對斝。

蓋銘

器銘

0932. 父己斝（父己方斝）

【時　　代】商代晚期。

【收　藏　者】臺北蔡春隆德能堂。

【尺度重量】通高 23.5、長 15、寬 13.5、口橫 11.8、口縱 9.8 釐米，重 1.815 公斤。

【形制紋飾】橫截面近於方形，直口方唇，束頸鼓腹，腹壁一側有圓雕鴞首半環形鋬，四角及四壁中部各有一道窄扉棱，口沿上有一對方形傘狀立柱，柱帽呈四阿屋頂形，斝的底部微下弧，下部設四條外撇的四棱形錐足，足內側內凹；蓋面隆起，蓋鈕作相背而立的短尾鳥，蓋兩側有方缺口以納立柱。斝的四壁和蓋頂均飾鷗鴞紋，兩側上部填以夔龍紋，均以雲雷紋填地，四足外側飾變形龍紋，柱帽飾勾連雲紋和三角紋。

【著　　錄】璀璨 58-61 頁。

【銘文字數】蓋、器對銘，各 2 字。

【銘文釋文】父己。

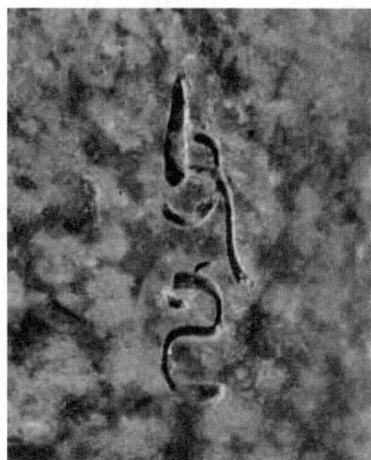

蓋銘

器銘

0933. 子匚斝

【時　　代】商代晚期。

【收 藏 者】某收藏家。

【出土時地】2017 年 5 月出現在澳門中濠典藏春季拍賣會。

【尺度重量】通高 27、口徑 15.3 釐米。

【形制紋飾】三段式斝。侈口長頸，扁腹微鼓，底部近平，口沿上有一對束傘形立柱，
　　　　　　一側有獸首半環形鋬，頸、腹各有五道矮扉棱，三條三棱錐足外撇，足的
　　　　　　兩側有凹槽。口下飾一周雲雷紋組成的蕉葉紋，頸部飾三組曲折角獸面
　　　　　　紋，以扉棱作鼻梁，兩側有短足和下卷的身尾；腹部的獸面紋與頸部構
　　　　　　圖基本相同，唯其角作下卷形；柱帽飾圓渦紋、弦紋和三角雲雷紋。

【著　　　錄】未著錄。

【銘文字數】內壁鑄銘文 2 字。

【銘文釋文】子匚。

0934. 天黽獻斝

【時　　代】商代晚期。

【出土時地】山西聞喜縣河底鎮酒務頭商代墓葬盜掘出土,聞喜縣縣公安局打擊文物犯罪繳獲。

【收　藏　者】山西青銅器博物館。

【尺度重量】通高 45.5、口徑 22.2、寬 24.5 釐米,重 6.65 公斤。

【形制紋飾】横截面呈圓形,侈口方唇,口沿上有一對束傘形立柱,柱帽有四條矮扉棱,折肩平底,腹部斜壁,一側有龍首半環形鋬,龍角下卷,通體有六道扉棱,扉棱伸出口沿,三條三棱錐足外撇。腹部飾三組獸面紋,頸部和三足正面均飾蕉葉紋,均以雲雷紋填地。

【著　　録】國寶(2018)113 頁。

【銘文字數】内底鑄銘文 3 字。

【銘文釋文】天黽獻。

【備　　注】同出的還有一件同銘文方彝。

銘文拓本

銘文照片

0935. 冉父丁斝（𦥑父丁斝）

【時　　代】商代晚期。

【收　藏　者】日本奈良國立博物館。

【尺度重量】通高 25.4、口徑 15.3 釐米。

【形制紋飾】侈口束頸，鼓腹圓底，口沿上有一對束傘形立柱，腹一側有獸首半環形鋬，三條三棱錐足外撇。頸部飾雲雷紋組成的獸面紋帶。

【著　　録】坂本清賞 54，奈良銅 38 頁 77。

【銘文字數】內底鑄銘文 3 字。

【銘文釋文】𦥑（冉）父丁。

【備　　注】館藏號：斝 04。

0936. 史父丁斝

【時　　代】商代晚期。

【收　藏　者】某收藏家。

【形制紋飾】體呈罐形，侈口束頸，圓腹圜底，口沿上有一對菌狀柱，腹部有一個牛首半環形鋬，三條三棱錐足外撇。頸部飾兩道弦紋，肩部飾夔龍紋，腹部飾獸面紋。

【著　　錄】未著錄。

【銘文字數】內底鑄銘文 3 字。

【銘文釋文】史父丁。

0937. 戈父己斝

【時　　代】商代晚期。

【出土時地】2016 年 8 月出現在日本東京中央秋季拍賣會。

【收　藏　者】某收藏家。

【尺度重量】通高 32.5 釐米。

【形制紋飾】鬲式斝。侈口長頸,口沿上有一對菌狀柱,鼓腹分襠,三條柱形足,内側
　　　　　　有一牛首半環形鋬。頸部飾連珠紋鑲邊的夔龍紋,腹部飾三組夔龍角獸
　　　　　　面紋,柱帽飾渦紋,鋬飾蟬紋,均以雲雷紋填地。

【著　　　録】未著録。

【銘文字數】鋬内腹壁鑄銘文 3 字。

【銘文釋文】戈父己。

0938. 子祖丁斝

【時　　代】西周早期。

【出土時地】2009-2010 年山西翼城縣隆化鎮大河口西周墓葬（M1017.73）。

【收 藏 者】山西省大河口墓地聯合考古隊。

【尺度重量】通高 21.9、流尾相距 17、腹深 9.4 釐米，重 0.855 公斤。

【形制紋飾】鬲形斝，侈口長頸，卷唇，口沿上有一對菌狀立柱，圓肩分襠，內側有牛首半環形鋬，三足下部呈圓柱形。柱帽飾渦紋，頸部飾弦紋，腹部飾雙折綫紋。

【著　　錄】考古學報 2018 年 1 期 118 頁圖 33.4。

【銘文字數】鋬內腹壁鑄銘文 3 字。

【銘文釋文】子且（祖）丁。

0939. 㔻侯尗丁斝

【時　　代】商代晚期。

【出土時地】2018 年 10 月出現在日本大阪拍賣會。

【收 藏 者】原藏日本江州淺見。

【尺度重量】通高 22.6、兩耳相距 20.8 釐米。

【形制紋飾】橫截面呈長方形，寬沿薄唇，口沿上有一對立柱，柱帽作四坡方形束腰房屋形，四角鑄有扉棱，長頸折肩，方腹平底，一側有獸首半環形鋬，四條四棱足外撇，四隅和四壁中綫各有一道扉棱，扉棱伸出器口。頸部飾夔龍紋，其上飾蕉葉紋，腹部飾四組下卷角獸面紋，四足飾獸面蕉葉紋，通體以雲雷紋填地。

【著　　錄】未著錄。

【銘文字數】鑄銘文 4 字。

【銘文釋文】㔻厌（侯）尗丁。

0940. 天黽父乙斝

【時　　代】商代晚期。

【收　藏　者】某收藏家。

【形制紋飾】體呈罐形，侈口束頸，鼓腹圜底，口沿上有一對菌狀立柱，腹內側有獸首扁條半環形鋬，三條三棱錐足外撇，橫截面呈"T"字形。頸部飾雲雷紋組成的獸面紋帶，腹部光素。

【著　　錄】未著錄。

【銘文字數】內壁鑄銘文4字。

【銘文釋文】天黽父乙。

0941. 犬伯斝

【時　　代】西周早期。

【收 藏 者】原藏張鈞衡（1871-1927），後藏盧芹齋、法蘭克·卡羅、阿塞·賽克勒、歐宗易等，現藏美國明尼阿波利斯藝術博物館。

【尺度重量】通高 35.5 釐米，重 4.948 公斤。

【形制紋飾】侈口長頸，口沿上有一對束傘形立柱，溜肩分襠，三足下部呈圓柱形，腹一側有牛首半環形鋬。頸部飾兩道弦紋，肩部飾一道弦紋，腹部飾雙折綫紋。

【著　　錄】彙編 605。

【銘文字數】鋬內腹壁鑄銘文 7 字。

【銘文釋文】犬白（伯）乍（作）父寶隮（尊）彝。

【備　　注】《集成》未收錄。